云岭旅游规划丛书 第二辑

大理州洱源县康养旅游开发研究

Research on the Development of Kangyang Tourism in Eryuan County of Dali Prefecture

田里 毛志睿 钟晖 等著

中国旅游出版社

总　序

2017年第一轮推出10部"云岭旅游规划丛书"之后，2019年再推出10部作为"云岭旅游规划丛书"的第二轮成果。这次出版的10部书稿，涉及全域旅游、乡村旅游、旅游扶贫、旅游小镇、旅游特色村、田园综合体、山地运动旅游区等旅游新兴业态，这些规划题材与国家"振兴乡村""旅游扶贫""美丽乡村""产业融合"等发展战略相契合，体现出旅游实践发展的最新进展状况，反映了规划设计、知识运用、学术研究与时代发展的同频共振。

由云南大学与昆明理工大学等院校多年合作形成的研究团队，在培养硕士研究生、博士研究生的进程中，为研究生业态感知、论文选题、素材提取、数据收集、案例分析等提供了丰厚的学术土壤和宝贵的实践机会，也为地方社会经济发展贡献了高校师生的知识、智慧，诸多规划题材和典型案例同时成为教学讲解的内容和教材编写的素材，成为课堂上、教材中、讨论里最为鲜活的话题。如此这般扎根大地的学术生涯，使老师与学生结下深厚的友谊，让学术圈的同事们铸成豁达、健康的学术生态。一趟趟的跋山涉水、一场场的激烈争论、一次次的驱车同行、一碗碗的欢畅痛饮，让生命充满了激情，让学术浸透了灵性，让生活富有了诗意。回头看看，充实而美好。

田　里
2019.10

序 言

《大理州洱源县康养旅游开发研究》分别以大理洱源县温泉度假旅游（2014年完成）、西湖高原水乡（2008年完成）、大理地热国（2007年完成）等为案例研究选点，对其进行旅游总体规划和重点项目详细设计，在此基础上形成研究成果。该项目集聚了云南大学、昆明理工大学等院校旅游管理、城乡规划、建筑设计、景观设计、财务管理等专业的专家团队，带领博士生、硕士生、本科生进行持续跟踪研究。

为精准掌握规划区情况，团队成员多次对规划区的旅游资源、康养旅游、生态环境、泉水景观、产业经济、社会文化等进行了地毯式的调查，获取了丰富的基础材料。云南被称为"泉水之乡"，洱源县是中国首批温泉之城，享有"十里一汤，五里一泉"的"温泉之乡"的美誉。以此为基础，结合当地发展条件、资源优势以及旅游市场发展态势，主题定位为：洱源县温泉休疗度假旅游大景区、大理西湖高原水乡·生态湿地、大理地热国温泉养生度假区。

团队围绕规划理念、空间布局、项目策划、旅游设施、运营管理、保障措施等进行了一系列创新性探索，最终形成总体规划、专题研究、调查报告、规划图集四项研究成果。现集册出版，既是对多年云南康养旅游研究工作的纪念，也是与业界同行分享研究心得。

此为序，不足之处，望同行专家不吝赐教。

田里
2019.10

研究人员

组　长： 田　里　云南大学工商管理与旅游管理学院　　　博导、教　授
副组长： 毛志睿　昆明理工大学建筑与城市规划学院　　　博士、副教授
　　　　　钟　晖　昆明理工大学艺术与传媒学院　　　　　　博士、讲　师
成　员： 李柏文　北京联合大学旅游学院　　　　　　　　博士、教　授
　　　　　李雪松　云南财经大学旅游与酒店管理学院　　　　博士、副教授
　　　　　王　桀　云南大学工商管理与旅游管理学院　　　　博士、副教授
　　　　　杨　懿　云南大学工商管理与旅游管理学院　　　　教授、博士后
　　　　　陈永涛　云南民族大学管理学院　　　　　　　　　博士、副教授
　　　　　徐尤龙　桂林理工大学旅游与风景园林学院　　　　博士、讲　师
　　　　　张鹏杨　云南大学工商管理与旅游管理学院　　　　博士、讲　师
　　　　　唐夕汐　广东第二师范学院管理学院　　　　　　　博士、讲　师
　　　　　李慧新　云南大学工商管理与旅游管理学院　　　　硕士
　　　　　高文豪　云南大学工商管理与旅游管理学院　　　　硕士
　　　　　卢烨陶　云南大学工商管理与旅游管理学院　　　　硕士
　　　　　王婷婷　云南大学工商管理与旅游管理学院　　　　硕士
　　　　　孟春晖　云南大学工商管理与旅游管理学院　　　　硕士
　　　　　常　飞　云南大学工商管理与旅游管理学院　　　　硕士
　　　　　刘　莎　云南大学工商管理与旅游管理学院　　　　硕士
　　　　　张永辉　云南大学工商管理与旅游管理学院　　　　硕士
　　　　　杜玥儿　昆明理工大学艺术与传媒学院　　　　　　硕士
　　　　　汪　娟　昆明理工大学艺术与传媒学院　　　　　　硕士
　　　　　黄　彪　昆明理工大学艺术与传媒学院　　　　　　硕士
　　　　　王　颖　昆明冶金高等专科学校通识与素质教育学院　硕士

· CONTENTS · 目录

第一部分：大理地热国温泉旅游区研究报告 ··· 1
一、规划范围 ··· 1
（一）规划范围 ··· 1
（二）规划依据 ··· 1
（三）规划年限 ··· 2
（四）技术路线 ··· 2
二、地域环境分析 ··· 3
（一）地理区位 ··· 3
（二）自然环境 ··· 3
（三）社会环境 ··· 4
（四）历史文化 ··· 5
（五）生态环境 ··· 5
（六）基础设施 ··· 6
三、旅游资源评价 ··· 6
（一）旅游资源类型 ·· 6
（二）旅游资源分布 ·· 8
（三）旅游资源评价 ·· 9

（四）旅游资源比较 ………………………………………………… 13

四、客源市场分析 ……………………………………………………… 15
（一）客源市场现状 ………………………………………………… 15
（二）客源市场趋势 ………………………………………………… 17
（三）客源市场定位 ………………………………………………… 18
（四）游客增长预测 ………………………………………………… 20

五、旅游区发展战略 …………………………………………………… 22
（一）旅游区现状评估 ……………………………………………… 22
（二）旅游区面临问题 ……………………………………………… 24
（三）温泉旅游地案例 ……………………………………………… 25
（四）旅游区发展战略 ……………………………………………… 28
（五）旅游区 SWOT 分析 …………………………………………… 30

六、旅游区定位与目标 ………………………………………………… 30
（一）旅游区发展定位 ……………………………………………… 30
（二）旅游区主题分析 ……………………………………………… 31
（三）旅游区形象策划 ……………………………………………… 31
（四）旅游区发展目标 ……………………………………………… 32
（五）旅游区环境容量 ……………………………………………… 33

七、空间布局与项目 …………………………………………………… 36
（一）空间总体布局 ………………………………………………… 36
（二）旅游功能分区 ………………………………………………… 39
（三）旅游项目分布 ………………………………………………… 41
（四）旅游产品体系 ………………………………………………… 48
（五）景观游憩系统 ………………………………………………… 53
（六）旅游服务设施 ………………………………………………… 56

八、基础设施规划 ……………………………………………………… 58
（一）道路交通规划 ………………………………………………… 58
（二）电力工程规划 ………………………………………………… 62
（三）给水系统规划 ………………………………………………… 63
（四）排水系统规划 ………………………………………………… 65
（五）通信设施规划 ………………………………………………… 68

九、专项规划 ···68
(一) 土地利用规划 ···68
(二) 绿地系统规划 ···72
(三) 安全防灾规划 ···75
(四) 解说系统规划 ···76
(五) 市场营销规划 ···78

十、环境保护规划 ···81
(一) 环境保护原则 ···81
(二) 环境保护目标 ···81
(三) 环境保护规划 ···82
(四) 环境卫生系统 ···84

十一、运营管理规划 ···85
(一) 项目投资规划 ···85
(二) 管理体制规划 ···91
(三) 规划实施建议 ···93

第二部分：大理西湖高原水乡研究报告 ···95

一、规划总则 ···95
(一) 规划范围 ···95
(二) 规划依据 ···95
(三) 规划年限 ···96
(四) 技术路线 ···96

二、地域环境分析 ···96
(一) 地理区位 ···96
(二) 自然环境 ···97
(三) 历史文化 ···98
(四) 社会环境 ···99
(五) 生态环境 ···100
(六) 基础设施 ···101

三、旅游资源评价 ···101
(一) 旅游资源类型构成 ···101

（二）旅游资源空间分布 …………………………………………… 104
　　（三）旅游资源质量评价 …………………………………………… 105
　　（四）同质旅游资源对比 …………………………………………… 107
　　（五）景区游憩适宜评价 …………………………………………… 108
四、客源市场预测 ………………………………………………………… 108
　　（一）客源市场现状 ………………………………………………… 108
　　（二）客源市场趋势 ………………………………………………… 110
　　（三）客源市场定位 ………………………………………………… 110
　　（四）客源市场预测 ………………………………………………… 112
　　（五）游客增长预测结果 …………………………………………… 114
五、旅游区发展战略 ……………………………………………………… 114
　　（一）旅游区现状评价 ……………………………………………… 114
　　（二）旅游区存在问题 ……………………………………………… 115
　　（三）旅游区 SWOT 分析 …………………………………………… 115
　　（四）旅游区案例借鉴 ……………………………………………… 116
六、旅游区定位与目标 …………………………………………………… 120
　　（一）旅游区性质定位 ……………………………………………… 120
　　（二）旅游区主题分析 ……………………………………………… 120
　　（三）旅游区形象策划 ……………………………………………… 121
　　（四）旅游区发展目标 ……………………………………………… 121
　　（五）旅游区环境容量 ……………………………………………… 122
七、空间布局与项目 ……………………………………………………… 124
　　（一）旅游空间布局 ………………………………………………… 124
　　（二）空间层次结构 ………………………………………………… 124
　　（三）旅游项目分布 ………………………………………………… 125
　　（四）旅游产品体系 ………………………………………………… 133
　　（五）景观游憩系统 ………………………………………………… 136
　　（六）旅游服务设施 ………………………………………………… 141
八、基础设施规划 ………………………………………………………… 143
　　（一）道路交通规划 ………………………………………………… 143
　　（二）电力工程规划 ………………………………………………… 146

（三）给水系统规划 ·············· 147
（四）排水系统规划 ·············· 150
（五）通信设施规划 ·············· 151

九、专项规划 ·············· 152
（一）土地利用规划 ·············· 152
（二）社区调控规划 ·············· 154
（三）安全防灾规划 ·············· 156
（四）绿地系统规划 ·············· 158
（五）市场营销规划 ·············· 159
（六）科普教育规划 ·············· 159
（七）解说系统规划 ·············· 161

十、环境保护规划 ·············· 162
（一）旅游区环保目标 ·············· 162
（二）旅游区分级保护 ·············· 163
（三）旅游区分类保护 ·············· 164
（四）旅游区环保措施 ·············· 165
（五）旅游区环卫系统 ·············· 165

十一、运营管理规划 ·············· 166
（一）运营管理机构 ·············· 166
（二）机构劳动定员 ·············· 166
（三）规划实施建议 ·············· 172

附录：专题研究 ·············· 175

第三部分：大理洱源休疗度假大景区研究报告 ·············· 187

一、规划总则 ·············· 187
（一）规划范围 ·············· 187
（二）规划年限 ·············· 187
（三）规划依据 ·············· 187
（四）规划关系 ·············· 190

二、温泉旅游概述 ·············· 193
（一）国外温泉旅游概述 ·············· 193

（二）国内温泉旅游概况 …………………………………… 194
　　（三）国内温泉旅游发展趋势 ……………………………… 198
　　（四）云南温泉资源概况 …………………………………… 198
　　（五）洱源温泉资源概况 …………………………………… 200
三、现状评估 …………………………………………………… 204
　　（一）旅游资源现状 ………………………………………… 204
　　（二）旅游区存在问题 ……………………………………… 208
　　（三）大景区规划思路 ……………………………………… 209
四、温泉客源市场分析与预测 ………………………………… 210
　　（一）客源市场现状 ………………………………………… 210
　　（二）客源市场趋势 ………………………………………… 213
　　（三）客源市场定位 ………………………………………… 214
　　（四）客源市场预测 ………………………………………… 215
五、温泉大景区发展目标与战略 ……………………………… 217
　　（一）温泉大景区发展目标 ………………………………… 217
　　（二）温泉大景区性质定位 ………………………………… 217
　　（三）温泉大景区发展战略 ………………………………… 218
　　（四）温泉大景区发展原则 ………………………………… 219
六、温泉大景区形象策划 ……………………………………… 219
　　（一）温泉大景区形象策划 ………………………………… 219
　　（二）温泉大景区形象分析 ………………………………… 220
　　（三）温泉大景区形象定位 ………………………………… 221
　　（四）旅游形象塑造 ………………………………………… 222
七、温泉大景区空间布局 ……………………………………… 224
　　（一）总体布局 ……………………………………………… 224
　　（二）功能分区 ……………………………………………… 226
　　（三）项目结构 ……………………………………………… 227
　　（四）开发模式 ……………………………………………… 228
八、温泉大景区项目体系 ……………………………………… 230
　　（一）温泉旅游区核心项目 ………………………………… 230
　　（二）生态旅游区核心产品 ………………………………… 245

（三）旅游服务基础设施 …………………………………… 248
九、旅游线路规划 …………………………………………………… 251
　　（一）大理州层面的旅游线路规划 ………………………… 251
　　（二）洱源县内旅游线路规划 ……………………………… 252
十、专项保障规划 …………………………………………………… 254
　　（一）交通设施 ……………………………………………… 254
　　（二）给水工程 ……………………………………………… 256
　　（三）排水工程 ……………………………………………… 257
　　（四）电信通信 ……………………………………………… 258
　　（五）土地利用 ……………………………………………… 258
　　（六）土地利用规划 ………………………………………… 259
　　（七）社区调控 ……………………………………………… 260
　　（八）生态环保 ……………………………………………… 262
十一、项目运营模式 ………………………………………………… 266
　　（一）项目建设分期 ………………………………………… 266
　　（二）项目运作模式 ………………………………………… 268
　　（三）旅游管理体制 ………………………………………… 270
　　（四）项目招商策略 ………………………………………… 271
十二、投资效益分析 ………………………………………………… 273
　　（一）估算依据 ……………………………………………… 273
　　（二）投资估算 ……………………………………………… 275
十三、实施保障措施 ………………………………………………… 279
　　（一）政策体系 ……………………………………………… 279
　　（二）组织管理 ……………………………………………… 280
　　（三）人才配备 ……………………………………………… 281
　　（四）资金保障 ……………………………………………… 282
　　（五）技术支持 ……………………………………………… 283
　　（六）市场营销 ……………………………………………… 283

第一部分：大理地热国温泉旅游区研究报告

一、规划范围

（一）规划范围

大理地热国旅游区位于滇西北大理州洱源县，地处洱源县城与茈碧湖之间。该旅游区范围东至海尾河滨河路，南与九气台村相邻，西到江干村和沙坝村居民点，北临茈碧湖，旅游区以清水河为环线，地形呈中间大、两头小的弧形月牙状，总占地面积62.92公顷（943.76亩），南北直线距离为1500米。大理地热国旅游区是洱源县龙头性旅游项目，也是大理州目前外来资本投资最大的旅游区，还是云南省目前规模最大的标志性温泉旅游区之一。

（二）规划依据

（1）《中华人民共和国环境保护法》，全国人大第七届常务委员会第十一次会议通过，1982年；

（2）《中华人民共和国自然保护区条例》，国务院，1994年；

（3）《风景名胜区建设管理条例》，国家建设部，1993年；

（4）《云南省旅游条例》，云南省第十届人大常务委员会第十六次会议通过，2005年；

（5）《云南省环境保护条例》，云南省第七届人民代表大会常务委员会第二十七次会议通过，1992年；

（6）《云南省风景名胜区管理条例》，云南省第八届人民代表大会常务委员会第二十一次会议通过，1996年；

（7）《城市给水工程规划规范》，国家质量技术监督检疫局，1998年；

（8）《城市排水工程规划规范》，国家质量技术监督检疫局，2000年；

（9）《旅游规划通则》，国家质量技术监督检疫局，2003年；

（10）《旅游区（点）质量等级的划分与评定》，国家质量技术监督局，2003年；

（11）《云南省旅游发展总体规划》，世界旅游组织、国家旅游局、云南省人民政府，2001年；

（12）《云南省旅游发展"十一五"规划》，云南省旅游局，2006年；

（13）《大理白族自治州旅游发展规划》，大理州旅游局，2005年；

（14）《洱源县旅游发展规划》，洱源县旅游局，2007年；

（15）《中国洱源温泉城——茈碧湖温泉休闲疗养区规划设计》，清华城市规划设计研究院，2004年；

（16）《云南九气台旅游风景区温泉项目总体规划》，四川宜宾万泰（集团）股份有限公司，2002年；

（17）1∶1000地形图。

（三）规划年限

规划建设期由2007~2015年，共分为近、中、远三期。近期，2007~2009年；中期，2010~2012年；远期，2013~2015年。

（四）技术路线

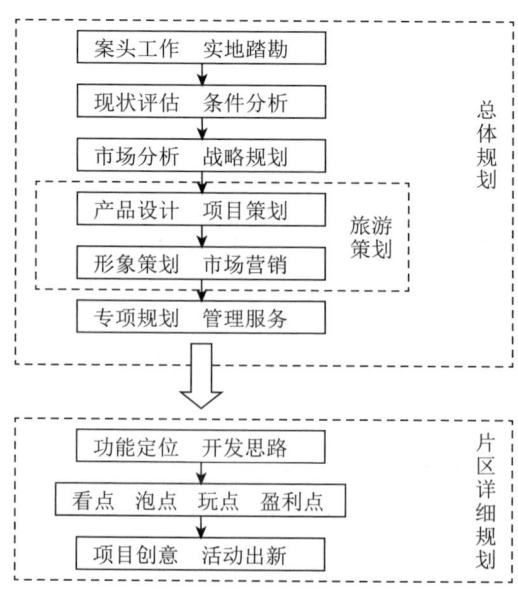

图1.1.1 技术路线

二、地域环境分析

（一）地理区位

洱源县地处云南省西北部，大理白族自治州中部偏北，其县境东邻鹤庆县，南接大理市和漾濞县，西连云龙县，北靠剑川县。县人民政府所在地茈碧湖镇，距离省会昆明市471千米，距离州府大理市73千米。

大理地热国旅游区位于洱源县城茈碧湖镇北部，地处县城与茈碧湖之间，东以海尾河40米干道（滨河路）红线为界，南距九气台村居民点30米和县城主干道腾飞路520米，西邻江干村和沙坝村居民点，北至茈碧湖南岸。旅游区周边有洱源县老城区、县城新区、梨园民俗村、梨花梅子园，旅游区开发与县城建设具有较强的互动性，依托城镇发展前景广阔。

大理地热国旅游区紧靠由大理市进入滇西北三江并流腹地（丽江、怒江、迪庆）的214国道和大丽高速公路、大丽铁路，为"三江并流"世界自然遗产的门户。有1千米的入城标志大道与214国道连接，有2条公路通往县城，1条公路和1条水路通往茈碧湖梨园村。

（二）自然环境

1. 地形地势

大理地热国旅游区由原来的沼泽、荒地整体填埋而成，地下水位较高，地形呈两头小中间大的月牙状。旅游区地势中间高，周边低，最高点（大滚锅）海拔2064米，最低点（消水河）海拔2052米，地势高差12米，地势呈众星捧月之势。

2. 地质构造

洱源县域地处青藏川滇"歹"字形构造体系、三江径向构造体系、云南山字形构造体系、龙门山—玉龙构造体系和南岭纬向构造体系的衔接接合部地带，全县整体地势西北高、东南低。洱源县城地层为湖泊河流堆积物，表层为砂土和黏土，地基承载力在150kPa以下。

大理地热国旅游区为典型的断陷盆地，地势低洼，紧靠茈碧湖，早期为沼泽凹地；在旅游开发之前部分改造为农田和鱼塘；旅游区开发时进行整体填埋形成现今状况。因此旅游区地质松软，地下水位高。

3. 温泉资源

洱源位于地中海—喜马拉雅环球地热带南折部位，水热活动异常活跃，全县各个乡镇均有温泉，尤其是县城有江干、九气台、九井台、城中、梨园五大出露泉群，被明代旅行家徐霞客誉为"沸泉腾溢""碧如华清"的"热水城"，是大理久负盛名的"温泉之乡"，并有着"中国温泉城"的称号。地热国温泉系硫黄泉，温泉水温高达 80~90℃，储量大、水质好，富含钾、钠、钙、镁、铁等多种微量元素，能治中风喘咳、脾胃虚寒、腰膝冷痹、妇女子宫虚冷绝孕等多种疾病。九气台温泉还盛产名贵药物——天生磺。

4. 水文环境

洱源县境内分布有三大水系、6 条河流、5 个湖泊，拥有"三水、五湖"的水域环境，历史上就是"一村三渡水""水陆各半"的著名高原水乡。大理地热国旅游区紧邻茈碧湖，茈碧湖为洱海上游的主要湖泊之一，为断陷溶蚀洼地形成的天然淡水湖泊。湖泊面积 7.86 平方千米，平均水深 11 米，最大水深 32 米，平均水温 14℃，湖面最低海拔 2052.8 米，正常储水位 2056.2 米，总库容 9233.4 万立方米，径流面积 690.1 平方千米。茈碧湖湖水清澈、碧波如镜，水质达到国家地表水 II 类标准。茈碧湖泄水河道为海尾河，海尾河多年平均流量 3.9 亿立方米，平水年 3.8 亿立方米，枯水年 2.15 亿立方米。

大理地热国旅游区地域范围内分布有清水河、"黄河""长江"、消水河四条河流。清水河为环绕地热国旅游区的人工河流，河水源自茈碧湖；黄河、长江为引导温泉水而形成的人工河流；消水河为天然河流，现污染较为严重。

5. 气候条件

洱源县属北亚热带高原湿润季风气候，光照充足，四季不明显，冬春干旱，夏秋多雨，雨季旱季分明，5~10 月为雨季，11 月至次年 4 月为旱季。区域内立体气候和区域性小气候非常明显。洱源坝区年平均温度为 13.9℃，最冷月（1 月）平均气温 6.7℃，最热月（7 月）平均气温 20℃。年日照平均 2451 小时，日照百分率为 55%；年平均降雨 732 毫米；平均绝对湿度 11.1 毫米，相对湿度 69%；平均霜日 98 天，无霜期 230 天左右；冬春季节多大风，风向多西南，实测最大风力 7 级，平均风速 2.2 米/秒，最大风速 16 米/秒。

6. 绿化植被

目前，大理地热国旅游区的绿化植被较为单一，由于回填土壤比较贫瘠，区内主要依赖于生长周期较快、生命力较强、封闭性较好的旱芦苇；同时为了改变单一的植被景观，丰富植被景型，区内还分散种植有垂柳、茭草、塔柏、竹林等绿化植物。

（三）社会环境

洱源县在"十五"期间圆满完成了各项经济计划指标，综合经济实力位居大理州经济格局中的中上游位置。2006年，全县生产总值达14.68亿元，同比增长12.1%。三次产业结构的比例由"十五"末的42.6∶22.7∶34.7调整为40.8∶24∶35.2。财政总收入1.2亿元，财政支出3.09亿元，同比增长17%。职工年均工资16602元，是"十五"末的1.1倍，农民人均纯收入2126元，人民生活水平和生活质量均有明显提高。

（四）历史文化

洱源为地处东南亚与中国内地相交咽喉地带，历史上为茶马古道必经之地，境内有众多古塔、古城遗址、碑碣、牌坊、书院等文化遗存；同时洱源又是著名的白族之乡，其民居建筑、本主崇拜、音乐舞蹈、节日庆典、餐饮果蔬等久负盛名，具有"唢呐之乡""白剧之乡""白族舞蹈之乡"等美誉。

唐初，在大理洱海地区同时出现了六个较大的部落，史称"六诏"，洱源县域就是施浪诏、浪穹诏、邓赕诏三诏活动的地方，其文物古迹反映着早于"六诏统一"的历史背景和拥有早于"大理古城"的古城址。

洱源县是以白族为多数的多民族聚居县，境内居住着白、汉、彝、回、傈僳、纳西、藏等23种世居民族。各民族分布呈现出大杂居、小聚居的分布特点。古往今来，众多的少数民族、不同的文化传承、特定的世居环境及独特的民族文化，形成了洱源绚丽多姿的民族风情旅游资源。

（五）生态环境

1. 大气环境

根据州、县环境监测站多年来对洱源县城大气质量监测结果表明，县城区域二氧化硫年均值在 0.005~0.021 mg/m^3，达到《环境空气质量标准》二级标准要求，以二氧化硫为标志的空气质量可达到功能要求。氮氧化物年均值在 0.005~0.009 mg/m^3，达到《环境空气质量标准》二级标准要求。总悬浮微粒现状年均值在 0.096~0.110 mg/m^3，达到《环境空气质量标准》一级标准要求。根据监测数据，大理地热国旅游区所处区域大气污染物综合评价为清洁级，大气环境质量较好。

2. 地表水环境

大理地热国旅游区水系隶属于茈碧湖水系。根据地表水环境现状，采用大理州环境监测站常规监测资料为评价的基础数据，评价结果为茈碧湖水质各项目值达到 GNZB 1—1999《地表水环境质量标准》中的Ⅱ类标准。故地热国旅游区内部的清水河、长江、黄河和渤海湾水系至少达到 GNZB 1—

1999《地表水环境质量标准》中的Ⅱ类标准。

（六）基础设施

大理地热国旅游区已形成较为完善的基础设施系统。道路方面，有8千米长的主干游路，沿长江、黄河的步行游道；在住宿设施方面，有白族民居客房、贵宾客房400多套；在温泉设施方面，有以中国版图为蓝本创意的温泉区，设有34个形态各异的温泉泡池；在水域景观方面，有清水河、长江、黄河、消水河四条河流和渤海湾、芦苇湿地两大水域。此外，还有停车场、餐厅、商店、茶吧、娱乐室、更衣室、蒸房、保健房、廊道等设施。

三、旅游资源评价

（一）旅游资源类型

根据《旅游资源分类、调查与评价》（GB/T 18972－2003）中旅游资源的分类分级系统，对旅游区具有代表性的、组合较好、品位较高的旅游资源单体或复合型旅游资源进行实地调查分析，在旅游资源类型的8大主类31亚类和155个基本类型中，旅游区的旅游资源8大主类齐全，31亚类中旅游区有22亚类，占到了71.0%，在155个基本类型中，旅游区有23个，占14.84%。详见表1.3.1、表1.3.2。

表1.3.1 旅游资源类型体系

主类	亚类			基本类型		
	总亚类数	旅游区亚类数	占总亚类数（%）	总基本类型数	旅游区基本类型数	占总基本类型数（%）
地文景观	5	3	60.0	37	3	8.10
水域风光	6	4	66.7	15	4	26.67
生物景观	4	3	75.0	11	3	27.27
天象景观	2	2	100.0	8	2	25.00
遗址遗迹	2	2	100.0	12	2	16.67
建筑景观	7	5	71.4	49	5	10.20
旅游商品	1	1	100.0	7	2	28.57
人文活动	4	2	50.0	16	2	12.50
合计	31	22	71.0	155	23	14.84

表 1.3.2 旅游资源分类

主类	亚类	典型景观	数量
地文景观	地形	中国版图地形	1
	地貌	泉华地貌	1
	地热	大滚锅、小滚锅	2
水域风光	河段	清水河、消水河、长江、黄河	4
	瀑布	水帘洞瀑布	1
	湖泊	茈碧湖、渤海湾、长江源、黄河源	4
	温泉	戏水池、游泳池、儿童池、天石池、高温池、振国池、福禄寿池、朝蒸池、瀑布池、五指池、心泉池、串珠池、五心池、养心池、御龙池、日月池、华夏泉、热身池	18
生物景观	林木	芦苇、竹林、柳树、榕树	4
	湿地	湿地	1
	动物	鸟类	1
天象景观	天象	日出、日落、月明、星辰	4
	气候	落雪、气雾	2
遗址遗迹	遗址	九气台温泉遗址	1
	水利设施	茈碧湖大坝	1
建筑景观	特色建筑	院落民居、主题民居、罗马廊柱	3
	廊道	风亭廊、风情廊	2
	场馆	保健房、水吧、大更衣房、小更衣房、热疗馆	5
	实用建筑	贵宾房、总裁房、餐厅、商品店、烧烤店、桥梁	6
	人工建筑	文化柱、环境小品、亭台	3
旅游商品	工艺品	大理石、白族服饰、砚台、木雕、玉器	5
	特色餐饮	茈碧花、雕梅、乳扇、奶粉、果酒	5
人文活动	艺术舞蹈	唢呐音乐、霸王鞭舞、双飞燕舞、灯盏舞、跳月	5
	活动节庆	本主崇拜、茈碧湖灯会、九气台春浴节	3
合计			82

从以上两表可以看出，大理地热国旅游资源数量丰富，类型齐全，自然旅游资源以水域风光类为主体特色，人文旅游资源以建筑景观类为主体特征，

是一个集温泉、湖泊、生态、文化为一体的休闲型旅游区。

大理地热国旅游资源类型丰富，资源品位较高，从类型方面主要有以下几大类型主体资源：

（1）地热温泉景观：以中国版图地形为蓝本创意的温泉核心区，分布着形态各异的34个热气腾腾的温泉泡池；长江和黄河两条温泉河蜿蜒于各个泡池之间，汇集沸泉的大、小两个滚锅，水温高达90℃以上；以多级台阶跌水而形成的泉华叠瀑，以及利用地形落差而形成的水帘洞温泉瀑布，使地热国成为洱源"温泉之乡"的典型代表，同时也使地热国成为滇西北最大的温泉休闲度假基地。

（2）高原水乡风貌：洱源县地处洱海源头，湖泊湿地相连，村落河流相依，田野沼泽一体。地热国与茈碧湖隔坝相邻，与茈碧湖相贯通的清水河环绕整个旅游区，形成宽4米和长4千米的河流风光带。在旅游区还分布有渤海湾、芦苇湿地两大水域，湖面上百鸟翱翔，周围树荫浓密，一派"悠悠然有江南风景"的高原水乡景色。

（3）原生态白族文化：洱源县为白族风情浓郁的文化之乡，地热国所分布的主要建筑群为典型的白族民居建筑，一组为院落式民居，另一组为主题式民居；位于旅游区东、西的风亭廊和风情廊充分体现了大理木雕的工艺水平；此外与主体建筑相配套的灯饰、文化柱、木质用品等景观小品，均体现着白族文化的特色。

（4）深厚的历史沉淀：洱源为著名的温泉之乡，历史上就留下多位历史名人对其的赞美和讴歌。相传明朝建文皇帝朱允炆曾在此僧衣麻鞋、浸泡养生。徐霞客慕游九气台温泉，将当时的温泉胜概记入其游记之中，题下"九气朝蒸"的美誉。杨升庵则有"远梦似曾经此地，游子恍疑回故乡"之感。民国年间，李根源为九气台温泉题有"温美兰汤"四个大字。

（二）旅游资源分布

根据大理地热国的旅游资源现状和旅游设施建设状况，地热国的旅游资源在空间分布上呈现两带五区的分布特征。

两带：北清水河景观带、南清水河景观带。北清水河景观带串联白族民居建筑群、芦苇湿地，主要展示白族文化风情；南清水河景观带串联贵宾客房、芦苇植被，主要展示高原水乡风貌。

五区：入口广场区、田园风光区、白族民居区、贵宾客房区、温泉浸泡区。入口广场区包括罗马廊柱大门、餐厅、停车场、商品店等设施，为地热国的第一印象区；田园风光区包括扇形广场、跌水泉华等设施，为地热国的歌舞表演区；白族民居区包括庭院式民居、主题式民居、风情广场、建设指挥部等设施，为地热国的大众住宿区；贵宾客房区包括多栋连排式温泉客房，为地热国的高档住宿区；温泉浸泡区包括34个形态各异的温泉泡池，为地热国的核心休闲区。

（三）旅游资源评价

1. 旅游资源分区评价

旅游资源评价的目的在于为旅游区规划提供旅游资源分析依据。在此采用综合评价层、项目评价层的层次梯级评价方法，对5个分区进行3个等级层次的评价。评价标准如下：一级旅游资源区，综合评价在80分以上；二级旅游资源区，综合评价在70分以上；三级旅游资源区，综合评价在60分以上（表1.3.3）。

表1.3.3 旅游资源评价指标层次

综合评价层	分值	项目评价层	分值
景观价值	50	欣赏价值	20
		科学价值	5
		历史价值	10
		保健价值	5
		游憩价值	10
环境水平	20	生态特征	10
		环境质量	4
		设施状况	3
		监护管理	3
旅游条件	20	交通通信	6
		食宿接待	6
		客源市场	5
		运营管理	3
规模范围	10	面积	2
		空间	4
		容量	4

应用上述评价方法，对地热国旅游区内的5个分区进行比较分析，如表1.3.4所示。通过上述评价表进行评价，得出以下结论：温泉浸泡区总分为82分，属于一级旅游资源区；贵宾客房区总分为79分，白族民居区总分为78分，属于二级旅游资源区；入口广场区总分为69分，田园风光区总分为64.5分，属于三级旅游资源区。

表1.3.4　旅游资源评价结果

综合评价层次	分值	项目评价层	分值	贵宾客房区	田园风光区	白族民居区	入口广场区	温泉浸泡区
景观价值	50	欣赏价值	20	16	12	17	14	19
		科学价值	5	3.5	2	3.5	2.5	5
		历史价值	10	8	4	5	3	5
		保健价值	5	3	4	4	3.5	5
		游憩价值	10	9	8	9	8	9
环境水平	20	生态特征	10	9	8	9	8	9
		环境质量	4	4	3	3	3	4
		设施状况	3	1.5	1	1.5	2	1
		监护管理	3	2	2	2	2	2
旅游条件	20	交通通信	6	3	3	4	4.5	3
		食宿接待	6	3	3	4	4	3
		客源市场	5	4	4	4	4	4
		运营管理	3	3	3	3	3	3
规模范围	10	面积	2	2	1.5	2	1.5	2
		空间	4	4	3	4	3.5	4
		容量	4	4	3	3	2.5	4
分值		—	—	79	64.5	78	69	82

2.旅游资源单体评价

按照《旅游资源分类、调查与评价》中所规定的分类评价体系，对旅游区的旅游资源进行赋分，然后根据所得的分值和等级指标给旅游资源单体确定等级。评价的主要依据是实地调查的结果，并进行充分论证，对独立型旅游资源单体和集合型旅游资源进行综合评价（表 1.3.5）。

表 1.3.5　旅游资源评价赋分标准

评价项目	评价因子	评价依据	赋值
资源要素价值（85分）	观赏游憩使用价值（30分）	全部或其中一项具有极高的观赏价值、游憩价值、使用价值	30~22
		全部或其中一项具有很高的观赏价值、游憩价值、使用价值	21~13
		全部或其中一项具有较高的观赏价值、游憩价值、使用价值	12~6
		全部或其中一项具有一般的观赏价值、游憩价值、使用价值	5~1
	历史文化科学艺术价值（25分）	同时或其中一项具有世界意义的历史、文化、科学、艺术价值	25~20
		同时或其中一项具有全国意义的历史、文化、科学、艺术价值	19~13
		同时或其中一项具有省级意义的历史、文化、科学、艺术价值	12~6
		同时或其中一项具有地区意义的历史、文化、科学、艺术价值	5~1
	珍稀奇特程度（15分）	有大量珍稀物种，或景观异常奇特，或此类现象在其他地区罕见	15~13
		有较多珍稀物种，或景观奇特，或此类现象在其他地区很少见	12~9
		有少量珍稀物种，或景观突出，或此类现象在其他地区少见	8~4
		有个别珍稀物种，或景观比较突出，或此现象在其他地区较多见	3~1
	规模、丰度与概率（10分）	独立型旅游资源单体规模、体量巨大；集合型旅游资源单体结构完美、疏密度优良级；自然景象和人文活动周期发生或频率极高	10~8
		独立型旅游资源单体规模、体量巨大；集合型旅游资源单体结构很和谐、疏密度良好；自然景象和人文活动周期发生或频率很高	7~5
		独立型旅游资源单体规模、体量中等；集合型旅游资源单体结构和谐、疏密度优较好；自然景象和人文活动周期发生或频率较高	4~3
		独立型旅游资源单体规模、体量较小；集合型旅游资源单体结构较和谐、疏密度一般；自然景象和人文活动周期发生或频率极高	2~1
	完整性（5分）	形态与结构保持完整	5~4
		形态与结构有少量变化，但不明显	3
		形态与结构有明显变化	2
		形态与结构有重大变化	1

续表

评价项目	评价因子	评价依据	赋值
影响力（15分）	知名度和影响力（10分）	在世界范围内知名，或构成世界承认的名牌	10~8
		在全国范围内知名，或构成全国性的名牌	7~5
		在本省范围内知名，或构成省内的名牌	4~3
		在本地区范围内知名，或构成本地区的名牌	2~1
	适游期或使用范围（5分）	适宜游览的日期每年超过300天，或适宜于所有游客使用和参与	5~4
		适宜游览的日期每年超过250天，或适宜于80%游客使用和参与	3
		适宜游览的日期每年超过150天，或适宜于60%游客使用和参与	2
		适宜游览的日期每年超过100天，或适宜于40%游客使用和参与	1

根据旅游资源单体评价总分，将其分为五级。从高到低为：五级旅游资源，得分值域≥90分；四级旅游资源，得分值域75~89分；三级旅游资源，得分值域60~74分；二级旅游资源，得分值域45~59分；一级旅游资源，得分值域30~44分；未获等级旅游资源，得分≤29分。其中：五级旅游资源又被称为"特品级旅游资源"；四级、三级旅游资源被通称为"优良级旅游资源"；二级、一级旅游资源被通称为"普通级旅游资源"。

依据上述评价方法，旅游区共有旅游资源单体82个，其中五级资源有3个，四级资源有5个，三级资源有9个，二级资源有14个，一级资源有21个，未获等级旅游资源30个，分别占旅游资源总数的3.66%、6.10%、10.98%、17.07%、25.61%、36.58%（表1.3.6）。

表1.3.6 主要旅游资源等级

级别	旅游资源	数量
五级旅游资源	中国版图地形、大滚锅、茈碧湖	3
四级旅游资源	五指池、福禄寿池、朝蒸池、水帘洞瀑布、湿地	5
三级旅游资源	小滚锅、长江、黄河、渤海湾、瀑布池、心泉池、五心池、养心池、风情廊	9
二级旅游资源	戏水池、游泳池、儿童池、天石池、高温池、振国池、清水河、御龙池、日月池、华夏泉、热身池、串珠池、风亭廊、九气台温泉遗址	14
一级旅游资源	泉华地貌、长江源、黄河源、芦苇、竹林、柳树、榕树、鸟类、茈碧湖大坝、落雪、气雾、院落民居、主题民居、罗马廊柱、水吧、热疗馆、贵宾房、总裁房、茈碧花、文化柱、亭台	21

续表

级别	旅游资源	数量
未列级旅游资源	消水河、日出、日落、月明、星辰、保健房、大更衣房、小更衣房、餐厅、商品店、烧烤店、桥梁、环境小品、大理石、白族服饰、砚台、木雕、玉器、雕梅、乳扇、奶粉、果酒、唢呐音乐、霸王鞭舞、双飞燕舞、灯盏舞、跳月、本主崇拜、茈碧湖灯会、九气台春浴节	30

（四）旅游资源比较

1. 洱源县与腾冲县比较

洱源县和腾冲县都是云南省最著名的温泉资源大县。腾冲地处印度洋板块和太平洋板块的交界地带，地壳运动造就了最密集的火山群和地热温泉，90多座火山雄峙苍穹，80余处温泉喷珠溅玉，壮观的热海大滚锅、热溅四射的蛤蟆嘴、令人浮想联翩的醉鸟神泉、怀胎奇井、美女仙池、扯雀魔塘等种种奇观妙景，拥有"火山热海"的美誉。洱源县拥有"中国温泉城"的美誉，从总体上看洱源温泉规模和数量稍次于腾冲，但洱源地处滇川藏大香格里拉旅游圈的交通要道，是整个滇西北地热温泉资源最富集的地区，且温泉资源多分布在坝区或交通沿线，因而洱源具有成为中国温泉旅游目的地的极大潜力。

与腾冲温泉相比较，洱源温泉在交通区位方面优于腾冲；在规模数量方面没有太大差异；在资源的组合上腾冲温泉与火山组合，洱源温泉与湖泊组合，各有千秋；但在温泉的观赏形态、开发程度、市场影响方面却低于腾冲。因此，洱源温泉需要加大温泉的开发力度，增加温泉的观赏形态，在扩大温泉的市场影响方面大下功夫（表1.3.7）。

表1.3.7 洱源温泉与腾冲温泉对比

指标 地区	规模数量	观赏形态	资源组合	交通区位	开发程度	市场影响
洱源温泉	80	单一	温泉+湖泊	良好	中	低
腾冲温泉	80	多样	温泉+火山	中等	高	高

2. 地热国与热海公园比较

洱源的大理地热国和腾冲的热海公园是两地最著名的地热温泉区。洱源县因其大量的温泉出露点有"十里一汤，五里一泉"的"温泉之乡"的美誉，而腾冲是中国三大地热区之一，境内有沸泉、气泉、喷泉、温泉群878处。

大理地热国和腾冲热海公园都是以地热温泉资源为主要依托进行旅游开发和经营的旅游景区，在云南省内存在一定程度的客源市场竞争。

表 1.3.8 地热国与热海公园对比

水体景观	交通区位	景观类型	视觉美	功效性	市场知名度	周边景点
地热国	距县城 1 km 距州府 73km 距昆明 471km	高原、沸泉、温泉、茈碧湖、湿地、人工河、人工跌水	较美	富含钾、铁、钠、钙、镁等多种微量元素，可治眼疾、皮肤病、风湿病、关节炎、妇科病及妇女不孕症等	省内闻名	茈碧湖、梨园村、东西湖、凤羽古镇、下山口温泉等
热海公园	距县城 10 km 距市府 160km 距昆明 680km	峡谷、沸泉、气泉、喷泉、温泉群	很美	可用于医疗和提取矿物资源，对循环系统、消化系统、神经系统等疾病均有较显著的疗效	国内知名	高黎贡山、来凤山、火山地质公园、北海湿地、和顺侨乡、叠水河瀑布等

从表 1.3.8 可以看出，大理地热国在交通区位方面与腾冲热海公园相比，拥有较为显著的交通区位优势，距离省会昆明、州府大理都相对较近，路况较好，交通方式多样；在景观类型方面，地热国的温泉景观多样性明显不如热海公园，不过有茈碧湖、人工河流和人工跌水等水体景观的补充，使得整体水体景观具有一定的生动性；在视觉美方面，地热国和热海公园都达到了相当的视觉审美效果，但地热国在景观、小品的设计和布置方面缺乏文化主题，使得视觉美与热海公园相比稍次；在功效性方面，地热温泉本身富含的微量元素和具有的医药疗效都大同小异，差别只是存在于各自的宣传与促销诉求点不同；在市场知名度方面，热海公园是我国三大地热区之一，并以其"大滚锅"而在全国范围内拥有较高的知名度，而地热国是一个较为新兴的旅游景区，虽然也有一定程度的宣传和促销，在省内拥有一定的知名度，但在整个国内旅游市场上的知名度还无法与热海公园相比；在周边景点方面，热海公园附近分布着高黎贡山、和顺侨乡和北海湿地等市场知名度高、开发程度高的旅游区，这些具有较大吸引力的旅游区的借势效应有利于热海公园的发展，而大理地热国周边的茈碧湖、西湖和梨园等景区由于开发程度较低，市场知名度不高，因此还未能与大理地热国一起产生联动效应，带来大规模的旅游流。

四、客源市场分析

（一）客源市场现状

1. 客源市场发育规模

洱源县的旅游业从 20 世纪 90 年代中期起步发展到现在，客源市场逐渐发展到一定规模。2001~2005 年的"十五"期间共接待旅游者 331 万人次，旅游收入 1.2288 亿元。2004 年全年接待海内外游客 35 万人次，旅游收入 2145 万元；2005 年共接待海内外游客 39 万人次，旅游收入 2668 万元（旅游社会总收入 2.6 亿元）；2006 年全年接待海内外游客 43 万人次，旅游收入 2990 万元（旅游社会总收入 2.9 亿元，表 1.4.1）。

表 1.4.1　洱源县 2004~2006 年旅游发展指标

年份	旅游人次（万人次）	增长速度（%）	旅游收入（万元）	增长速度（%）
2004	35	—	2145	—
2005	39	11.43%	2668	24.38%
2006	43	10.26%	2990	12.07%
年均增长率	—	10.84%	—	18.07%

大理地热国自 2004 年开业以来，游客规模不断扩大，旅游收入不断上升。具体情况为：2004 年全年共接待海内外旅游者 2.3 万人次，旅游直接总收入为 342 万元；2005 年接待海内外旅游者 5.6 万人次，旅游直接总收入为 860 万元；2006 年接待海内外旅游者 9.378 万人次，旅游直接总收入为 1500 万元。以 2004 年为基准年，旅游接待人次与旅游收入连续两年的年均增长率分别为 101.93% 和 109.43%（表 1.4.2，图 1.4.1 和图 1.4.2）。

表 1.4.2　地热国 2004~2006 年旅游发展指标

年份	旅游人次（万人次）	增长速度	旅游直接收入（万元）	增长速度
2004	2.3	—	342	—
2005	5.6	143.48%	860	151.46%
2006	9.378	67.46%	1500	74.41%
年均增长率	—	101.93%	—	109.43%

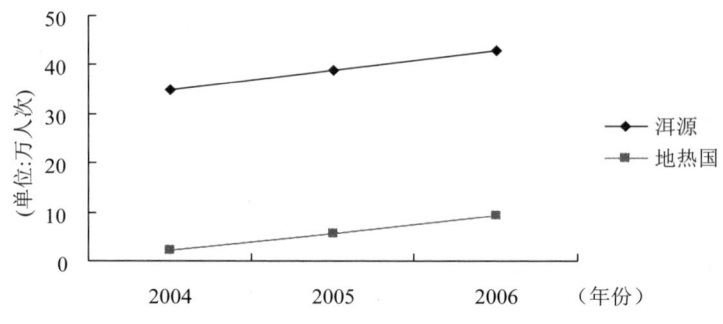

图 1.4.1　地热国与洱源县旅游接待人数对比

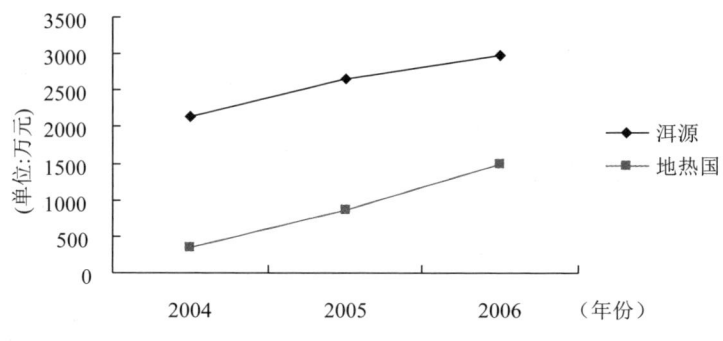

图 1.4.2　地热国与洱源县旅游收入对比

从整体来看，由于大理地热国商业新兴的旅游区，目前还处于进一步规划调整和开发建设期，无论在客源数量还是旅游收入上都还十分有限，但是地热国在洱源县旅游业中所占比重越来越大。正因为如此，地热国旅游区还蕴含着巨大的开发潜力和后发优势。

2. 旅游者基本特征

根据规划组在地热国进行的市场抽样调查分析，大致可得出如下游客基本特征：

①按地域结构划分：随着地热国旅游区知名度的提高，旅游客源规模不断上升，2006 年接待旅游者 9.378 万人次，其中海外旅游者（包括港澳台地区）为 4700 人次，占游客总量的 5%；洱源县的游客 1.87 万人次，占游客总量的 20%；大理州内（除洱源县外）2.35 万人次，占游客总量的 25%；云南省内（除大理州外）游客 2.53 万人次，占游客总量的 27%；省外游客 2.16 万人次，占游客总量的 23%。在省外游客中，四川游客占 42%，广东游客占 16%，重庆市游客占 12%，浙江游客占 9%，其他地区的游客占 21%。

②按出游方式划分：自驾车旅游方式的占32%，单位组织出游的占18%，机构会议方式的占16%，旅行社组团方式的占15%，亲朋结伴出游方式的占12%，个人自助游方式的占5%，其他旅游方式的占2%。

③按获取信息渠道划分：关于大理地热国的旅游信息来源，32%的信息来源于亲朋好友的介绍，21%的信息来源于户内外广告牌，17%的信息来源于报纸杂志，14%的信息来源于广播电视，9%的信息来源于各种旅游宣传手册，5%的信息来源于网络，2%来源于其他途径。

④按主要旅游目的划分：49%的游客是为了温泉休闲，23%的游客是为了康体疗养，11%的游客是为了科考摄影，9%的游客是为了民族风情，5%的游客是为了文学创作，3%的游客是其他旅游动机。

⑤游客的停留时间与消费额：游客在地热国停留的平均天数为0.8天/人次。旅游者平均消费水平为160元/人次，其中餐饮20元，住宿50元，门票68元，保险费2元，其他20元。

（二）客源市场趋势

对大理地热国的旅游市场发展趋势进行分析，必须考虑两大类因素。

1. 第一类为市场发展的促进性因素

旅游市场发展的促进性因素包括：

（1）温泉旅游是旅游发展的新趋势。温泉旅游因其"休闲、康体、娱乐"的特点成为旅游的新时尚，这类旅游者对环境、服务的要求较高，旅游时间受季节、气候的影响较小，温泉旅游属于消费层次与消费水平较高的旅游形式。大理地热国的产品迎合了当前旅游新潮流，切合了旅游消费的新趋势。

（2）旅游交通可进入性将大大改善。洱源县城与大理机场、下关火车站相距不超过80千米，随着连接滇西北三大旅游目的地（大理、丽江、迪庆）的大丽高速公路和大丽铁路的开工修建，洱源将拥有航空、公路、铁路的立体交通方式，旅游可进入性将全面提高。

（3）大香格里拉旅游圈合作的机遇。地热国位于大理、丽江、迪庆滇西北旅游热点区域的交通节点上，地处"三江并流"世界自然遗产的门户位置，能共享滇西北旅游区的客源。滇西北旅游区是滇、川、藏大香格里拉旅游圈的重要组织部分，随着大香格里拉旅游圈合作的进一步加强，地热国将面临绝好的机会。

（4）旅游知名度的不断提高与上升。大理地热国在旅游市场上已拥有一定的知名度，随着其进一步的深化开发、新项目的启动以及宣传促销的加强，尤其是高尔夫球练习场、水疗馆和网球场等康体运动项目的建成，将吸引大量高端客源。大理地热国的旅游知名度将会继续提高，旅游市场占有份额也将不断扩大。

2. 第二类是市场发展的抑制性因素

旅游市场发展的抑制性因素包括：

（1）知名旅游目的地的屏蔽效应。大理地热国地处云南省最著名的滇西北旅游区，在该区域拥有一系列如大理古城、三塔公园、丽江古城、玉龙雪山、香格里拉等具有较高知名度和市场影响力的旅游目的地，地热国既受到众多知名旅游目的地的屏蔽，又面临协同性发展的机遇，如何吸引并分流滇西北的游客是地热国所面临的主要任务。

（2）地热国产品单一吸引力受限。温泉型旅游地一般均是综合性旅游地，通常需要有与康体、度假、会议、休闲、娱乐等相互配套的设施，但大理地热国还处于开发建设期，尽管温泉产品已具有相当规模，但旅游产品形态还较单一，满足康体、度假、会议、休闲、娱乐等的设施还未完成，因而旅游产品不够丰富，旅游吸引力还有一定的局限性。

（3）强有力的竞争对手的分流效应。温泉旅游成为新的旅游时尚，云南省已形成五大温泉旅游地，即滇中温泉（昆明柏联SPA、玉溪印月潭、安宁温泉）、滇西温泉（腾冲热海、龙陵邦腊掌）、滇西北温泉（大理地热国、下关天生桥、丽江悦榕山庄）、滇东温泉（麒麟温泉、水富温泉）、滇南温泉（弥勒湖泉温泉、版纳嘎洒温泉）。在温泉资源品质和知名度上，大理地热国与腾冲热海同处一个层次；在开发规模上，大理地热国、腾冲热海、昆明柏联SPA的开发规模较大；在温泉功能配置上，昆明柏联SPA、玉溪印月潭、弥勒湖泉温泉较为完善。因而，大理地热国面临着一系列强有力的竞争对手。

（三）客源市场定位

1. 客源市场区域定位

（1）海外客源市场。大理地热国地处滇西北旅游区，属于大香格里拉生态旅游区的重要组成部分，根据滇西北的客源市场结构和地热国的旅游产品形态，其海外客源市场作如下定位：

①核心客源市场：东北亚（日本、韩国）、东南亚（新加坡、马来西亚、泰国）、中国港澳台。

②重点客源市场：北美（美国、加拿大）、西欧（英国、法国、德国、意大利、西班牙）。

③机会客源市场：北欧（挪威、芬兰、冰岛）、大洋洲（澳大利亚、新西兰）、东欧（保加利亚、波兰等）。

（2）国内客源市场。2006年，大理州的国内游客按人次数量多少排前19名的省份为四川、云南、重庆、贵州、广西、广东、浙江、上海、北京、湖南、湖北、天津、山东、河北、辽宁、河南、江苏、福建、黑龙江。总体来看，来大理州的游客几乎全国各地均有，但在区域分布上，依次为西南地区（四川、云南、重庆、贵州、广西）、华东地区（浙江、上海、江苏、山东）、华北地区（北京、天津、河北）、华中地区（湖南、湖北、河南）、华南地区（广东、福建）、东北地区（辽宁、黑龙江）。因而对大理州来说，西南地区、华东地区是最大的客源市场，华北地区、华中地区是次要客源市场，华南地区、东北地区是边缘客源市场。

根据上述因素，对地热国国内客源市场进行如下定位：

①核心客源市场（占50%）：西南地区、华东地区。

②重点客源市场（占40%）：华北地区、华中地区。

③机会客源市场（占10%）：华南地区、东北地区。

2. 客源市场层次定位

温泉型旅游目的地一般均有特定的客源市场群。大理地热国的客源市场层次可从以下几方面进行定位：

（1）客源类型定位：康体疗养客源、休闲度假客源、商务会议客源、观光游览客源、科考科普客源、民族风情客源。

（2）消费层次定位：以高档层次客源为主导，以中档客源层次为基础，以低档客源层次为补充。高档客源以商务会议、高尔夫运动消费为主，中档客源以康体疗养、科考科普消费为主，低档客源以观光游览、民族风情消费为主。

（3）旅游方式定位：以团体市场为主，散客市场为辅。团体市场以会议游客、商务游客、疗养游客、银发游客为主；散客市场以自驾车游客、家庭式游客、自助式游客为主。随着市场的成熟，散客市场份额将不断提高，团体市场的比重将逐渐下降。

（4）游客年龄定位：地热国的温泉旅游产品适合各个年龄段的男女旅游者，主要是以温泉康体、休闲度假等为主要旅游目的的中年游客为基础，以疗养、度假、休闲为目的的老年旅游者为主导，以娱乐、度假、科普为主要目的的青少年游客为补充。

（5）游客职业定位：主导市场以商务精英、政府官员、企业高管、白领阶层为主流，辅助市场为学院师生、科研人员。

3. 客源市场目标定位

根据上述区域客源、层次客源定位，在此从目标市场进一步定位：

（1）类型客源市场：滇西北过境客源、自驾车客源、当地居民客源、温泉养生客源。

（2）区域客源市场：省内——大理州及周边客源（滇西北），以昆明为中心的滇中客源（昆明、楚雄、玉溪）；省外——云南省周边客源（四川、重庆、贵州、广西），长江三角洲，京津唐地区，珠江三角洲；海外——东南亚、东北亚、北美地区、西欧地区。

（3）目标客源市场：一级客源市场——大理州及周边客源（滇西北）、昆明为中心的滇中客源（昆明、楚雄、玉溪）、云南省周边客源（四川、重庆、贵州、广西）；二级客源市场——珠江三角洲、长江三角洲、京津唐地区、中国港澳台、东北亚、东南亚；机会客源市场——国内其他省市区、北美地区、西欧地区。

表 1.4.3 地热国客源目标市场定位

距离范围	近程（50%）	中程（35%）	远程（15%）
省内	大理州及周边客源（滇西北）	昆明为中心的滇中客源（昆明、楚雄、玉溪）	省内其他地区
省外	云南省周边客源（四川、重庆、贵州、广西）	珠江三角洲、长江三角洲、京津唐地区	国内其他省市区
海外	东南亚	东北亚	北美地区、西欧地区

（四）游客增长预测

1. 游客增长预测分析

目前，洱源县境内的大丽高速公路即将动工，大丽铁路预计2008年竣工通车。这将使洱源县的交通可进入性大大增强。2008年我国将举行北京奥运会，这将会对旅游客源的规模带来一定的影响，因此2008年是大理地热国旅游区发展较为关键的一年。地热国应该趁此机会，加大营销力度，扩大市场知名度，并进一步完善内部基础设施与旅游产品的创新，地热国的旅游接待规模将产生一个飞跃，然后在增长期内维持2倍于大理州旅游的发展速度，使游客规模维持在舒适环境容量126万人次左右。根据以上分析并结合数学模型，游客增长预测模型如下：

$$V = [604.90 - 51.38(T-1999) + 13.60(T-1999)^2] \times 0.020574$$

2. 游客增长规模预测

大理地热国 2006 年全年接待旅游者的基数为 9.378 万人次，旅游者的消费额为 160 元 / 人次。根据地热国旅游区的建设发展，综合考虑大理州、洱源县社会经济发展的增长率和旅游业发展的增长率，在地热国游客基数统计资料上，运用预测模型，对大理地热国客源市场增长和旅游收入做出预测，见表 1.4.4。

表 1.4.4　2006~2020 年客源规模和收入增长

时间	人次增长率 %	旅游者上限 / 万人次	旅游者下限 / 万人次	收入增长率 %	旅游收入上限 / 万元	旅游收入下限 / 万元
2007	17%	22.99	20.80	26%	3678.54	3328.20
2008		26.88	24.32		4644.08	4201.79
2009		31.35	28.36		5850.23	5293.06
2010		36.41	32.94		7338.07	6639.20
2011	14%	42.05	38.05	23%	9154.42	8282.57
2012		48.29	43.69		11352.57	10271.37
2013		55.11	49.86		13993.03	12660.36
2014		62.52	56.57		17144.42	15511.62
2015		70.52	63.80		20884.50	18895.50
2016	11%	79.11	71.57	19%	25301.20	22891.57
2017		88.28	79.87		30493.89	27589.71
2018		98.04	88.70		36574.69	33091.38
2019		108.39	98.06		43670.00	39510.95
2020		119.32	107.96		51922.16	46977.19

3. 游客增长预测结果

A. 下限方案

2007~2010 年，游客增长率为 17%，旅游收入增长率为 26%；到 2010 年，游客总量达到 32.94 万人次，旅游收入 6639.20 万元。

2011~2015 年，游客增长率为 14%，旅游收入增长率为 23%；到 2015 年，游客总量为 63.80 万人次，旅游收入为 18895.50 万元。

2016~2020 年，游客增长率为 11%，旅游收入增长率为 19%；到 2020 年，游客总量达到 107.96 万人次，国内旅游收入 46977.19 万元。

B. 上限方案

2007~2010 年，游客增长率为 17%，旅游收入增长率为 26%；到 2010 年，游客总量达到 36.41 万人次，旅游收入 7338.07 万元。

2011~2015 年，游客增长率为 14%，旅游收入增长率为 23%；到 2015 年，游客总量达到 70.52 万人次，旅游收入 20884.50 万元。

2016~2020 年，游客增长率为 11%，旅游收入增长率为 19%；到 2020 年，游客总量达到 119.32 万人次，旅游收入 51922.16 万元。

五、旅游区发展战略

（一）旅游区现状评估

图 1.5.1　规划区现状

1. 地热国已构筑起温泉核心产品

大理地热国依托江干、九气台、九井台等温泉资源，开挖 8 口温泉井，修建大、小两口滚涡，水温高达 80~90℃，温泉资源储量丰、水质好，出水量大。且地热国温泉系硫黄泉，富含钾、铁、钠、钙、镁等多种微量元素，可治眼疾、皮肤病、风湿病、关节炎、妇科病及妇女不孕症等多种疾病，具有较为良好的保健效果，能够满足疗养、养生、保健等方面的需求。地热国以中国版图地形为蓝本创意规划温泉核心区，建成了包括养心池、药池、牛奶池、五指池等 32 个形态各异、温差有别、疗效不同的温泉泡池，面积达 200 亩，占整个旅游区面积的 22%，可同时容纳 5000 人浸泡温泉，并初步开发了温泉鸡蛋等温泉餐饮系列，已形成温泉旅游地的核心产品。

2. 旅游区已建成完善的水网系统

大理地热国范围内分布有清水河、黄河（2 千米）、长江（1.5 千米）、消水河四条河流和渤海湾、芦苇湿地（1 万平方米）两大水域。清水河源自茈碧湖，环绕地热国整个旅游区，形成外环水系；黄河、长江为引导温泉水而形成的人工温泉河流，构成内环水系；消水河为天然河流，处于入口功能区与园林景观区之间，为旅游区的泄水河道；渤海湾为黄河、长江温泉河流的汇水区；芦苇湿地为南、北清水河的汇水区。两环水系、两片水域、一条泄河，构成独特的水网系统，是洱源"高原水乡"的典型再现。

3. 旅游区已建立可观的住宿设施

大理地热国旅游区现已建成四组建筑群体。一是位于地热国西部的白族民居建筑，共有 15 套，225 个床位，为典型的"三坊一照壁"民居院落；二是沿南清水河的度假客房，共有 68 套，136 个床位，每套客房均带温泉泡池；三是位于入口区的餐厅和商店，为单层双坡顶建筑，其中餐厅可容纳 400 人就餐，购物商店 10 间；四是泡池区的配套服务建筑，包括茶吧 1 个，夜宵场 1 个，棋牌娱乐室 1 个，更衣室 2 个，蒸房 1 个（有 54 张床位），保健房 1 个，贯穿浸泡区的廊道 2 条（长约 410 米）。在住宿设施方面已形成每天 400 多人的接待能力。

4. 地热国已形成基本的游路系统

大理地热国的主游道主要是环绕整个旅游区的水泥路面，长 8 千米，宽 4 米。沿长江和黄河两岸有宽 1.5 米的步行水泥道路。各个泡池之间的连通主要通过廊道实现。其他设施有停车场 2 处，约 100 个车位。由于旅游区形状追求中国版图等原因，目前旅游区没有形成主轴游道，加上旅游区标识系统还未完备，因此整个旅游区道路系统和标识系统有待调整。

5. 旅游区已形成相当的接待规模

大理地热国自 2004 年开业以来，游客规模不断扩大，旅游收入不断上升。2004 年全年共接待海内外旅游者 2.3 万人次，旅游直接总收入为 342 万元；2005 年接待海内外旅游者 5.6 万人次，旅游直接总收入为 860 万元；2006 年接待海内外旅游者共计 9.378 万人次，旅游收入共为 1500 万元。旅游接待人数与旅游收入连续两年的年均增长率分别为 101.93% 和 109.43%，在旅游市场上已经产生相当的影响力，成为云南省最具代表性的温泉旅游区。

6.旅游区已经建立有效的管理体系

大理地热国旅游区设有旅游区建设指挥部，下设市场公关部、工程部、温泉洗浴部、餐饮部、保安部等组织机构，完成了旅游区的土石方施工、地形改造、水网系统、接待设施等前期建设任务。现拥有员工130人，其中管理人员13人，一线员工117人，员工培训主要以企业内部培训的方式进行，目前基本可以承担旅游区的管理运营任务。但对于旅游区的进一步开发建设、管理经营、服务质量等任务来说，人员的质量和数量均需要不断提高和扩大。

（二）旅游区面临问题

1.产品结构单一

现代成功的温泉旅游地，一般具有温泉疗养、娱乐休闲、康体运动、度假地产、艺术鉴赏五大功能产品，才能形成完善的接待设施和持续的吸引力。大理地热国目前所开发的产品类型主要有温泉疗养、酒店住宿和餐饮，尽管温泉是核心产品，但地热国的旅游产品仍然十分单一，在娱乐休闲、康体运动、度假地产、艺术鉴赏方面几乎是空白。因而需要对大理地热国的旅游产品进行突破，将温泉与娱乐、康体、地产、艺术等整合在一起，创立"温泉+娱乐+康体+地产+艺术"的立体开发模式，在大理地热国中融入"养生、健康、运动、文化"的内涵，丰富地热国旅游产品结构。

2.整体定位模糊

云南省是全国旅游大省，云南省旅游产品多样，就是温泉型旅游产品也已经拥有一定规模。在这样的背景下，于2004年开业的大理地热国温泉旅游区，未能在云南省的旅游市场上形成独特的产品形象，没有向旅游者展示自己不同于其他旅游区（尤其是温泉旅游产品）的特色。因而，旅游者很难获知大理地热国不可替代的温泉旅游产品特征，地热国在云南省温泉旅游区的整体定位不明确，发展战略不清晰，市场形象不鲜明，从而没有形成井喷式的游客趋之若鹜的盛况。

3.环境绿化粗糙

由于大理地热国的地基为比较贫瘠的回填土壤，加之洱源气温偏低，旅游区的绿化植被较为单一，主要依赖于生长周期较快、生命力较强、封闭性较好的旱芦苇。同时为了改变单一的景观植被，丰富植被景型，开始逐步用垂柳、菱草、塔柏、竹林等绿化植物与旱芦苇交叉种植进行绿化。但是，环境绿化仍然较为粗糙，小环境的封闭性较差，降低了地热国的环境质量，这与温泉旅游区所需要的高质量旅游环境的要求存在一定的差距。因而，大理地热国特别需要生态绿化与环境改造紧密结合的景观塑造效果，形成"一泉、一湖、一树、一园、一亭"的多元生态绿化景观系统。

4. 功能分区不清

从目前大理地热国的功能区划看，主要形成了三个区域：一是温泉浸泡区，二是贵宾住宿区，三是民居住宿区。在空间分布上，主要是围绕温泉浸泡区，东有贵宾住宿区，西有民居住宿区。但员工住宿区、建设指挥部也交叉在这些区域中；同时，游客游览线与工作业务线也存在交叉。在整个旅游区中其他功能区均未进行开发。因而，旅游区功能分区不是很清晰，作业线也表示得不清楚。这大大影响了旅游区服务质量和管理效率。

（三）温泉旅游地案例

1. 箱根温泉（Hakone Onsen）

箱根是日本著名的温泉之乡和疗养胜地，位于神奈川县西南部，距东京90千米，横滨60千米。著名的"箱根七汤"即为七个温泉疗养地，"箱根八里"包括早云寺、千条瀑、仙石原、九头龙神社等名胜古迹。

①核心功能：疗养度假

有以温泉为中心主题形成的多个大型旅游项目，100多种地中海森林SPA乐园，23家欧式民宿，2家青年旅馆。各种温泉设施齐全，汤客可体验不同风格的温泉呵护。

②配套功能：观光、购物

箱根温泉有专供游客购物的街道，可买到当地丰富物产；还有早云寺、千条瀑、仙石原、九头龙神社等观光点。

③项目借鉴：

拥有100多种地中海风情的温泉SPA；借景与造景相结合的空间处理手法；充足的停车场空间（1100个大小停车位）。

2. 釜谷温泉（Pugok Oncron）

釜谷温泉是韩国规模最大和设施最完备的综合温泉度假胜地，每年游客达到500万。釜谷温泉拥有品质优良的温泉资源，水温可达70℃，出水量可达6000吨。与温泉配套开发有夏威夷娱乐中心、大型滑雪场等项目。

①核心功能：医疗康体

釜谷温泉为硫黄泉，对关节炎、神经疼痛、呼吸系统疾病、慢性皮肤病等有特殊疗效。多种娱乐中心和运动设施为游客提供各种各样的康体运动项目。

②配套功能：美容、运动

釜谷温泉拥有各种各样的美容院，可提供温泉疗养的美容护理；配套的大型滑雪场和娱乐中心，可提供完备的运动设施。

③项目借鉴：

突出温泉的美容疗养功效；配套开发大型娱乐、运动设施；提供复合式的温泉度假功能。

3. 埃维昂（Evian）

位于法国东南部的埃维昂温泉，背靠阿尔卑斯山，面临日内瓦湖，服务设施齐全，环境设计活泼自然，度假氛围浓厚，是集娱乐、保健、度假、会议于一体的综合型温泉度假胜地。

①核心功能：保健疗养

疗养中心配有专业医师和教练，设施设备齐全，温泉浴池配备有水疗设备、健身房、桑拿房和美容室等。

②配套功能：休闲、会议

结合雷蒙湖，设有高尔夫球场、会所、赌场，还有滑水等水上娱乐活动项目。

③项目借鉴：

高尔夫球场与度假酒店相结合；娱乐项目位于滨水区域；保健中心靠近泉眼。

4. 巴登巴登（Baden-Baden）

被誉为"欧洲夏都"的巴登巴登温泉胜地，位于德国斯图加特以西70千米，自然环境优美，气候温和，是世界闻名的温泉疗养、旅游度假和国际会议胜地。

①核心功能：温泉疗养

巴登巴登温泉有罗马古浴场遗址，配备欧洲第二大的音乐厅，世界最美的赌场，烂漫而充满名牌的购物街，始于1858年每年两次的国际赛马盛事，为巴登巴登吸引了众多游客。

②配套功能：会议、观光

巴登巴登温泉设计有温泉中心、音乐厅、赌场、展览馆、艺术厅等设施。

③项目借鉴：

温泉开发历史悠久，配套有音乐厅、展览馆、艺术厅等高品位项目；温泉旅游与娱乐设施结合；温泉旅游地拥有大型赛事。

5. 珠海御温泉（YUWENQUAN HOT SPRING RESORT）

位于珠海斗门的御温泉度假村是国内第一家日式露天温泉，集温泉休闲、餐饮、会议、保健、娱乐为一体的四星级旅游度假村，已成为珠海著名的旅游、休闲和度假胜地。

①核心功能：保健养生

御温泉养生（太医五体）源于太医五养，涵太医五体全息、太医五体调理、太医五体沐汤、太医五体膳食。御温泉养生针对特定人群，养生课程、养生顾问、养生园和养生用品无不体现出专业性和连贯性，为客人提供更多专业的指导和辅设服务。五体秘术、御泉奇汤、乡野美膳，在太医的指导和亲调下，令身体更为健康。

②配套功能：会议、娱乐

御温泉配套完善、豪华，服务细腻、周到，有全部采用日式风格设计装修的四星级御赢庄酒店，还有"御满堂"宴会厅，"御食坊"食府和"御乐宫"多功能厅。此外，还有"大班夜总会"卡拉OK歌舞厅和一个面积3500平方米的人工大帝会会员专用钓鱼场。

③项目借鉴：

独特的温泉养生文化：六福汤N次方、太医五体全息调法、健康养生宴等；综合性的温泉旅游度假功能；露天温泉和酒店设计采用日式风格。

6. 北京九华山庄（The Montain JiuHua）

九华山庄是位于北京市昌平区小汤山的集商务会议、休闲娱乐和医疗保健于一体的涉外四星级综合型度假酒店。这里毗邻六环，交通便利，地处故宫中轴线上，是京城上风上水之地，环境幽雅，建筑古朴，拥有国内首屈一指的地热淡温泉，享有"一盆金汤"的美誉。

①核心功能：医疗康体

九华温泉采自1200多米的地层深处，泉水中富含对人体健康有益的锶、锂、偏硅酸等大量的矿物质和微量元素。汤泉行宫内分布着大小温泉池70余座，除普通的室外温泉、桑拿、药浴、泥浴等形式外，还有多种特色温泉，如大型室外温泉泳池——浴龙泳池，温馨的情侣空间——仙侣玉洁泉，以及特色桑拿火龙浴、玛瑙浴等。

②配套功能：会议、休闲

九华山庄设有八个风味各异的餐厅、大型室内嘉年华、游艺室、32道保龄球馆、室内网球场、羽毛球场、各种球类室、健身房、棋牌室及夜总会、KTV包房、EVD影院和100余间不同规模的会议室。

③项目借鉴：

荟萃了大量的中外洗浴经典；配套娱乐、运动设施种类齐全；完善的会议、展览设施。

7. 案例启示

归纳总结国内外著名温泉旅游地，对地热国有如下启示：

核心产品：温泉 SPA——疗养。

配套产品：运动设施——健身。

组合产品：休闲娱乐设施——度假。

延伸产品：居住型社区——第二居所，第三空间。

提升产品：品鉴艺术馆——修养。

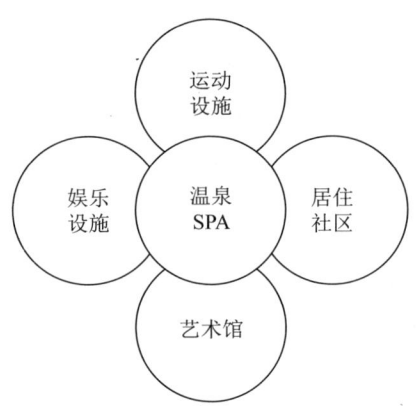

图 1.5.2　现代温泉旅游地产品结构

（四）旅游区发展战略

1. 打造三核产品战略

大理地热国的核心吸引物是地热温泉资源，其规模和质量可以与腾冲的火山热海媲美，因此在规划和开发过程中应该始终主打"温泉牌"。要以温泉产品、温泉项目和温泉活动等温泉产品系列为整个景区的"CPU"之一，主要为景区创造"泡点"。经过课题组的实地考察，大理地热国的第二核心吸引物是以清水河、渤海湾、长江和黄河等为载体的水系系统，给游客以水韵、灵动、恬静等为特征的美感，这是地热国的"CPU"之二，主要为景区营造"看点"。最后是能够实现景区主要商业价值的"玩点"，是地热国的"CPU"之三，主要包括高尔夫项目、体育健身项目等。以上三核（CPU）驱动，共同打造完美大理地热国，同时创造景区的"盈利点"。

2. 培育三态文化战略

作为温泉型旅游地，地热国旅游区需要培育三种形态的文化。一是塑造温泉养生文化，温泉旅游地需要营造特殊的生命健康文化氛围，使其体现在洗浴习俗、景观审美、历史文学、娱乐餐饮等方面，使其成为旅游区发展的"吸引力"。二是打造温馨顾客文化，温泉旅游地提供的是保健高雅型产品，所面对的顾客均抱有较高的服务期望和超值的体验质量，因而需要向顾客提供在服务程序、服务质量、服务细节等方面都有较高要求的产品，以形成旅游区发展的"市场力"。三是精心孕育企业文化，温泉旅游地的发展并不完全依赖于温泉资源，而更重要的是以温泉为依托的服务文化，因而应在行为习惯、语言习惯、文明素养、对客态度等方面形成企业独特的企业精神、精良的组织团队、科学的管理理念、精心的经营行为，以形成旅游区发展的"资源力"。

3. 推进联动区域战略

在当代普遍联系的系统世界里，大理地热国要切忌关起门来发展，形成一个"独立王国"或"一座孤岛"。大理地热国旅游区需要在两个方面推动区域合作：一是强化景区企业与所处社区的合作，把利益辐射到周边城镇、居民和社区，实现景区企业利益的社会化；二是强化景区企业与周边旅游区的合作，加强与县域、州域、省域旅游的互动，实现彼此客源互流、相互利益共享、区域联动发展。

4. 实施动静整合战略

大理地热国旅游区的基本定位是一个现代化的温泉养生休闲度假区，因为旅游区除了温泉之外的其他资源或项目都是人工再造的，符合温泉养生休闲度假区的本质属性，而温泉养生休闲度假区追求的是根据市场需要实现"动静结合"。对于大理地热国来说就是要继续保持"泡点、看点"的相对稳定和安静，更要突出"玩点"的动态、刺激和心跳。与此同时，大理地热国也应该是一个时尚的温泉养生休闲度假区，因此要求度假区内的产品、项目和活动紧扣时代脉搏，实现"常变常新，推陈出新"，力争做到3年内更新小型项目，5年内更新中型项目，10年内更新大型项目；而产品和活动的更新周期保持在1年以内，让游客可以预期到一个"年年叶相似，岁岁花不同"的创新型温泉度假区的特色。

（五）旅游区 SWOT 分析

表 1.5.1　旅游区 SWOT 分析

SWOT 分析及策略	（S）优势 高质量的温泉资源 地处旅游业发达区域 交通可进入性高 开发商投资效率高	（W）劣势 远离中心城市 地处旅游热区中的温冷线 缺乏协同性开发旅游景区 旅游区产品开发单一
（O）机遇 云南省旅游业二次创业 大丽高速公路建设 214 国道沿线旅游开发 开发商的产品升级	（SO）策略 发挥温泉资源优势 抓住二次创业、大丽高速机遇推动 214 国道沿线旅游开发 吸引滇西北地区客源	（WO）策略 提升旅游区的吸引力 加强与周边旅游区的协调 开发新的旅游产品 提高节事型活动频率
（T）威胁 省内温泉旅游地开发 周边配套旅游开发不足 区域高知名度旅游地的屏蔽	（ST）策略 突出洱源温泉资源差异优势 使其成为滇西北一流旅游区 加强与县城开发城景一体化	（WT）策略 抓牢 214 国道沿线升温机遇 突出"三江并流"门户区位 确立大型温泉养休闲度假区形象

六、旅游区定位与目标

（一）旅游区发展定位

大理地热国旅游区是以洱海源高原水乡风貌为环境资源，以九气台地热温泉资源为核心载体，以温泉养生文化、休闲和谐文化、水乡生态文化、会所商务文化为内涵，以健康、关爱、成长、时尚为主题，集温泉疗养、休闲度假、康体娱乐、商务会议等为一体的综合性大型温泉养生休闲度假区。这一性质定位表明：

大理地热国是一个温泉养生休闲度假区：世界温泉旅游产品发展经历了三种类型，即室内温泉（保健）—环境温泉（休闲）—主题游乐温泉（游乐），大理地热国定位在第三代温泉产品——主题游乐温泉上。

大理地热国拥有四大核心功能：在世界温泉旅游产品所拥有的疗养（温泉 SPA）、健身（运动设施）、度假（休闲娱乐设施）、第二居所或第三空间（居住型社区）、修养（品鉴艺术馆）等功能中，地热国拥有集温泉养生、水疗度假、SPA 康体、温泉地产四大功能。

大理地热国禀赋三大优势特色：以茈碧湖、芦苇湿地为代表的高原水乡生态特色，以白族民居、洱源风貌为代表的唢呐之乡风情特色，以雕梅、梨园为代表的兰花之乡果林特色。

（二）旅游区主题分析

成功的景区型企业必须营造自身独特的销售主题，通过对大理地热国的资源比较和文化挖掘，大理地热国旅游区拥有以下几大卖点，其所启示的是人类生命中的几大要务：健康—关爱—成长—时尚。

温泉养生文化——健康：大理地热国旅游区以其中国版图地形的构思，承载着30多个形态各异的泡池，在高质量的温泉沐浴和胸怀祖国的氛围中，热气腾腾地传递出生命的意义在于健康的理念。

休闲和谐文化——关爱：大理地热国旅游区中有泉有河，有热有冷，阴阳相济，大气和谐。其现有的黄河、长江、清水河、渤海湾、湿地等已构成了其他温泉旅游目的地难以模仿的景观水系。传递着天人合一、万物共济的和谐文化精神。

水乡生态文化——成长：大理地热国旅游区所毗邻的茈碧湖、所禀赋的芦苇湿地、所拥有的泉华瀑布、所承载的沸泉滚锅等水乡生态环境，展现出自然界的神奇，揭示出大自然的奥秘，是人们观察探索世界的乐园和求知科考自然的课堂。

会所商务文化——时尚：大理地热国旅游区以其大酒店、贵宾套房、水疗馆而成为会议度假基地，以其会员俱乐部、高尔夫会所、产权别墅而成为高端消费者的场所，由此成为身份地位的象征，"顶级温泉"和"尊贵消费"的时尚品牌。

（三）旅游区形象策划

1. 形象内涵

根据大理地热国旅游区的资源特色和文化内涵，旅游区属于集地热温泉、湿地生态、民居建筑、酒店会所、花卉园林、绿地飞鸟于一体的大型综合性温泉养生休闲度假区，因而可将大理地热国旅游区的形象概括、提炼为：

高原水乡，温泉天堂

这一形象定位包括如下含义：

（1）大理地热国旅游区地处滇西北高原水乡，以其"三江并流"世界自然遗产门户的区位和比邻洱海之源——茈碧湖，而成为高原水乡的代表。

（2）大理地热国旅游区所依托的洱源九气台温泉，为云南省最著名的两大温泉（洱源、腾冲）之一，不仅温泉开发历史悠久，而且沉淀了诸多历史名人的记述。

（3）大理地热国旅游区开发规模气势恢宏，建设主题立意高远，集温泉养生、水疗度假、SPA 康体、温泉地产等多种功能于一体，成为国内著名的温泉养生休闲度假区。

2. 形象口号

根据上述形象定位含义，可对大理地热国旅游区提出如下旅游宣传促销口号：

大理又一景——风、花、雪、月、泉（下关风、上关花、苍山雪、洱海月、茈碧泉）

在地热国泡温泉——"5 分钟后你会忘掉自己，20 分钟后你会忘掉世界。"

南诏王朝，地热王国

寻觅梦幻中的水乡，沐浴地热国的温情

激越地热国，激情九气台，激动茈碧湖，激荡梨园村

看苍山洱海，观西湖水乡，泡洱源温泉，览三江并流

3. 形象标志

旅游标志的设计需按照主题形象策划方案加以形象化的提炼创意，应结合旅游资源的特色和丰富的文化内涵进行高度的概括，同时也应便于识别，使公众和旅游者有较强的认同感并产生共鸣。

（四）旅游区发展目标

1. 阶段性目标

通过规划提升与项目建设，大理地热国旅游区在建设期达到以下阶段性目标：

近期：项目提升期，2007~2009 年，发展目标为云南温泉养生度假胜地，达到 4A 级旅游区标准。

中期：项目发展期，2010~2012 年，发展目标为中国最大温泉养生休闲度假区，达到 5A 级旅游区标准。

远期：项目成熟期，2013~2015 年，发展目标为亚洲高原水乡温泉天堂，达到国际精品旅游区标准。

2. 分项目标

建设目标：4A 级旅游区，亚洲驰名的温泉旅游目的地。

市场目标：在规划期年海内外游客接待量 50 万人次以上。

经济目标：在规划期年旅游收入 2.5 亿元以上人民币。

社会目标：促进茈碧湖和周围湿地的保护，拉动洱源县城建设和发展，带动当地居民致富和就业。

（五）旅游区环境容量

1. 容量计算方法

为将游客规模控制在生态环境承载能力基础之上，为旅游区的游客营造一个宽松、舒适、愉悦的旅游环境，避免过度拥挤造成环境污染和生态破坏，必须综合考虑大理地热国旅游区的景点分布、旅游活动、游览方式、地形状况等多种因素，确定采用面积容量法、游道法等方法进行环境容量测算。

（1）面积法

$C = (A/a) \times D$

式中：C——日环境容量，单位为人次；

A——可游览面积，单位为 m^2；

a——每位游人占用的合理游览面积，单位为 $m^2/$人；

D——周转率，D= 景点全天开放时间（一般取 8h）/游完景点所需时间。

（2）游道法：适用于游人步行游览观赏风景的地段。

①完全游道法：$C = M \times D /m$

②不完全游道法：$C = M \times D/ [m + (m \times E/F)]$

式中：M——游道全长，单位为 m；

m——每位游人占用的合理游览长度，单位为 m；

E——沿游道返回所需的时间，单位为 h；

F——游完游道所需的时间，单位为 h；

D——周转率，同上。

2. 温泉泡池容量计算

根据温泉泡池和温泉旅游的特点，采用面积法对温泉泡池环境容量进行计算。

$C = (A/a) \times D$

式中：C——日环境容量，单位为人次；

A——可游览面积，单位为 m^2；

a——每位游人占用的合理游览面积，单位为 $m^2/$人；

D——周转率，D= 景点全天开放时间/游完景点所需时间。

A=10024.2 m^2（为地热国所有温泉泡池的水面总面积）≈ 10024 m^2

a=5 $m^2/$人（考虑大泡池、小泡池的游客舒适度的不同，在市场调查、统

计的基础上，取游客期望值的平均数）

温泉旅游不受天气、季节和时间的限制，考虑部分旅游者偏爱清晨和晚上泡温泉的习惯，在市场调查统计的基础上，景点平均每天可游览的时间取 14 小时。每次泡温泉的最长时间以 2 小时为宜，充分考虑各类温泉旅游者的喜好，部分旅游者每天泡一次，另一部分旅游者每天泡两次，其余的旅游者每天泡三次，在市场调查统计的基础上，得出人均每天泡温泉的时间为 4 小时。因此，D= 全天正常开放的时间 / 人均泡温泉所用的时间 =12÷4=3

C=（A/a）×D=（10024÷5）×3≈6014 人次

即温泉泡池日环境容量为 6014 人次。

3. 客房容量计算

大理地热国旅游区目前有客房床位 456 个，其中贵宾房床位有 138 个、普通床位 318 个。地热国规划新建一些住宿设施，到 2008 年，将共计新建住宿床位 1044 个，其中贵宾床位 700 个，普通床位 344 个。因此，统计现有的床位数与将新建的床位数，地热国共有床位 1500 个，则日客房容量为 138+700+（318+344）×2=2162 人。

4. 湿地容量计算

湿地公园总面积为 28600 平方米。

环湖游道长 680 米、平均宽为 5 米，环湿地游道的总面积为 3400 平方米。

湿地环湖游道的环境容量按不完全游道法计算：

$C = M \times D / [m + (m \times E/F)]$

式中：M——游道全长为 680 米；

m——每位游人占用的合理游览长度，单位为 35 米；

E——沿游道返回所需的时间为 0.25 小时（为环线游路，不需要返回）；

F——游完整个游道所需的时间，单位为 1h；

D——周转率 = 景点全天开放的时间 / 游完整个游道所需要的时间 =8/1=8

C=680×8÷[35+（35×0.25÷1）]238 人次

湿地公园的湖面容量用交通卡口法来计算：

整个湿地公园的水面面积为 28600-3400=25200 平方米，则独木舟和其他船只的最大容量共计为 8 艘，每艘船的最大承载量为 4 人，则可同时容纳 32 人荡舟湿地公园湖面，每次荡舟的平均时间为 3 小时，则周转率 D=8÷3=2.6

C=32×2.6=83 人次

因此整个湿地公园的日环境容量为 108+83=191 人次。

5. 景区河道容量计算

大理地热国旅游区内的清水河、"黄河""长江"等人工河道可以行船、游泳，三条河道共计长约 3500 米，游完所有河道所需的时间为 4 小时，全天可游时间按 10 小时计算，则周转率为 2.5。

因此，河道的日环境容量 C=3500×2.5÷[35+（35×2÷4）]=166 人次。

6. 运动场所容量计算

（1）游乐场：游乐场可同时容纳 100 人游玩，游客每次在游乐场游玩的平均时间按 2 小时来计算，周转率 D=10÷2=5，则游乐场的日环境容量 C=100×5=500 人次。

（2）网球场：两个网球场，比赛者为 4 人，观众席位为 50 个（观众数量具有不确定性，忽略不计），每 2 人使用网球场的平均时间为 1 小时，则每人平均使用 0.75 小时，场数为 1 场，则日环境容量为 C=（10÷1）×4=40 人次

（3）高尔夫练习场：9 孔的高尔夫练习场，平均每孔参加人次为 5 人，每场为 3 小时，周转率 D= 每天两场 =2，日环境容量 C=9×2×5=90 人次。

7. 其他场所容量计算

表演场地、会议室和其他风光游赏用地，日环境容量按 500 人次计算。

8. 旅游区日容量计算

从以上测算的日容量看，大理地热国的日环境容量为
C=6014+2162+191+166+500+40+90+500=9663 人次

9. 旅游区月容量的计算

由于地热国旅游区自身的优势，不受季节、天气的影响，只需考虑旅游区自身所需的休整与保养时间，取平均每周（7 天）需要一天的时间用来清理、保养，则月环境容量为 6468×26=16.8 万人次。

10. 旅游区年容量计算

全年可游 12 个月，则年饱和环境容量为 16.8×12=201.6 万人次。取环境舒适系数为 0.6，则年舒适环境容量为 121 万人次。

七、空间布局与项目

（一）空间总体布局

1. 空间布局依据

对大理地热国旅游区空间进行布局，其首要目标是最大限度地发挥土地空间的利用价值，在此需要综合考虑以下几项布局依据：

（1）形成最富集的旅游景观廊道——依据大理地热国旅游区的景观格局，选择旅游区入口处、清水河、长江、黄河，构成"一带两环"三条景观廊道。

（2）采取最集中的旅游设施用地——依据大理地热国旅游区设施分布要求，旅游设施集中分布于清水河的外侧，有利于温泉资源的保护和温泉景观的整体性。

（3）选择最佳的生态居住用地——依据大理地热国旅游区绿地的分布情况，以靠近高尔夫球场的位置作为最优质居住用地。

（4）挖掘最具价值的商业用地——依据大理地热国旅游区与洱源县城行政区域的关系，将旅游区东面临滨河路一侧作为临街商业开发用地。

2. 空间演变模式

根据大理地热国旅游区开业以来的开发经营情况，其建设进展的空间布局状况已经、正在或将要经历三个空间模式演变阶段：2004~2006年，单核引爆模式阶段；2007~2009年，团块生长模式阶段；2010~2012年，组团联动模式阶段。

（1）单核引爆模式：单纯以温泉泡池为核心，带动客房住宿、游客餐饮的发展模式，旅游区的引爆点仅为温泉泡池，支撑整个旅游区的吸引点较为单一，市场号召力有限。

（2）团块生长模式：在温泉泡池基础上，开发贵宾客房、白族民居另外两个项目，形成温泉、客房、民居三大团块并行发展的模式，旅游区的支撑点有所增加，赢利点不断增多，市场影响逐步扩大。

（3）组团联动模式：以景观廊道为线，串联温泉泡池、居住设施、水疗设施、运动设施、游乐设施、温泉地产等项目，形成各个组团特色互补、功能互动的发展模式，构成旅游区的多个支撑点和赢利点，共同支撑大理地热国这一大型温泉养生休闲度假区（图1.7.1）。

第一部分：大理地热国温泉旅游区研究报告 | 37

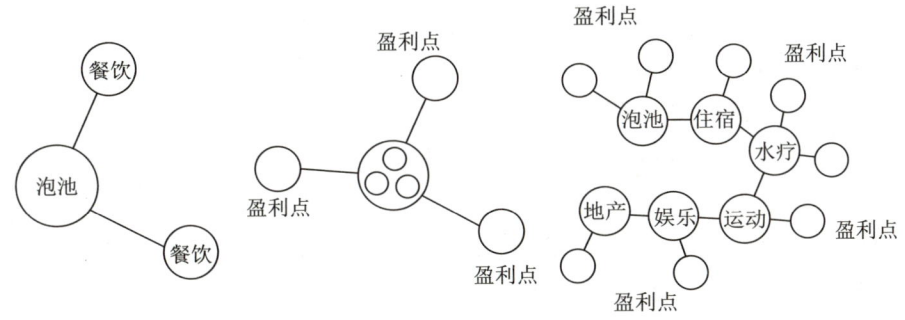

图 1.7.1　旅游区空间演变模式

图 1.7.2　总体布局

3. 空间总体布局

根据大理地热国旅游区已建和在建项目的现状以及资源空间分布特征，把整个旅游区空间总体布局确定为：三带、四片、七区。

三条景观带：蝶泉迎宾景观带——以入口蝶泉景观为中心，形成迎宾大道景观带，长 500 米；水岸风情游憩带——以北清水河为肌理，形成滨水白族风情景观带，长 4000 米；绿色康体休闲带——以南清水河为脉络，形成绿色康体景观带，长 4000 米。

四片水景区：泉华瀑——以人造大型泉华钙水池，再现白水台高原地质奇观，形成高原景观地质风貌，面积 1.2 公顷；渤海湾——由中国版图地形长江、黄河汇入水域为渤海湾，以强化温泉休闲区的中国地形创意，面积 3 公顷；热泉池——以各种形态的温泉泡池为主体，突出"九气朝蒸"的温泉盛景，面积22公顷；芦苇湿地——以百鸟翱翔、芦苇飘荡、水清如镜的景色，体现高原水乡的特色，面积185公顷。

七个功能区：入口服务区——游客集散枢纽；园林景观区——演艺餐饮基地；白族民居区——白族风情体验；温泉休闲区——养生度假中心；贵宾理疗区——水疗保健中心；康体酒店区——会议游乐中心；绿地会所区——康体运动中心（表1.7.1，图1.7.2）。

表1.7.1　地热国空间总体布局

内容	名称	主题	功能	支撑项目
三带	蝶泉迎宾景观带	景观廊道	印象聚焦	廊柱门、大型石刻、蝶泉景观、喷泉广场
	水岸风情游憩带	风情廊道	风情体验	北清水河两岸绿化、沿河步道
	绿色康体休闲带	康体廊道	运动休闲	南清水河两岸绿化、沿河步道
四片	泉华瀑	地质奇观	观光	多彩池、园林园艺、文化长廊
	渤海湾	中国地形	休闲	中心喷泉、七彩桥、滨水步道
	热泉池	温泉盛景	养生	32个温泉池、九气朝蒸、日月潭
	芦苇湿地	高原水乡	科普	水草湿地、芦苇荡、观鸟台
七区	入口服务区	迎宾	集散	游客中心、停车场、公共广场
	园林景观区	餐饮	餐饮	演艺餐厅、滨水茶廊、拓展基地
	白族民居区	住宿	体验	主题民居、风情长廊、院落民居
	温泉休闲区	浸泡	养生	浸泡池、两条长廊、戏水馆、水疗馆
	贵宾理疗区	水疗	保健	贵宾房、热疗房、滨水套房
	康体酒店区	会务	会议、娱乐	游乐场、碧湖酒店、网球场
	绿地会所区	康体	运动	会所、高尔夫练习场、别墅、迷你高尔夫

4. 空间层次结构

大理地热国旅游区在空间结构上分为三个层次，即旅游区、功能区、服务节点（表1.7.2、表1.7.3和图1.7.3）。

表 1.7.2　地热国空间层次结构

旅游区	功能区	服务节点	功能指向
地热国旅游区	入口服务区	公司总部、游船码头、公共广场、游客中心	公司管理、游客集散、信息中心
	园林景观区	演艺餐厅、泉华瀑布、滨水茶廊、拓展基地	餐饮服务、歌舞表演、拓展训练
	白族民居区	院落民居、主题民居、风情廊道	民居接待、文化体验
	温泉休闲区	温泉浸泡、儿童戏水馆、水疗中心	温泉休闲、温泉戏水、水疗保健
	贵宾理疗区	贵宾客房、滨水套房、热疗保健	度假休闲、高档会所、商务会议
	康体酒店区	湿地景观、娱乐场、碧湖酒店	会议、观鸟、娱乐
	绿地会所区	会所、高尔夫球场、别墅	高尔夫运动、高尔夫地产

（二）旅游功能分区

在总体空间布局确定的基础上，按照功能属性和地域连续性原则对各个空间形态进行功能区划，也明确其功能导向和发展方向。

1. 入口服务区

该功能区包括公司总部、公共广场、游客服务中心等，主要承担旅游区的人气聚集功能，是企业、居民和政府合作和沟通的公共平台，是居民参与旅游区发展和获利的主要通道，同时也是游客的"第一印象区"。该区在建筑和景观的设计上需要具有视觉冲击力，通过该区为游客打造和留下"地热印象"。而企业实现商业价值主要通过铺面出租的方式实现投资回报，以旅游区游客和当地居民消费为市场导向，开发旅游购物、旅游餐饮、夜总会、超市、公共活动展演、停车等。建议把旅游区入口公共广场建设成洱源县城夜生活的中心场所，其主要发展方向是"做大、做热"。

2. 园林景观区

该功能区包括演艺餐厅、泉华奇观、滨水茶廊、园林拓展等，主要承担歌舞演艺伴餐、园林茶廊、现代拓展训练等功能，为企业和机构提供一个为员工培养团队意识和合作精神的训练基地，同时辅以园林观赏，为训练后的游客提供一个休憩的环境。该区是一个过渡性的观光区，通过景观的营造强化游客心目中的"地热印象"，其主要开发方向是"做美、做亮"。

3. 白族民居区

该功能区包括白族院落民居、民族广场、主题民居和风情走廊等，主要提供大理白族文化和地方文化展示和体验的功能。该区是一个兼具住宿和表演的功能区，通过静态的白族民居和动态的白族文化活动为旅游区注入民族文化元素，形成旅游区的民族文化特色。该功能区的住宿设施主要定位于中低端大众客源市场，是旅游区的利润中心之一，其主要开发方向是"做土、做真"。

4. 温泉休闲区

该功能区包括温泉泡池、儿童戏水和温泉水疗等，主要实现温泉沐浴、水景观光、温泉体验等旅游区核心功能。温泉休闲区是大理地热国的核心竞争力形成的载体，是旅游区的灵魂和发展力所在，也是其他功能区赖以存在的前提和依附的主体。该区的发展思路是追求温泉产品的多样性和为温泉产品注入文化元素，以提高温泉产品的附加值、增加温泉的娱乐功能、提高温泉产品的赢利能力，重点是引入大量的水景景观形成地热国温泉产品的独特性和魅力。温泉休闲区是企业实现其商业价值和投资回报的主要区域之一，其主要发展方向是"做精、做专"。

5. 贵宾理疗区

该功能区包括贵宾客房、滨水套房、热疗房等，主要为高端客人提供住宿、休闲和私密空间，同时提供小型高端会议场所。该功能区主要定位于高端度假市场，是旅游区的利润中心之一。主要开发思路是提高硬件设施和软服务管理水平，开辟专业度假市场，提高回头率和延长度假时间，其主要开发方向是"做专、做长"。

6. 康体酒店区

该功能区包括湿地景观、儿童游乐、碧湖酒店、网球场等，主要是把湿地、游乐场、酒店等组合成独具特色的绿色康体酒店，同时建设相关商务会议设施。该功能区是集星级酒店、现代游乐、生态湿地、商务会议为一体的功能区，是整个旅游区中会议设施相对集中的区域，也是旅游区的利润中心之一。开发思路是重点提供商务会议设施，辅以住宿、运动和度假功能，主要开发方向是"做特、做好"。

7. 绿地会所区

该功能区包括会所、高尔夫练习场、迷你高尔夫球场、会员别墅等，主要利用产品组合实现体验流程实时再造，延伸温泉产业链，为游客提供高尔夫运动、度假别墅、休闲会所等现代高档休闲场所。主要开发思路是要引领现代生活潮流，成为精英、名人的时尚俱乐部。该功能区是时代精英的"世外桃源"，所出售的是一种"身份消费"，拒绝平庸。绿地会所区是企业实现其商业价值和投资回报的主要区域之一，其主要的发展方向是"做高、做绝"。

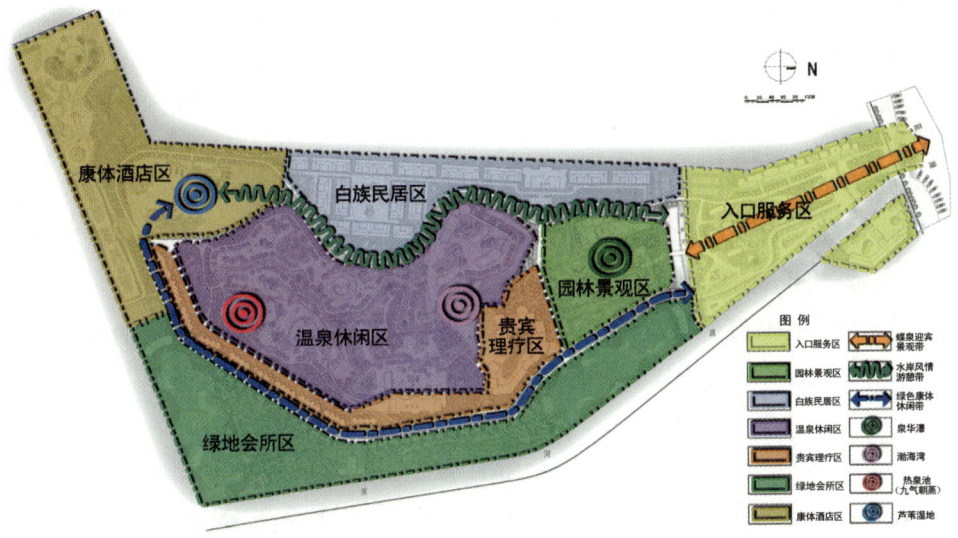

图 1.7.3 地热国功能结构

表 1.7.3 地热国功能区项目配置

区域	功能	建设项目
入口服务区	集散	公司总部、游船码头、公共广场、商店、游客中心、停车场
园林景观区	餐饮	演艺餐厅、泉华瀑布、滨水茶廊、拓展训练基地、电瓶车营运中心、文化长廊
白族民居区	体验	主题民居、金花走廊、院落民居、院落小品、民族广场、手工作坊
温泉休闲区	疗养	SPA水疗馆、戏水馆、特色泡池、环境塑造
贵宾理疗区	养生	贵宾客房、滨水套房、中心喷泉、水幕电影
康体酒店区	会议	芦苇湿地、动感游乐场、碧湖大酒店
绿地会所区	运动	高尔夫练习场、迷你高尔夫球场、独栋别墅

（三）旅游项目分布

在大理地热国旅游区总体空间布局和功能区划基础上，将各个功能区划分为提升、改造、新建、保存四种类型，并对各个功能区的建设项目进行规划。

1. 入口服务区

位于整个旅游区的北部，面积10.69公顷，为旅游区的"第一印象区"，属于改造型功能区。该区域主要功能为游客集散、信息服务、车辆停放等。规划重点是造成旅游区的视觉冲击力，形成人气聚集的空间。该区域主要建设项目包括公司总部、游船码头、旅游商店、公共广场、游客中心、停车场等。

（1）公司总部：作为旅游区的管理中心，公司总部主要包括公司办公室、会议室、员工住宿、餐厅、停车场等。建筑形式为大理白族传统的"三坊一照壁"或"四合五天井"。员工上下班可选骑自行车或乘电瓶车。

（2）游船码头：呈花瓣状沿湖岸两端布局，每端8~10个船只泊位，主要功能为乘船游览茈碧湖的起始站点。码头配套售票、茶室、椅凳、太阳伞等设施。

（3）公共广场：包括由大门至游客服务中心之间的地块，主要功能是为旅游者提供游客集散、公共展演、生活休闲、摄影留念的公共空间。包括：

①民族歌场：作为重大节事活动和民族歌舞活动的场所。

②廊柱大门：罗马式廊柱，面向茈碧湖，背靠地热国。

③大型石刻：正面题"温美兰汤"，背面雕刻徐霞客关于九气台记述。

④蝶泉流水：高出两侧地面，由高至低形成多级瀑布跌水，营造"高原水乡"景观。

⑤喷泉广场：前部为圆形喷泉广场，地面由拼花图案组成，后部为扇形广场，由扎染图案组成。

（4）购物商店：将现有餐厅改造为旅游购物商店，内设温泉用品、康体设备、纪念品、地方土特产品等部门。

（5）游客服务中心：作为整个旅游区的服务接待中心，主要功能包括信息咨询、导游服务、陈列展示、门票销售等服务。中心大楼主楼三层，附楼二层。一楼为游客服务场所，二楼为文化展示场所，三楼为贵宾接待场所。作为旅游区的第一组标志性建筑，形成"第一印象"的效果。

（6）停车场：在入口服务区两侧修建停车场，停车场面积5000平方米，可以停放大车30辆、小车50辆。

2. 园林景观区

园林景观区位于整个旅游区的中北部，面积4.18公顷，为旅游区的餐饮娱乐区，属于新建型功能区。该区域是一个过渡性的空间，规划思路是通过景观的营造强化游客心目中的"地热印象"，主要承担歌舞演艺伴餐、园林茶廊、现代拓展训练等功能。该区域主要建设项目包括演艺餐厅、泉华奇观、滨水茶廊、拓展训练基地等。

（1）演艺餐厅：位于园林景观区的西侧，为集餐饮、娱乐、休闲为一体的综合性文化娱乐场所。游客在用餐的同时，可以观看歌舞表演。在歌舞表演和餐饮过程中，形成游客参与其中的互动。功能要求配套用餐、舞台、表演、灯光、音响等设施。

（2）泉华瀑布：位于园林景观区的中部，对原有梯田进行景观再造，于梯田外侧包裹不规则的石灰石，注入硫黄泉后形成"泉华钙"现象，创造人工的"黄龙"或"白水台"地质奇观。

（3）滨水茶廊：位于园林景观区的东侧，沿泉华瀑布景观修建成回廊建筑形式，由长廊、步道、亭台等组成，创造休息、观景、驻足的休闲空间，达到情景相融的艺术效果。

（4）拓展训练基地：位于泉华瀑布南部，设置各种拓展训练器材，如攀岩、吊索桥、荡木桥、步道、空中抓杠、天梯、高空断桥、逃生墙、绝壁、电网、独木桥等。攀岩、吊桥、高台、步道等各种拓展训练器材，为企业、学校、单位等提供现代拓展训练。

（5）电瓶车营运中心：在拓展训练基地东、西两侧修建两个电瓶车停车场，成立电瓶车营运中心，作为电瓶车调度中心和主要停车场。

（6）文化长廊：将位于园林景观区与贵宾理疗片区之间的大道打造为文化长廊，以展现温泉文化为主题，通过各类温泉图片、景观小品、工艺品的布置，使游客深切体会温泉养身之道。

3. 白族民居区

白族民居区位于整个旅游区的西部，面积 7.36 公顷，为民族风情展示区，属于提升型功能区。该区域主要功能是为游客提供民族文化展示和民族文化体验，是一个兼具住宿和表演的功能区。规划思路是通过静态白族民居和动态文化活动为旅游区注入民族文化元素，形成旅游区的民族文化特色。该功能区的主要建设项目包括主题民居、院落民居、民族广场和风情走廊等。

（1）主题民居：包括目前的指挥部及两侧的两栋院落，构思以"风、花、雪、月、泉"五大主题来命名五栋院落，由北至南依次为"风""花""泉""雪""月"院落，每栋院落分别按各种主题风格进行装饰。此处"泉"表示大理地热国的温泉。

（2）金花走廊：以"五朵金花"命名民居院落区的南北大道，金花走廊通过雕刻、文字、图画、照片等形式来表现五朵金花的故事、服饰、经典语言等，并让游客通过这些手段来了解白族文化的特征与内涵。还可以通过五朵金花的音乐、影片、剧照等向游客展示白族的文化魅力，使整个走廊变成

"五朵金花"大型展馆。

（3）院落民居：规划以"白族本主文化"对院落式民居进行文化内涵提升。由于"本主"信仰为一个完整的体系，规划给院落民居中的每一栋都以一个地方"本主"为主题，请当地艺术家刻出本主画像，并整理各种本主故事，通过碑文、壁画、雕塑等形式来向游客展示。

白族主要的本主有：

自然本主：石头、树疙瘩、水牛、猴子、白骆驼。

神灵本主：山神、谷神、猎神、龙王、太阳神。

英雄本主：杜朝选、段赤诚、白洁夫人。

民间人物本主：大理南门本主。

帝王将相及其祖先本主：段宗榜、南诏、大理国王细奴逻、阁罗凤及高级将领。

外族本主：郑回、杜光庭。

（4）院落小品：在各个民居院落按照不同的主题种植不同的象征性植物，如兰、梅、竹、菊等；在不同的院落中装饰按照不同故事创作的剑川雕刻；在不同的院落民居门口设置一块石头，上题院落的主题，如"风""花""泉""雪""月"等。

（5）民族广场：把民族广场改造成一个白族文化展示的舞台，按照白族的建筑形式增加照壁、四方街、戏台楼、牌坊、本主庙等公共建筑。

（6）手工作坊：白族民居区增加手工艺作坊，手工作坊中设置白族扎染、手工制银、手工制茶、手工编草帽、手工木雕等系列作坊，每一个作坊既是生产场所，也是展示销售门市。

4. 温泉休闲区

温泉休闲区位于整个旅游区的中部，面积14.32公顷，为大理地热国核心竞争力形成的载体，是整个旅游区的灵魂和支撑力所在，属于提升型功能区。该功能区也是其他功能区赖以存在的前提和依附的主体，其功能是实现温泉沐浴、水景观光、温泉体验等。规划思路是追求温泉产品的多样性和为温泉产品注入文化元素，以提高温泉产品的附加值、增加温泉的娱乐功能、提高温泉产品的赢利能力。该区域主要建设项目包括SPA水疗馆、戏水馆、特色泡池、环境塑造等。

（1）SPA水疗馆：SPA水疗馆位于温泉休闲区东北部，为新建项目，以休闲康体、美容美体为主要功能，定位于高端市场。内设香薰理疗、冲浪按摩、洞中泥浴、药疗养生、热带沙浴、河中石疗等水疗项目，并配套相关设施。

（2）戏水馆（开心天地）：戏水馆位于温泉休闲区中部，为新建项目，主要功能为提供温泉戏水、娱乐、游泳运动，定位于青少年儿童市场。内设流水滑梯、水上蹦极、人工造浪、瀑布冲浪等项目，将娱乐、游戏与温泉结合起来形成参与式体验兴奋效果，为游客提供一个玩场。

（3）特色泡池：以天人合一的健康思维为核心，融合中国传统的阴阳五行学说打造温泉泡池。和谐社会以人为本，人以健康为本。根据"五行"的特性来布局各泡池区的功能方向。五行的特性为：

木——具有生发、条达、向上、修长、柔和、仁慈之性，属阳；

火——具有发热、温暖、向上之性，属至阳；

金——具有能柔能刚、延展、变革、收敛、肃杀的特性，属阴；

水——具有寒凉、滋润、向下、静藏之性，属至阴；

土——具有载物、生化、藏纳之能，故土载四行，为万物之母，具贡献、厚重之性，属中性。

对位于温泉休闲区的32个露天泡池和2个室内泡池进行提升改造，形成五个泡池单元：西北部天山泡池区（水池）、西部福寿泡池区（木池）、西南部九气朝蒸池（火池）、南部佛掌泡池区（土池）、东南部四心泡池区和养心泡池区（金池）。同时增加环境绿化、配置椅凳、营造氛围等。

①天山泡池区——主水：在众多武侠小说和神话传说中，天山向来是世外高人的隐居之所、能解奇毒的奇花异草生长之处和世间神兵利器的出土之地。天山之所以得到作家们的偏爱，是因为它天生具有的神秘感和其所处的地理位置。五行之"水"具有寒凉、静藏之性，给人一种超凡脱俗、仙风道骨的意境。游客在泡汤养身的同时感悟天山之灵气，心灵得以净化，疲惫的身心得以放松。

②福寿泡池区——主木：该泡池区以"福""禄""寿"作为温泉主题，营造了一种祥和安乐的环境。"木"具有生发、向上、柔和之性，"木纳水土之气，可生长发育"，给人们以福禄连连、健康长寿的美好祝愿。

③九气朝蒸池——主火：温泉水流顺势而下，演绎了"自古泉水天上来"的自然意境。利用九重天乾卦的阳气运化功能，象征万物创始的根源，通行无阻、祥和利贞、天有九重、人有九窍，这也是养生的阳阴功能，暗示了强身健体的意向。

④佛掌泡池区——主土：当人们在高速旋转的现代社会里迷失与失落时，他们需要找到解决迷惘与痛苦的方法，需要一种"精神"来归拢浮躁的思想，

更需要找到一处属于自己的天地。佛掌泡池区带有浓厚的"禅文化"与养生文化，给人们提供了一种精神归属与温馨家园，给人以心灵上的安抚、思想上的宁静、精神上的放松。

⑤聚心泡池区、养心泡池区——主金：让游客在传统和现代相结合的养生文化中感悟健康；在欢乐中创造健康；在疗效神奇的温泉泡池中得到健康；在阴阳平衡的生态中恢复体能、享受健康。暗示人们之间、人与自然要和睦相处，达到人与人、人与自然共生、共存、共雅、共乐的意境。

（4）环境塑造：利用现在长江和黄河水系，增加温泉漂流项目，购置卡通式橡皮舟和皮划艇。营造温泉景观，设置如喷泉泡池、按摩水柱、瀑布泡池等温泉小品，将温泉的洗浴功能和观赏功能结合起来。

5. 贵宾理疗区

贵宾理疗区位于整个旅游区的东南部，呈条带状分布，面积 5.14 公顷，为高档客房住宿区，属于保存型功能区。该功能区处于温泉休闲区和绿地会所区之间，环境优美、空气湿润，主要定位于高端度假市场，为高端客人提供住宿、休闲和私密空间，同时提供小型会议场所。该功能区的规划思路是提高硬件设施和服务管理水平，开辟专业度假市场，提高回头率和延长度假时间。该区域的主要建设项目包括贵宾客房、滨水套房、热疗房等。

（1）贵宾客房：在保存原有 72 套客房区的基础上，对原来的建筑进行修整和完善，客房内划分户内门廊区、工作区、就寝区、卫生间和院落温泉。借助温泉资源和高尔夫练习场的优势资源，该区可作为商务人士和白领一族进行周末和长期休闲、疗养的区域。

（2）滨水套房：对现有总统套房和渤海湾周边地块进行改造，新建滨水套房，作为高级会议、高端客房区，接待水平要达到五星级水平。滨水套房区分为三大部分：公共部——大堂、会议室、餐饮、娱乐、健身等；客房部——独立套房、联体套房等；服务部——洗衣间、库房、设备间等。

（3）中心喷泉：中心喷泉将设置在渤海湾中心，中心喷泉设计为日落—月升状，日落面向温泉区，为圆形喷泉群（由内至外数层喷泉），月升面向园林区，为波浪成排形成喷泉群。喷泉采用音乐喷泉的形式，并设置银白色与淡蓝色的灯光衬托温泉主题。

（4）水幕电影：在渤海湾相关水域开发水幕电影，利用夜晚用灯光修饰，丰富夜间生活。

6. 康体酒店区

康体酒店区位于整个旅游区的西南部，面积 9.59 公顷，为娱乐酒店区，属于新建型功能区。该功能区是集星级酒店、现代游乐、生态湿地、商务会议为一体的功能区，是整个旅游区中会议设施相对集中的区域。规划思路是重点提供商务会议、现代娱乐设施，辅以住宿和度假功能。该区域主要建设项目包括芦苇湿地、碧湖酒店、动感游乐场等。

（1）芦苇湿地：位于地热国西南部，面积为2.86万平方米，以芦苇湿地、湿地鸟类、高原湖泊为依托，提供湿地景观观光，提高温泉养生休闲度假区的旅游附加功能。建设项目包括：

①亲水栈道：在湿地建3~4条亲水栈道，每条栈道宽1~1.5米，长为100~200米不等。

②观景亭：观景亭与湖岸用各种形态的长廊、浮桥、栈道相连接。

③观鸟长廊：建1~2层高的观鸟长廊，一楼采用亭阁镂空形式，二楼主要用于喝茶、餐饮、观鸟等活动。

④漂浮湿地：在芦苇湿地上建设人造漂浮湿地，使游客站在湿地上感受漂浮的感觉。

⑤鸟类栖息地：构筑各种小鸟房、小鸟蓬等，吸引各种鸟类前来繁衍、栖息。

⑥湿地垂钓台：向游客出租、出售钓鱼用具，并提供遮阳伞、阳光躺椅等。

⑦鸟类投食区：设置投食点、投食筐、投食平台和多条投食通道。

（2）动感游乐场：位于旅游区西南角，将原员工生活区改造为游乐场，进一批游乐设施，增加旅游区的参与性项目。包括：

①过山车：为往复式过山车，滑车制高点不闭合，旋转轨道在同一平面运行，具有超越时空般的刺激感受。

②弹射塔：由一组套系在巨型塔柱上的露天环形仓组成，12人一组面向外，四面环座，将乘客沿柱形轨道急速弹上约50米高空，然后自由跌落。

③飞翔影院：包括动感影视、3D画面、球形影视屏幕，大型液压提升座舱，具有融视觉与动感相结合的现场效果。

④摩天轮：高50多米似一架巨大无比的大风车，携带着几十个轿厢缓缓旋转上升至顶端，登高远眺，俯首地热国全景。

⑤超级秋千：外檐悬挂14条红绿相间的长臂，花篮运转时，气动装置将挂有座舱的长臂高高撑起，接着又缓缓收落。

⑥爬山车：为新型滑行车类游艺机，轨道弯急坡陡，走向迂回曲折，每个独立运行于轨道的车体在轨道滑行的同时又各不相同的自由旋转运动。

⑦咖啡杯：采用公转自转原理，让人自己控制自转旋律，犹如随着悠扬的乐曲翩翩起舞。

（3）碧湖大酒店：在旅游区南部新建碧湖大酒店，按国际四星级酒店标准建造，占地5000平方米。酒店功能包括大堂接待处、客房、会议中心、商务中心、餐厅、酒吧等，配套有网球场、停车场等。

7. 绿地会所区

绿地会所区位于整个旅游区东南部，面积11.63公顷，为康体运动区，属于新建型功能区，主要功能为高尔夫度假。该功能区主要利用产品组合延伸温泉产业链，为游客提供高尔夫运动、度假别墅、休闲会所等现代高档休闲场所。规划思路是将该功能区建设成为引领现代生活潮流、成为精英名人的时尚俱乐部。该区域主要建设项目包括会所、高尔夫练习场、迷你高尔夫球场、会员别墅等。

（1）高尔夫练习场：高尔夫运动是一项充分享受阳光、绿色和氧气的健康休闲运动，不受年龄和性别的限制，置身于现代城市钢混建筑间的人群，能够在乡村错落有致的高尔夫球场上挥杆，是一项高雅的康体运动。充分利用地热国清水河东南部空地，建设一个高尔夫练习场，可以极大提高地热国的品位。

（2）迷你高尔夫球场：与东南部的高尔夫练习场相配套，在旅游区东部空地建设一块迷你高尔夫球场。既绿化土地美化环境，又可以提供高雅的康体休闲运动，同时也是地热国的一处利润点。

（3）独栋别墅：规划在高尔夫球场靠清水河一带修建绿地会所别墅，这类别墅可根据地形的特点和球场的变化趋势灵活修建，在经营上可供住宿、餐饮、度假、商务、会议等多种用途。

（四）旅游产品体系

1. 旅游产品定位

大理地热国的旅游产品开发应根据其资源基础和设施现状，并充分考虑市场需求要素来综合确定。

从地热国的资源优势看，其最具优势的两大资源是地热温泉资源和高原湖泊湿地，由此可以开发温泉养生、水疗度假两大拳头旅游产品。

从地热国的设施条件看，高尔夫绿地和预留用地是其拓展新型产品的基础和条件，由此可开发SPA康体、温泉地产两大高附加值产品。

从地热国所处的地域背景看，其所处的地域背景为旅游发达的滇西北地区，森林生态和民族风情是其环境特征，由此可开发白族风情和生态科考两项延伸产品。

从地热国旅游区的性质来看，它是一个以地热温泉资源为基础的温泉养生休闲度假区，休闲娱乐是地热国的辅助产品。

此外，从地热国的设施条件看，会议旅游、观鸟旅游、科考旅游是其辅助旅游产品（表1.7.4）。

表1.7.4 地热国旅游产品定位

产品类型	核心产品	基本产品	辅助产品	高端产品
产品系列	温泉养生 水疗度假	休闲娱乐 民族风情	会议旅游 观鸟旅游 科考旅游	SPA康体 温泉地产
产品功能	核心支撑	基础平台	特殊专项	引导潮流
主题定位	健康	关爱	成长	时尚

2. 旅游产品系统

（1）核心旅游产品

① 温泉养生产品：洱源县为云南著名的地热温泉资源区，地热国为洱源温泉的精华，温泉养生旅游是地热国的拳头旅游产品。其中温泉理疗主要针对老年人市场和女性市场；温泉度假、会议娱乐则主要针对商务市场和中青年人市场；温泉休闲主要针对家庭等市场。

【目标市场】国内外有闲阶层、理疗群体、自驾车群体等。

【产品组成】特色泡池、水疗馆、贵宾客房等。

【产品开发要点】

近程度假市场：重点做好假日、周末和黄金周时段，在保证环境容量和服务质量的前提下，以大众化为目标，以数量获得利润。

产品深度开发原则：养生度假旅游产品涉及医学、美学等多方面的内容，需要对温泉旅游产品进行深度开发，充分挖掘温泉旅游资源的潜力，并结合大理地热国的生态、文化来进行开发。

② 水疗度假产品：水疗度假产品为温泉旅游产品的高档部分，充分体现了温泉旅游的贵族气质和养生功能。对于水疗度假产品的开发，有利于提高整个地热国旅游产品的档次，提升地热国旅游产品的丰度，扩大旅游产品对中、高端市场的辐射力，特别是对中远程客源市场具有强烈的吸引作用。

【目标市场】国内外度假会议组织、公司高层白领、政府部门工作人员、私营企业主等。

【产品组成】主题民居、院落民居、会所、高尔夫练习场、别墅、迷你高尔夫等。

【产品开发要点】

以会员制开发疗养度假市场。疗养度假是目前几乎所有阶层人士所面临的共同问题。针对高端客源建议用会员制开发和管理养生客人，保证绝对高水平的专业管理和服务，也可提高回头率。

产品开发高端化。由于水疗度假产品属于温泉旅游产品中的高端部分，对于产品的质量、科学含量都有很高的要求，所以应当以国内外一流的产品质量水平为目标，不断地推出新产品，不断地丰富产品结构，以满足游客逐步提高的旅游需求。

（2）基本旅游产品

① 休闲娱乐：为人们的一个基本需求，也是人们旅游的一个基本目的。温泉旅游作为一种高层次的旅游方式，应当尽可能满足游客的休闲娱乐需求，并长时间地留住游客，而丰富的娱乐活动、清新的休闲氛围、良好的休闲设施则是留住客人的最好方式之一，其不仅可以让游客在地热国获得良好的旅游休闲娱乐体验，还可以为地热国带来较高的旅游收入。

【目标市场】家庭休闲游客、旅游团队、会议游客等。

【产品组成】戏水馆、游乐场、演艺餐厅、滨水茶廊、沿河步道等。

【产品开发要点】

在产品的开发过程中注意产品的人性化设计和安全性，注重游客的参与程度和旅游产品的更新换代。不断加强环境的改善和整治，为旅游者提供一个舒心、优雅的休闲环境；努力创造热烈、友好的娱乐氛围。

档次要分明。大众化和专业化市场中的游客对此类产品的要求截然不同，不同产品档次之间具有排他性，高档的休闲娱乐产品是游客身份的象征。因此，不同档次的休闲娱乐产品的档次和客人定位要非常清楚。

适时举办一些活动，如邀请乐队来演艺餐厅演奏，或举办一些比赛活动，以提高娱乐休闲设施的人气，从而提高这些设施的利用率。

② 民族风情：民族风情可以最大化体现旅游目的地的地域差异吸引力，也是一个旅游景区景点的个性和特色所在。白族文化源远流长，洱源县更是文化底蕴深厚，使得地热国在民族风情的开发上有着得天独厚的优势。对于民族风情类旅游产品的开发，有利于提升地热国的文化内涵，融旅游景点的开发于洱源乃至大理州的文化之中。

【目标市场】海外游客、省外游客、省内的民俗游客和修学考察游客等。

【产品组成】文化长廊、风情长廊、主题民居等。

【产品开发要点】

注重对民族文化精髓的挖掘，用民俗文化的精髓来全面提升景区的文化品位，防止根据主观臆断来对民俗文化肆意的歪曲利用。

在对民俗文化精髓的掌握下，在不破坏民俗文化原汁的前提下，在文化的表现手法和表现形式上可以有所突破和创新。

（3）辅助旅游产品

① 会议旅游：会议旅游产品是一种专业化操作和高附加值的旅游产品形态，对于提高地热国的旅游收入、大地热国的旅游影响力都具有重大的推动作用。地热国应当充分利用自己的资源优势和区位优势来大力发展会议旅游，使其成为地热国旅游业发展的亮点和增长点。

【目标市场】各种机构、政府部门、企业单位等。

【产品组成】碧湖酒店、贵宾房、各种会所等。

【产品开发要点】

培训、组建专业化的会议服务队伍，配套专业化的会议设施，不断提高员工的业务水平，并逐步建立起现代化的会议接待基地。

开展有针对性的营销活动，如可以采用会员制、发放贵宾卡等形式，不断提高游客的回头率。

② 观鸟旅游：随着城市生态环境的污染，人们越发向往大自然的鸟语花香，而地热国处于茈碧湖畔，生态环境优良，引来大批鸟类入景区内歇息、筑巢，是游客观赏鸟类活动的绝佳场所。在地热国观鸟可以让游客感受到人与自然和谐相处的美妙，满足人们与自然亲近的愿望。

【目标市场】生态旅游者、鸟类爱好者等。

【产品组成】水草湿地、芦苇荡、观鸟台等。

【产品开发要点】

注重对鸟类栖息地的保护和培植，不断优化鸟类生存所依赖的环境。

注重人鸟之间的接触距离，确保游人的安全和鸟类不受惊扰。

提供良好的观鸟设施、设备，让游客可以轻松自如地欣赏各种鸟类。

③ 科考旅游：大理地热国滚滚温泉是由于独特的地质构造所形成的，其温泉的成因、流量、成分等对于大多数科考爱好者来说具有很强的吸引力。在地热国中让游客享受温泉带来的乐趣的同时，也可以为游客提供一定的科考空间，让游客增长知识，开阔眼界。

【目标市场】大专院校师生、科考修学者、专业科研机构研究人员等。

【产品组成】多彩池、水草湿地、九气朝蒸等。

【产品开发要点】

尽量为游客提供良好的科考平台，如提供一些文字资料、样品、观测台等。

科学化表现手段，可以采用先进的设备向游客展示大理地热国温泉的地质成因、水质构成等。

做好安全防范工作，制作齐全的安全手册、安全指南等。

（4）高端旅游产品

① SPA 康体：SPA 康体为旅游产品的高端形态，其需要良好的生态环境、一流的旅游资源和一流的服务设施来支撑。地热国发展具有 SPA 康体旅游的良好条件，优美的生态环境、高质量的温泉旅游资源和正在修建的迷你高尔夫球场，都为 SPA 康体旅游的发展提供了良好的条件。同时 SPA 康体旅游的发展也对提高地热国旅游区的发展水平起到较好的推动作用，会为地热国旅游区带来丰厚的收入。

【目标市场】海外客源市场、省内外中高收入阶层。

【产品组成】热疗房、滨水套房、迷你高尔夫、特色温泉池等。

【产品开发要点】

注重产品开发的层次性，面对不同的目标市场来开发多层次的旅游产品，实现既能够满足特殊市场的需要，如高尔夫爱好者的需要，也能够满足普通康体游客的需求，如团队游客、会议游客等。

资源整合原则，SPA 康体旅游对于旅游资源的要求非常的高，地热国只有充分整合温泉旅游资源、迷你高尔夫、优势人力资源等优势资源才能够开发出高质量的 SPA 康体旅游产品。

产品更新原则，由于 SPA 康体旅游者一般属于高端游客，对于新事物有着较高的敏感度和好奇心，所以在保证旅游产品高质量的前提下，应当适时地推出一些新产品，以达到对游客持续的吸引力。

② 温泉地产：旅游地产是旅游和地产完美结合的产物，其达到了旅游地扩大影响力、实现经济价值的双重目标。地热国旅游区可以利用其便利的交通条件、高品位的旅游资源来发展旅游地产，以达到旅游地多重开发的目的。

【目标市场】公司高级白领、私营企业主、事业单位高级管理人员等。

【产品组成】别墅、高尔夫活动场所等。

【产品开发要点】

温泉别墅产权化。温泉别墅采用满足客人购买的产权式酒店模式，所有权归购买者，管理权为开发管理公司，引入分时度假的方式向客人销售，也可以直销给客人。

温泉别墅开发精品化原则。温泉地产开发需要的土地资源、旅游景观资源等都属于稀缺资源，为了发挥这些稀缺资源的最大效益，在别墅开发过程中应当做到每栋别墅都精心设计、科学施工，达到栋栋别墅有异、栋栋别墅精品的目的。

产品开发市场导向原则。由于温泉别墅开发周期长，投资大，为了避免风险，获得最大的经济收益，在开发过程中应当严格按照市场的需求，分批、分步骤来开发。

（五）景观游憩系统

1. 旅游区景观结构

根据大理地热国旅游区的资源和设施分布状况，整个旅游区的景观系统可归纳为"一带、二环、三片、八景"的结构。

一带：景区入口景观带。由民族广场、罗马廊柱门、大型石刻、蝶泉景观、喷泉广场、游客中心等一系列景观由北至南排列组成，构成旅游区入口的"第一印象区"，对游客进入旅游区产生视觉冲击力。

二环：清水河外环景观走廊、长江黄河内环景观走廊。源自茈碧湖的清水河环绕地热国整个旅游区，形成外环水系，为车行景观走廊；长江、黄河为引导温泉水而形成的人工温泉河流，构成内环水系，为步行景观走廊。

三片：渤海湾、温泉池、芦苇湿地三片水域。渤海湾为长江、黄河温泉河流的汇水区，是旅游区中的人工湖泊，景观特征"安详静谧"；由中国版图地形组成的温泉泡池区，分布有形态各异的 30 多个泡池，景观特征"热气腾腾"；芦苇湿地为南清水河、北清水河的汇水区，为自然湿地，景观特征"百鸟翱翔"。

八景：茈碧湖景、蝶泉流水、泉华瀑布、渤海喷泉、开心天地、九气朝蒸、芦苇湿地、茈碧明珠。茈碧湖为洱海之源，湖水清澈，碧波如镜，湖岸垂柳，湖心展花。蝶泉流水为景区标志性景观，层层跌水，川流不息，喻示地热国财源滚滚。泉华瀑布为人造地质奇观，由潭潭水池钙化形成，是景区中的"黄龙"或"白水台"。渤海喷泉为旅游区的中心喷泉景观，其水柱的高度有望成为滇西北"第一喷泉"。开心天地为旅游区的儿童戏水区，由卡通式的圆形半通透建筑组成，是儿童的欢乐世界。九气朝蒸是旅游区的地热标志性景观，以大滚锅的形式向人们展示大自然的无穷威力。芦苇湿地是旅游区的特色所在，芦苇婆娑，百鸟翱翔，给旅游区以无限的动感。茈碧明珠为旅游区的民族风情广场，白天载歌载舞，夜晚篝火升空。

2. 景区游憩适宜性评价

按照大理地热国旅游区七大功能区的划分，对各个功能区的游憩适宜性进行评价，以指导各个功能区的开发建设（表1.7.5）。

表1.7.5 景区游憩适宜性评价

景区 指标	入口服务区	园林景观区	白族民居区	温泉休闲区	康体酒店区	贵宾理疗区	绿地会所区
环境游憩敏感度	低	低	中	较高	较低	较低	较高
设施承载力	高	中	中	高	中	低	较低
拥挤可接受程度	高	低	中	中	中	低	较低
吸引力	高	高	较高	较高	高	较高	高
景观丰富程度	高	高	中	较高	较高	中	中
对景区重要程度	高	中	高	较高	高	较高	高
体现景区特质特征	低	中	高	高	较高	较高	较高
结论	设施承载和游客承载都较高	景观丰富，吸引力大	吸引力极高	景观丰富，吸引力高	游憩承载力高	人性化程度高	设施承载力低
应用	适合对环境无特殊要求的活动	适宜餐饮和拓展活动	适合民俗文化活动	适合休闲，无特殊设施要求的活动	适合娱乐及一定强度的活动	适合休闲	适合康体运动

3. 景观游览线路

鉴于大理地热国旅游区占地范围大、游览线路长的特点，可提供多种交通工具进行游览，既可适宜不同的景区，又可缓解游客的疲劳。根据旅游区的现状，游客可选择乘电瓶车沿路游览，也可乘船沿清水河游览。

（1）按交通方式划分

电瓶车线路：入口服务区—园林景观区—白族民居区—康体酒店区—温泉休闲区—贵宾理疗区—绿地会所区—电瓶车营运中心。

乘船线路：园林景观区—白族民居区—康体酒店区—温泉休闲区—贵宾理疗区—绿地会所区。

（2）按主题特色划分：以多视角观赏和体验各个景区的丰富内容。
温泉养生之旅：特色泡池、水疗馆、贵宾房。
康体运动之旅：会所、高尔夫练习场、迷你高尔夫球场。
民族文化之旅：主题民居、院落民居、文化长廊、风情走廊。
水乡生态之旅：芦苇湿地、清水河、渤海湾。
娱乐开心之旅：儿童戏水区、动感游乐场、拓展训练基地。
美容纤体之旅：水疗馆、特色泡池。
会议度假之旅：白族民居、碧湖酒店、贵宾客房、滨水套房。

4. 游憩活动分级

根据大理地热国旅游区各类游憩活动的特性，可以将旅游区的游憩活动分为三级：

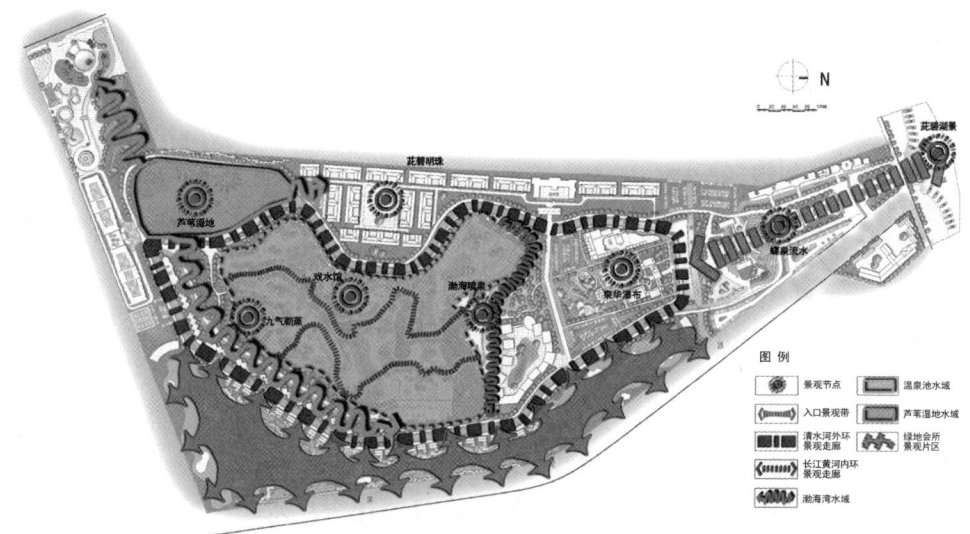

图 1.7.4　景观系统规划

第一级，资源价值高，市场潜力大，属于旅游区核心项目：温泉浴、水疗、高尔夫运动、别墅、观鸟。

第二级，在区域范围内资源价值良好，具有较好市场潜力：游乐场、拓展训练、歌舞伴餐、会议。

第三级，资源价值低，市场潜力低：垂钓、徒步、戏水、摄影等。

5. 游憩事件策划

事件策划一：温泉泼水节。

泼水节是云南傣族的传统节日（4月中旬），人们通过互相泼水祈祷祝福。

大理地热国旅游区可利用温泉资源优势，组织旅游区内的泼水活动，同时开展划龙船、放高升、丢包、游园、文艺演出、体育表演乃至商贸活动等内容，增强旅游区吸引力。

事件策划二：茈碧湖海灯会。

在大理洱源县茈碧湖上举行海灯会（农历七月二十二日）。海灯会是一种祭祀亡灵和水神的自娱性活动。当夜幕降临后人们从四面八方赶来茈碧湖岸边，将海灯放入船舱，将船划到湖中，点燃龙王灯，一盏盏形状如莲花的海灯耀眼夺目，好似群星降落湖中，十分壮观。

事件策划三：行为艺术之窗。

行为艺术是一种小团体性质的主题行为活动，以人的身体作为表演手段进行先锋的、前卫的、充满哲学意义的艺术表演形式，通常以变幻的面孔出现在人们面前。可在大理地热国选择若干个行为艺术展示点，以适当夸张的行为艺术方式进行展示，可在第一时间吸引到游人的眼球，达到既吸引游人，又启迪思维的目的。

（六）旅游服务设施

1. 服务设施建设原则

（1）旅游服务设施布局要符合旅游区总体发展和功能区划要求，设施布点相对集中，又服从游览组织和生态环境保护，形成高效、方便、紧凑的服务网络体系。

（2）旅游服务设施的规模、档次应与旅游区发展的需要相协调，以适应不同层次游客消费水准和旅游活动行为特征。

（3）旅游服务设施的建设不仅要符合投资建设要求，在经济上可行，而且应有较好的经济效益，同时还要考虑其日常维护。

（4）旅游服务设施的建设要有利于保护生态环境，旅游设施的外观风格要与周边环境相协调。

2. 服务设施分级布局

根据大理地热国旅游区的设施布局、线路组织和游客游览需要，将服务设施体系分为以下三级：

（1）一级游客服务中心：在入口服务区建设多功能综合性游客服务中心。游客服务中心按国家标准《旅游区质量等级的划分与评定》要求，设置相关的设施设备（如影视厅、触摸屏、引导标志、游览宣传材料、导游解说、信息咨询、投诉服务、紧急救援、防盗保安等设施），建设内容包括管理中心、展览厅、信息服务台、商品部、放映厅、儿童活动室、办公用房等。总建筑面积约为 4000 平方米。

（2）二级游客服务站：在其他六个功能区各建 1 个游客服务站。游客服务站包括电瓶车站、导游解说牌、商品小卖部、公用电话亭、旅游公厕等设施，满足游客购买商品、食品饮料、休闲观光、娱乐摄影、信息咨询等需求。各游客服务站建筑面积约为 1000 平方米。

（3）三级游客休息点：在游览路线沿线的适当位置根据需要设置若干游客休息点。游客休息点一般不设置建筑物，只设置若干观景平台、摄影平台、石凳、木凳、电话亭、垃圾箱等，满足游客驻足、休息、观景、摄影等的需求。

3. 服务设施规模确定

旅游服务设施接待规模的确定以旅游环境容量和游客人数为基本依据。由于大理地热国旅游区是以温泉资源为主要依托的旅游区，因而游客服务中心的规模相对较大，游客服务站等的建设规模必须适度。

（1）游客中心规模。根据游客规模增长预测和游客活动规律，旅游区游客中心规模为：

游客服务中心：2000 人次 / 日。

各个游客服务站：500 人次 / 日。

（2）住宿设施规模。根据旅游区客源市场分析，游客规模按照近期（2007~2010 年）35 万 / 年、中期（2011~2015 年）45 万 / 年、远期（2016~2020 年）55 万 / 年；床位数 =（全年住宿游客总人数 × 人均住宿天数）/（全年可游览天数 × 客房出租率）；全年住宿游客人数占 50%；人均停留天数为近期 1 天、中期 1.5 天、远期 2 天；全年可游览天数按 300 天计算；客房出租率按 80% 计算，则住宿设施规模为：

近期（2007~2010 年）床位 1510 张。

中期（2011~2015 年）床位 1875 张。

远期（2016~2020 年）床位 2291 张。

表 1.7.6　床位需求规模预测

设施档次	近期	中期	远期
高（45%）	679	844	1031
中（55%）	831	1031	1260
合计	1510	1875	2291

（3）餐饮设施规模。旅游区的餐饮服务设施主要布局在入口服务区的入口餐厅、园林景观区的演艺餐厅和滨水茶廊、康体酒店区的酒店餐厅、贵宾理疗区（滨水套房区）的贵宾餐厅，根据住宿设施规模和游客集结状况，各餐厅规模如下：

入口餐厅：200人；演艺餐厅：800人；滨水茶廊：100人；酒店餐厅：200人；贵宾餐厅：100人。

表 1.7.7 旅游区餐饮设施数量预测

旅游景区	餐厅类型	容人数（人）	档次	建筑面积（m²）
入口服务区	入口餐厅	200	中	1000
园林观景区	演艺餐厅	800	中	2000
	滨水茶廊	100	中	500
康体酒店区	酒店餐厅	200	高	1000
贵宾理疗区	贵宾餐厅	100	高	500
合计	5个	1400		5000

（4）服务设施管理建议。在进行旅游服务设施建设时，还应注意以下几点：

① 旅游服务设施建设，必须是以保护而不是破坏生态环境为前提，以确保旅游区的可持续发展；② 游客服务中心、游客服务站、游客休息点的建筑风格必须与功能区的景观特点和环境相协调；③ 各项服务设施建设，均须经过旅游主管部门、城建部门、环保部门的批准后，方可实施。

八、基础设施规划

（一）道路交通规划

1. 道路系统现状

由外部进入大理地热国旅游区的道路有三条：第一条由滨河路进入旅游区，第二条由临茈碧湖公路进入旅游区，第三条由水路乘船抵达旅游区。目前，由外部进入旅游区的可进入性较为优越，无任何障碍。

大理地热国旅游区内部道路系统分为三级：一是车行道，为环绕整个旅游区的水泥路面，长8.5千米，宽4米。二是主游道，沿长江和黄河两岸沿江、沿河有宽1.5米的步行水泥道路，长3.5千米。三是次游道，为连通各个泡池之间的步行小路，宽1~1.2米不等，长2.7千米。由于旅游区还处于开发一期，游览点主要集中在温泉泡池区，因而汽车通常均直接进入白族民居区、贵宾客房区或大更衣室，没有形成整个旅游区的游览系统。加之受中国版图地形限制，在温泉泡池区也主要是洗浴者在区内的小范围游览活动。目前旅游区没有形成游览主轴游道，加上旅游区标识系统还未完备，因此整个旅游区道路系统和标识系统有待调整。

旅游区现拥有3处停车场：位于入口区的主停车场，有100个车位；位于民居区的次停车场，有30个车位；位于主更衣室的次停车场，有20个车位。总共可停放大小车辆150辆。目前的问题是，旅游区外部车辆可直接进入旅游区，旅游区内部电瓶车无法发挥应有的作用，也缺乏赢利点。

2. 内部道路交通

大理地热国旅游区的道路交通发展目标是：形成区内与区外两套交通体系，游客车辆一律停放在旅游区入口停车场，旅游区内部形成电瓶车交通系统。旅游区内部形成电瓶车游道、主步行游道、次步行游道三级体系。

（1）电瓶车游道：长8.5千米，宽4米，形成逆时针方向循环线，在白族民居区、康体酒店区、贵宾理疗区、绿地会所区各设1个停靠站，停靠站与各功能区的游客服务站相结合。

（2）步行主游道：长9.5千米，宽1.5米，形成各个功能区内部的小循环步行游览系统。其中入口服务区1.2千米、园林景观区1.6千米、白族民居区1千米、温泉休闲区1.8千米、康体酒店区1.1千米、贵宾理疗区1.1千米、绿地会所区1.7千米。

（3）步行次游道：长5.6千米，宽1~1.2米，形成各个功能区内部沿主游道向外延伸的步径小道。其中入口服务区0.7千米、园林景观区1千米、白族民居区0.6千米、温泉休闲区1.2千米、康体酒店区0.7千米、贵宾理疗区0.8千米、绿地会所区0.6千米。

电瓶车游道为水泥路面，步行主游道、步行次游道根据不同的功能区分为条石铺地、卵石铺地、火山石铺地等。

3. 旅游区停车场

（1）汽车停车场：根据旅游区发展的需要，分别建设1个主停车场、4个辅助停车场。入口服务区东侧1个主要停车场（80个车位），西侧1个辅助停车场（50个车位），白族民居区1个辅助停车场（30个车位），康体酒店区1个辅助停车场（30个车位），绿地会所区1个辅助停车场（30个车位）。

（2）电瓶车停车场：在园林景观区建设主停车场，分为东、西两侧，西侧为出发站点（停放 15 辆电瓶车），东侧抵达站点（停放 15 辆电瓶车）。沿电瓶车游览线，在白族民居区、康体酒店区、贵宾理疗区、绿地会所区各设 1 个停靠站（各停放 5 辆电瓶车），停靠站与各功能区的游客服务站相结合。

4. 游船码头

在大理地热国旅游区大门外茈碧湖岸建码头 1 个，可停放 20 艘船只。由地热国出发船只可到达梨园、龙王庙、外湖等码头。

5. 交通设施

随着旅游区的发展和客流量的增加，旅游区内部购置环保交通车 2 辆，生活物资车 2 辆，行政管理用车 2 辆，电瓶车 20 辆（表 1.8.1，图 1.8.1）。

表 1.8.1 旅游区道路交通设施一览

序号	建设地点或所在范围	建设类型	建设规模	备注
1	电瓶车游路			
1.1	园林—民居	景区公路	1.4 km	单车道
1.2	民居—康体	景区公路	2.1 km	单车道
1.3	康体—贵宾	景区公路	2.5 km	单车道
1.4	贵宾—园林	景区公路	2.5 km	单车道
2	步行主游道			
2.1	入口服务区	游览步路	1.2km	宽 1.5m
2.2	园林景观区	游览步路	1.6km	宽 1.5m
2.3	白族民居区	游览步路	1km	宽 1.5m
2.4	温泉休闲区	游览步路	1.8km	宽 1.5m
2.5	康体酒店区	游览步路	1.1km	宽 1.5m
2.6	贵宾理疗区	游览步路	1.1km	宽 1.5m
2.7	绿地会所区	游览步路	1.7km	宽 1.5m
3	步行次游道			
3.1	入口服务区	游览步路	0.7km	宽 1~1.2m
3.2	园林景观区	游览步路	1km	宽 1~1.2m
3.3	白族民居区	游览步路	0.6km	宽 1~1.2m
3.4	温泉休闲区	游览步路	1.2km	宽 1~1.2m
3.5	康体酒店区	游览步路	0.7km	宽 1~1.2m

续表

序号	建设地点或所在范围	建设类型	建设规模	备注
3.6	贵宾理疗区	游览步路	0.8km	宽 1~1.2m
3.7	绿地会所区	游览步路	0.6km	宽 1~1.2m
4	汽车停车场（电瓶车）			
4.1	入口服务区主停车场	生态型	6000m²	
4.2	入口服务区辅助停车场	生态型	2000m²	
4.3	白族民居区辅助停车场	生态型	1000m²	
4.4	康体酒店区辅助停车场	生态型	1000m²	
4.5	绿地会所区辅助停车场	生态型	1000m²	
5	码头			
5.1	地热国游船码头	旅游码头		
6	交通设施			
6.1	环保交通车	设施	2辆	大货车
6.2	生活物资车	设施	2辆	小货车
6.3	行政管理车	设施	2辆	越野车\轿车
6.4	电瓶车	设施	20辆	游览车

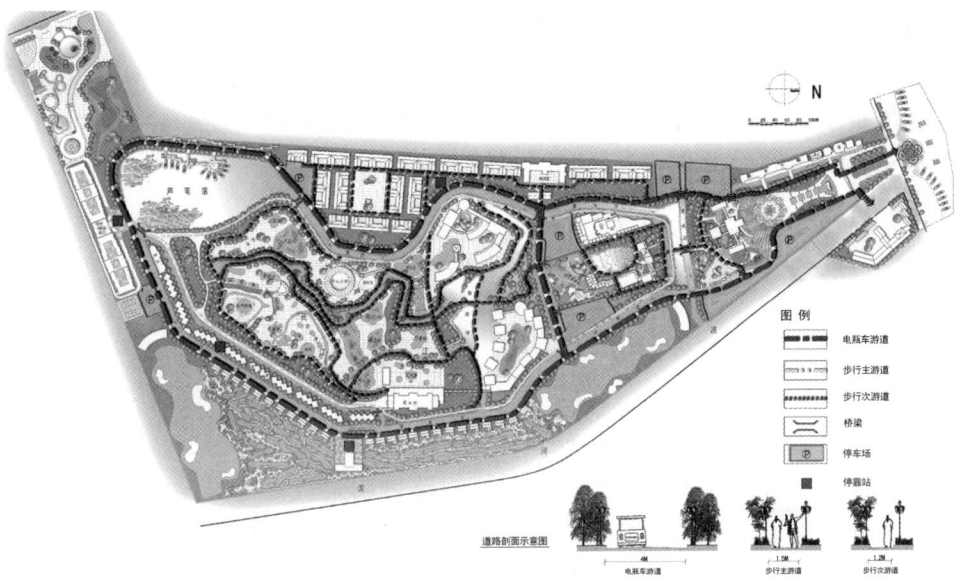

图 1.8.1　道路交通规划

（二）电力工程规划

1. 电力工程现状

大理地热国旅游区的电力主要由洱源县城高压线供电，旅游区供电网络基本建成。在旅游区的进一步建设中，将增加一定规模的基础设施和旅游服务设施，电力需求将会增加，原电力线路、设施需要增加才能满足功能要求。现根据旅游区的规划要求对电力设施进行规划。

2. 目标与原则

大理地热国旅游区的电力工程建设以保证为旅游区提供充足的电力资源为目标，为旅游区各项事业的发展提供电力保障。在规划时应该遵循以下原则：

一是电力工程设施应具有前瞻性，充分考虑到旅游区的发展需要，在供电能力设计时留有余地。

二是配套完善旅游区的供电系统，尤其是新建功能区的电网系统，加强旅游区电力系统的可靠性。

三是电力设施建设应注意与旅游区环境的协调，采取多种方式确保电力设施既安全可靠，又美观适用。

3. 用电负荷计算

整个旅游区范围内用电负荷集中在七大功能区：入口服务区、园林景观区、白族民居区、温泉休闲区、贵宾理疗区、康体酒店区、绿地会所区。根据不同的建筑设施使用功能，采用单位面积负荷指标法进行估算，入口服务区、园林景观区取 $5w/m^2$，温泉休闲区、贵宾理疗区、绿地会所区取 $10w/m^2$，白族民居区、康体酒店区取 $50w/m^2$。综合上述负荷指标进行计算，规划区内用电负荷约为 500kw。考虑到用电耗损及局部用电的需要（如局部路灯照明），故再乘以 1.1 的系数，总用电负荷最终为 550kw。

4. 供电网络

旅游区规划电网负荷重点在区内的白族民居区、贵宾理疗区、康体酒店区，负荷量比较大，而低压供电半径只有 300 米左右，规划在旅游区内新建变电所 1 座，供电电压采用 10kV，配电电压为 10V/0.4V，线路经各景区变电站降压为 0.4/0.23kV 后，根据需要按比例输入各功能区，其配电房的设置应有利于线路走势，以免妨碍景观和环境；线路设置在主要游览线上，采用埋地敷设电缆形式；在不妨碍景观之处，线路可用架空电杆敷设，采用树枝状走向。低压配电系统采用三相五线制，接地保护零线与工作零线分开，确保用电安全。

5. 主要工程估算

电力工程估价共约 100 万元（表 1.8.2）。

表 1.8.2　旅游区供电设施建设一览

序号	项目名称	单位	数量	备注
1	10kV 埋地输电线路	m	1000	
2	800kVA 变电所	座	1	SL9—400kVA／10kV／0.4kV—
3	埋地低压线路	km	3	LG75，0.4kV

（三）给水系统规划

1. 水源规划

旅游区内各功能区都有用水设施，用水设施主要集中在温泉休闲区、贵宾理疗区、康体酒店区等。大理地热国旅游区内有丰富的地下水源，通过敷设给水管网，可满足该旅游区的用水需要。水源的水质可采用简单净化工艺，流程如下：

水源—取水水泵—过滤—消毒—输水管道—用户

远期规划中，由于旅游业的开展和旅游规模的扩大，水源会受到一定程度的污染。为保证水质，可考虑采用以下工艺净化流程：

水源—取水—混凝水泵—沉淀—过滤—消毒—输水管道—用户

2. 用水量测算

根据国家标准《室外给水设计规范》（GBJ13—86）和《建筑给排水设计规范》（GBJ15—88）等相关标准，确定旅游区的日用水量标准为：（1）住宿游客每床每日用水 400 升；（2）不住宿游客取每人每日用水 50 升；（3）后勤及管理人员每人每日用水 200 升；（4）绿地、道路喷洒每公顷用水 10 立方米；（5）消防用水量按 10L/S 计，火灾延续时间按 2 小时记；（6）不可预见用水按直接用水量的 20% 计算。

消防用水按每个消防栓用水量 360 立方米／小时，消防栓间距 120 米。消防用水不计入总用水量，但给水系统的供水能力要满足消防用水的需要。

经测算，旅游区的最大日用水量为 1143 立方米，其中，生活及厕所用水为 562.5 立方米，绿地、道路喷洒用水 390 立方米，不可预见用水 190.5 立方米，详见表 1.8.3。

表 1.8.3 旅游区用水量一览

序号	用水项目	用水数量	用水量标准	时变化系数	用水量（m^3/d）
1	住宿游客用水	1200 床	$0.40m^3$/床·d	1.0	480
2	不住宿游客用水	350 人	$0.05m^3$/人·d	1.0	17.5
3	后勤及管理人员	130 人	$0.2m^3$/人·d	2.5	65
4	绿地、道路喷洒用水	$39hm^2$	$10m^3/hm^2$·d	1.0	390
5	不可预见用水	—	20%	—	190.5
6	合计	—	—	—	1143
7	设计调节水量	—	—	—	1000

3.给水方案及工程设施布置

根据用水设施的布局及水源，旅游区采用分区取水、分片供水的方式给水。本区用水除了生活用水外，还需用于灌溉以及防火。

（1）入口服务区、园林景观区：规划在入口服务区建容量为40立方米的钢筋砼高位水池，接引茈碧湖水为供水水源，用输水管引水至水池，进行消毒后向服务区内各用水点供水。该片区需DN110输水管500米，DN100给水管300米，DN75给水管200米，DN50给水管200米。

（2）白族民居区、温泉休闲区：规划在白族民居区建容量为40立方米的钢筋砼高位水池，接引清水河水为供水水源，用输水管引水至水池，进行消毒后向区内居民及各用水点供水。该景区需DN110输水管600米，DN100给水管400米，DN75给水管300米，DN50给水管300米。

（3）康体酒店区、贵宾理疗区：规划在康体酒店区建容量为40立方米的钢筋砼高位水池，接引地下温泉或清水河水为供水水源，用输水管引水至水池，进行消毒后向各用水点供水。该片区需DN110输水管400米，DN100给水管300米，DN75给水管200米，DN50给水管200米。

（4）绿地会所区：规划在绿地会所区建容量为40米^{3}的钢筋砼高位水池，接引清水河水为供水水源，用输水管引水至水池，进行消毒后向各用水点供水。该片区需DN110输水管600米，DN100给水管500米，DN75给水管300米，DN50给水管200米。

4. 工程造价

给水工程估价共约 220 万元（表 1.8.4）。

表 1.8.4 旅游区给水设施一览

序号	建设项目	单位	数量	备注
1	抽水泵站	处	1	含泵房、抽水设备
2	KG—L960 一体化净水设备	套	1	
3	H908-50 二氧化氯消毒剂发生器	套	1	
4	容量 400m³	个	4	钢筋砼
5	DN110 输水管	m	2100	UPVC
6	DN100 给水管	m	1500	UPVC
7	DN75 给水管	m	1000	UPVC
8	DN50 给水管	m	900	UPVC

（四）排水系统规划

1. 规划原则

大理地热国旅游区是一个温泉休闲度假区，污水的处理应采用生态化措施，可以同附近居民点和农田相结合，形成生态循环或直接排入城市污水系统。

2. 污水处理

旅游区的污水主要是生活污水和厕所污水，其排放量相当于旅游区生活及厕所给水量的 60%，经测算旅游区污水最大日排放量为 337.5 立方米。生活污水的处理工艺较多，旅游区拟采用处理效果好、技术成熟、投资少、运行寿命长的地埋式污水处理装置对旅游区污水进行处理。

（1）入口服务区：该区的污水主要是日常生活废水和厕所排出的污水，规划在区内建设日处理能力为 100 立方米的有动力地埋式污水处理设施，用 UPVC 排水管道收集污水，集中处理达标后通过导流渠道排入下水道。共需铺设 DN200 的污水收集管道 200 米。

（2）园林景观区：在该区建设日处理能力为 100 立方米的有动力地埋式污水处理设施。通过污水管道收集生活及厕所污水，集中处理达标后通过导流渠道排入下水道。共需铺设 DN200 污水收集管道 200 米。

（3）白族民居区：该区的污水主要是居民的日常生活废水和厕所排出的

污水，规划在该区建设日处理能力为150立方米的有动力地埋式污水处理设施。通过污水管道收集生活及厕所污水，集中处理达标后通过导流渠道排入下水道。共需铺设DN200污水收集管道300米。

（4）温泉休闲区：在该区建设日处理能力为200立方米的有动力地埋式污水处理设施。通过污水管道收集生活及厕所污水，集中处理达标后通过导流渠道排入下水道。共需铺设DN200污水收集管道500米。

（5）康体酒店区：在该区建设日处理能力为150立方米的有动力地埋式污水处理设施。通过污水管道收集生活及厕所污水，集中处理达标后通过导流渠道排入下水道。共需铺设DN200污水收集管道400米。

（6）贵宾理疗区：该区的污水主要是住宿、餐饮的生活废水和厕所排出的污水，规划在该区建设日处理能力为150立方米的有动力地埋式污水处理设施。通过污水管道收集生活及厕所污水，集中处理达标后通过导流渠道排入下水道。共需铺设DN200污水收集管道200米。

（7）绿地会所区：该区的污水主要是住宿、餐饮的生活废水和厕所排出的污水，规划在该区建设日处理能力为100立方米的有动力地埋式污水处理设施。通过污水管道收集生活及厕所污水，集中处理达标后通过导流渠道排入下游林地。共需铺设DN200污水收集管道400米。

3. 雨水处理

旅游区内雨水以地表漫流排放的方式为主。对于道路、建筑物等，雨水依地形条件通过设置涵洞、排水边沟或雨水明沟、暗沟，分片就近排入河流、林地，需建雨水沟1000米。

4. 主要工程估算

排水工程估价共约150万元（表1.8.5，图1.8.2）。

表1.8.5 旅游区排水设施建设一览

建设地点	项目名称	规格型号	单位	数量	备注
入口服务区	地埋式污水处理设施	100m³/d	座	1	有动力
	污水管	D200	m	200	UPVC管
	污水导流、渗透渠道		m	300	
园林景观区	地埋式污水处理设施	100m³/d	座	1	有动力
	污水管	D200	m	200	UPVC管
	污水导流、渗透渠道		m	300	

续表

建设地点	项目名称	规格型号	单位	数量	备注
白族民居区	地埋式污水处理设施	150m³/d	座	1	有动力
	污水管	D200	m	300	UPVC管
	污水导流、渗透渠道		m	400	
温泉休闲区	地埋式污水处理设施	200m³/d	座	1	有动力
	污水管	D200	m	500	UPVC管
	污水导流、渗透渠道		m	700	
康体理疗区	地埋式污水处理设施	150m³/d	座	1	有动力
	污水管	D200	m	400	UPVC管
	污水导流、渗透渠道		m	600	
贵宾酒店区	地埋式污水处理设施	150m³/d	座	1	有动力
	污水管	D200	m	200	UPVC管
	污水导流、渗透渠道		m	300	
绿地会所区	地埋式污水处理设施	100m³/d	座	1	有动力
	污水管	D200	m	400	UPVC管
	污水导流、渗透渠道		m	500	
旅游区	雨水沟		m	1000	

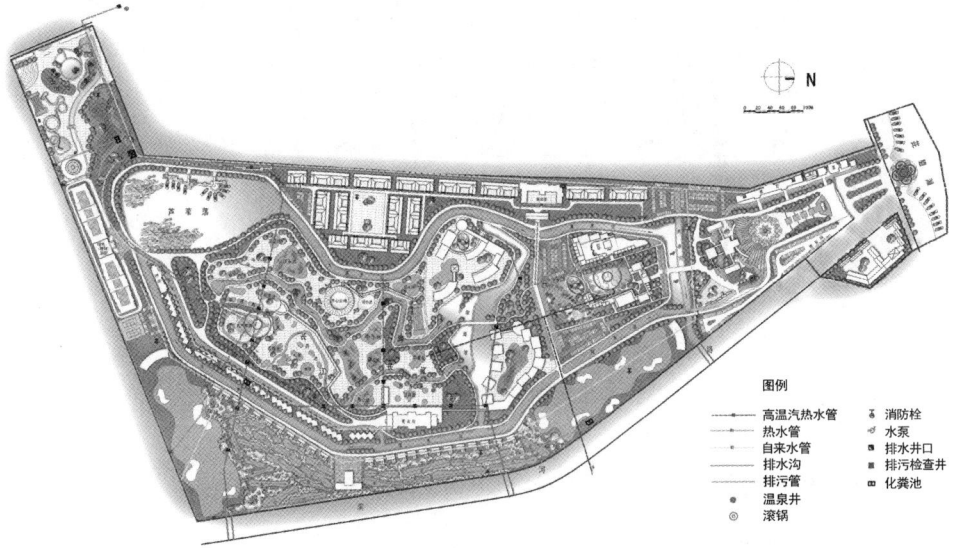

图1.8.2 给排水布局

（五）通信设施规划

1.邮政规划

规划在大理地热国旅游区游客服务中心建1个邮政所，以提供各种邮政、金融服务，满足游客不同消费方式的需求和常住人口的储蓄要求。在其他功能区分别设有邮箱，以方便旅游区内的游客、工作人员通邮通信。

2.通信规划

目前移动通信基本覆盖旅游区范围，规划在旅游区装设光缆通信设施和宽带传输设施，同时安装程控交换总机，电话门数视房间数和服务点的总数而定。在道路的适当位置设立16~20门IC卡电话。管线都埋入地下，同地面的垂直距离1.5~3.5米。

3.电视信号接收设施

有线电视系统尽量利用地方电视信号，卫星电视接收系统可纳入城镇系统，以丰富旅游区的文娱生活（图1.8.3）。

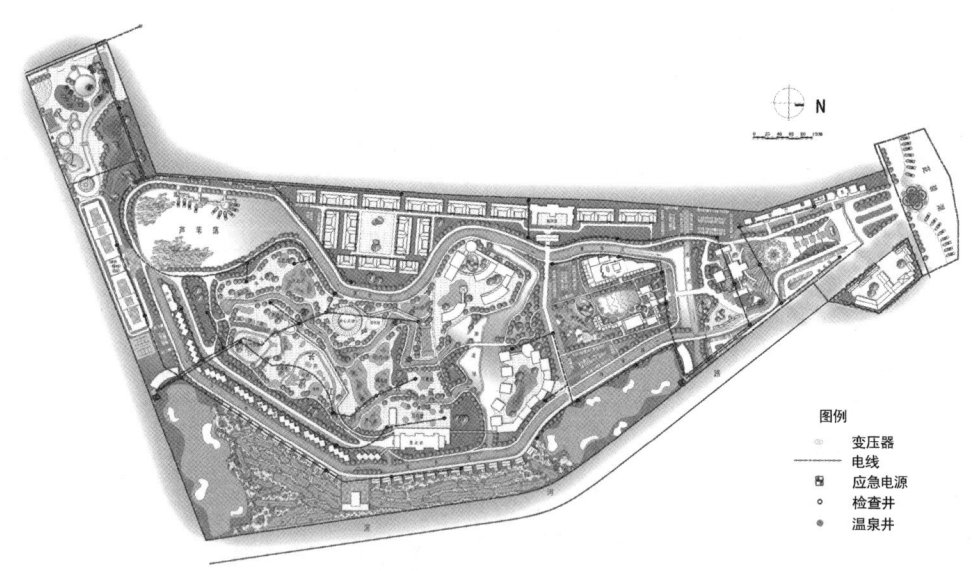

图1.8.3　电力布局

九、专项规划

（一）土地利用规划

1.土地利用现状

大理地热国旅游区尚处于一期开发阶段，整个旅游区的建设设施还相对较少，主要集中在北部的入口区、中部的温泉区、西部的民居区和东南部的贵宾区。旅游区土地利用情况可以分为风景游赏用地（5%）、游览设施用地（12%）、交通道路用地（8%）、管理机构用地（2%）、河流水域（24%）、荒地空地（51%）。由此可见，旅游区内建筑风景游赏用地、建筑设施用地和交通设施用地等满足旅游功能的土地所占比例较少，其他用地类型几乎未涉及，尤其是风景游赏用地仅占5%，因而大理地热国旅游区必须在风景游赏用地、游览设施用地、园林用地等方面进行较大规模的开发。

2. 土地利用依据

依据《风景名胜区规划规范》（GB 50298—1999）的用地分类标准，结合大理地热国旅游区的开发实际，旅游区用地类型可划分为以下几类：

（1）甲类：风景游赏用地，包括风景点建设用地、风景保护用地、风景恢复用地、野外游憩用地、其他游览观光用地。

（2）乙类：游览设施用地，包括旅游点建设用地、游娱文体用地、休养保健用地、购物商贸用地、其他游览设施用地。

（3）丙类：管理机构用地，包括居民点建设用地、管理单位用地、科技教育用地等。

（4）丁类：交通设施用地，包括对外交通通信用地、内部交通通信用地、供应工程用地、环境工程用地、其他工程用地等。

（5）己类：园地，包括经济园林和其他园地等。

（6）壬类：水域，包括江、河、水库、湿地和其他水域用地等。

（7）发展滞留用地：未利用地和其他滞留用地等。

3. 土地利用规划

大理地热国旅游区的土地利用重点在于适当扩大游览设施用地、风景游赏用地、园林用地和交通设施等用地方面的比例，提高旅游区的环境水平和景观层次，增加游览服务设施，强化旅游吸引力，以满足旅游功能的需要。土地利用规划表与用地平衡表详见表1.9.1至表1.9.3。

表1.9.1 土地利用现状指标

序号	用地类别	用地面积（公顷）	百分比（%）
1	风景游赏用地	3.15	5
2	游览设施用地	7.55	12
3	管理机构用地	1.26	2
4	交通设施用地	5.03	8

续表

序号	用地类别	用地面积（公顷）	百分比（%）
5	园林用地	0	0
6	水域	15.10	24
7	滞留用地	30.83	49
	规划区总用地	62.92	100

表 1.9.2　土地利用控制指标

序号	用地类别	用地面积（公顷）	百分比（%）
1	风景游赏用地	7.55	12
2	游览设施用地	12.58	20
3	管理机构用地	2.52	4
4	交通设施用地	6.29	10
5	园林用地	5.03	8
6	水域	15.73	25
7	滞留用地	13.21	21
	规划区总用地	62.91	100

表 1.9.3　土地利用规划表

规划用地类型	规划用地面积（公顷）
一、风景游赏用地	7.55
景点用地	1.89
游憩用地	2.64
观光用地	3.02
二、游览设施用地	12.58
游娱文体用地	4.03
休养保健用地	4.40
购物商贸用地	4.15
三、管理机构用地	2.52

续表

规划用地类型	规划用地面积（公顷）
管理单位用地	1.13
科技教育用地	1.39
四、交通设施用地	6.29
交通道路用地（生态停车场、游览道路等）	2.83
环境工程用地（环境小品等）	3.46
五、园林用地	5.03
绿化园林	2.26
经济林木	2.77
六、水域	15.73
水面	7.08
河流	5.51
湿地	3.14
七、滞留用地	13.21
合计	62.91

旅游区土地利用所涉及的项目包括：

（1）风景游赏用地：公共广场、景观园林、高尔夫练习场、迷你高尔夫球场等。

（2）游览设施用地：游客服务中心、演艺餐厅、滨水茶廊、水疗馆、戏水馆、游乐场、碧湖大酒店、观鸟长廊、滨水客房、会所等。

（3）管理机构用地：公司总部、泉华瀑布、温泉地产等。

（4）交通设施用地：汽车停车场、电瓶停车场、环境小品、步行主游路、步行次游路等。

（5）园地：拓展训练基地、景观园林、经济果林等。

（6）水域：漂浮湿地、滨水栈道等。

（7）发展滞留用地：由原来的49%减少为21%。

（二）绿地系统规划

1. 旅游区绿化现状

大理地热国旅游区地处滇西北高纬度、高海拔地区，气温相对较低，植物生长周期长，绿化存在一定的困难。旅游区在绿化方面存在的主要问题有：

（1）地势缺乏错落的层次感。旅游区原来的地势基础就是低洼的沼泽、荒地、鱼潭等，周围的地势也较为平坦，尽管进行了一定的垫高处理，但旅游区仍然显得较为空旷，缺乏空间上的参差错落与空间的层次差异。

（2）旅游区植被绿化较为单一。由于旅游区是在沼泽、荒地、鱼潭基础上用沙石回填土垫高而成，土壤比较贫瘠，植物生长困难，因而旅游区绿化植被较为单一，主要的绿化植物为生长周期较快、生命力较强、封闭性较好的旱芦苇、竹子。同时为了改变单一的植被景观，丰富植被类型，还分散种植有垂柳、茭草、塔柏、竹林等绿化植物。

（3）温泉泡池区缺乏私密性。温泉旅游地在泡浴过程中需要一定的隐秘性，尤其在泡温泉的小环境中需要一定的私密空间。但在旅游区的温泉休闲区，既缺乏一定的遮挡物，也没有植物形成的小环境，各个泡池之间几乎是一览无余。

因而，大理地热国旅游区在植物绿化方面尚需要做出更大的努力。

2. 旅游区绿化原则

大理地热国旅游区的绿化思路是：以按主题大面积植被绿化为主，辅助栽培一些春花秋果经济类林木，通过不同类型的植物分隔空间，增加植被景观的观赏价值。具体方式为：一是对现有部分地形进行改造，或通过花架实现局部立体，增加景深层次，丰富立地条件，构建植被景观的整体骨架。二是充分利用植物的水性特征，利用区内水资源优势，培植水生、浅水、近岸、坡地植物，丰富植物景观的层次类型。三是在植物选配上，要乔、灌、草搭配，古树名花点缀。四是在季节变化上，体现"春红、夏绿、秋彩、冬黄"的自然季象变换。五是在空间组织上，体现自然分隔，整体绿化，软化驳岸，形成曲度，形成一步一景和移步换景的园林景观效果。六是形成"区域分异、层次丰富、名花点缀、季相变化"的植被景观效果。

旅游区的绿化规划遵循以下原则：

（1）适地适树原则。根据旅游区的气候和水土条件，尽量采用适宜当地生长的植物与乡土树种，以保证植物的良好生长及满意的绿化效果。

（2）突出特色原则。绿化应根据区内不同的景观特征、环境要求等，采取不同的绿化手段和形式，形成不同的风景特色，避免绿化的雷同和特色不突出。

（3）点、线、面绿化相结合原则。通过点（景点）、线（道路交通线）、面（功能区及其外围）的绿化，形成一个较为完善的绿化景观系统。

（4）突出生态保护原则。通过恰当的树种选择和植物搭配，显现和突出旅游区良好的植物景观，同时对水土保持、防风固土等生态环境保护也能起到一定的作用。

3. 分区绿化

（1）温泉泡池区：应以泡池为单位进行小分散组团式绿化布局，尽量采用阔叶植物围绕泡池，以形成各个泡池小环境的相对封闭，提高泡池的私密性，营造良好的休憩氛围。

（2）贵宾客房区：由于贵宾客房建筑形式单一，可采取绿化植物进行识别，每栋客房应给予文化内涵的命名，根据每栋客房的命名主题种植符合其主题的植物，使每栋客房都有明显的植物区别，并在通道入口位置矗立一块河石加以命名。

（3）白族民居区：按照每个院落的文化特征进行植物绿化，每个院落都有一种象征性植物，在院落门口矗立一块河石加以命名。

（4）湿地景观区：按照湿地的规律特征，以水域为中心形成核心，第二环形成水草区域，第三环形成芦苇区域，并在水域中人工制造两块漂浮湿地，以丰富湿地的景观内容，增加湿地的动态景观。

4. 沿线绿化

旅游区沿线绿化主要是沿"一带、二环"的廊道绿化。

（1）入口景观带绿化：对入口景观带的绿化应采取分层次方法，内侧以低矮植物为主，外侧以中等高度植物为主，以保持入口区有足够空间氛围。

（2）环清水河廊道绿化：清水河是各个功能区的界河，应以高大植物绿化为主，沿河两岸以高大观赏乔木为主要绿化基调，保留较大的水平郁闭度；局部结合灌、花、草搭配种植，形成与周围植被景观较为协调的风景林带。

（3）环长江黄河廊道绿化：长江黄河两岸是游览步道，游览步道的绿化应结合旅游主题，考虑植物的季相变化。乔木和花灌木的结合，形成步移景异、虚实结合的绿色游览空间，并保持游道的通风采光，在最佳观景处开辟透景线。

5. 绿化树种选择

绿化规划根据植物的适应性、观赏性和抗病能力，并根据绿化的不同特征和植物类别,选择以下植物为旅游区的常用绿化树种。见表1.9.4和图1.9.1。

表1.9.4 旅游区常用绿化树种

类别		树种名
水生植物		荷、睡莲、海菜花
浅水植物		鸟尾、芦苇、池杉、水松、水杉、金钱杉
近岸植物		柳、云月雪、迎春、素馨
坡地植物	乔木	鸡爪槭、枫香树、银杏、榕树、滇杉、清香木、滇润楠、樟
	经济观赏林木	茶、梅、樱、紫薇、石榴、桃、山楂
花卉		牡丹、海棠、白玉兰、杜鹃、山茶、茉莉、兰花、苏铁、风车草

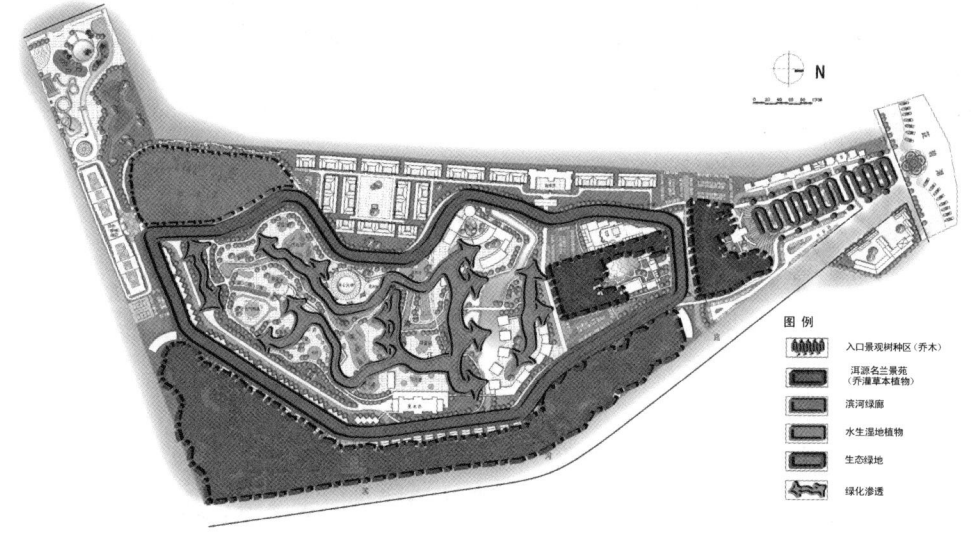

图1.9.1 绿化系统规划

6.绿化措施

(1)本土树种和外来树种结合,如鸡爪槭、枫香树、银杏、榕树、滇杉、清香木、滇润楠、樟等,以维护现有生态景观。选择观赏类为主的树种,以改变现有植被景观单调的现状,使旅游区植被具有色相和季相的变化。

(2)选择适合当地气候条件和水土环境的适生树种,以保证成活率。树种包括乔、灌、草等,以达到高、中、低三个层次的立体绿化景观效果。

(3)各种植被大小相间,幽畅变换,开合交替,虚实结合,组合成变化多样的园林植被空间景观。

（三）安全防灾规划

大理地热国旅游区的安全防灾主要包括防火、救护和治安三个方面。

1. 防火安全规划

防火是保障旅游活动安全最基本的服务体系，旅游区必须建立良好的防火体系，以防患于未然。

（1）制定防火安全制度。根据《中华人民共和国消防法》标准，制定旅游区消防管理制度，开展消防宣传教育和训练，定期对所有管理、服务人员进行消防安全教育。定期检查，及时消除火灾隐患和不安全因素。

（2）建立防火监控系统。按照国家有关防火规范要求安装各种消防设施和配备各种消防器材，对各功能区和接待点应配置消防设施，建筑和附属设施建设按《建筑设计防火规范》严格执行，消防器材应及时维修、更新。

（3）贯彻执行"预防为主"方针。对旅游区防火工作应建立并落实岗位责任制，严格管理和控制易燃、易爆和化学危险品，以防范、杜绝火灾和危害发生。旅游区内要在主要路段、地段、门区、旅游功能区等处设立防火宣传牌。

（4）旅游区服务人员的作业、摊位摊点应严格按照消防安全操作规程进行操作。组建旅游区消防队。

2. 防护安全规划

（1）加强对旅游设施的定期检查，保证设施的安全运行；加强对服务人员的安全教育，增强为游客安全负责的责任心。

（2）做好游客的安全教育工作，设置道路指示牌、服务设施位置、禁止游览区等标示，对各种可能发生的事故进行警示提醒。

（3）建立完善的救护系统，设置救护站，当事故发生时，救援人员能及时到达现场，有专人负责并配备必备的通信设备、疏散人员的交通工具等设施和设备。

3. 治安安全规划

（1）认真执行公安、交通、旅游等有关部门安全保卫制度，做好一切治安和防范管理工作，积极消除一切对人身安全威胁的隐患。

（2）旅游区设立保卫处，有专职治安人员昼夜值班，采取有效的防范措施，防止暴力犯罪和盗窃等事件的发生。

（3）有相应的应急方案和工作制度，能有效并快速地处理突发事件。

（四）解说系统规划

1. 规划原则

（1）解说物与环境协调原则：从风景美学角度看，解说物的设置直接影响和制约整个环境景观，因此应注意解说物与环境的融合，刻画具有个性的温泉旅游区的特征，创造具有鲜明特色的旅游区形象，增强旅游区的魅力。因此，应考虑标志牌的材质、大小、颜色、形状等，同时还要考虑字体大小、间距、颜色等。

（2）醒目简洁与明确原则：由于游客对信息的筛选，会使那些不清晰或不明确的事物成为衬托对象的背景，因此在设计解说标牌时应注意解说词的简洁明了，摆放解说牌的位置应清晰醒目，且游客往往对那些特色比较鲜明的解说牌更加关注。

（3）科学规范与适用原则：大理地热国旅游区的解说系统，应严格按照温泉形成的由来进行科学解说，严禁毫无根据的杜撰和错误解说。应向游客讲述和介绍正确的温泉知识，建立起科学规范的温泉解说系统。

2. 解说系统分类

（1）交通标志系统。一方面是在旅游区依托城市道路两侧设置明晰的导示标识及英汉双解说明，并从游客需要角度加以设置；另一方面是在旅游区内部应为游客设计在最佳时间内的最佳游览路径。按照地热国的中国版图式规划设计旅游路线，在游客服务中心以及进入温泉区的主要入口处设置大型的地形导游图，图可以有平面图、鸟瞰图、简介文字等表现形式，采用手绘的卡通制作，表明功能分区。

（2）游客服务中心（站）。在游客服务中心放置各式各样的宣传手册、印刷品，其中包括地热国的宣传手册、地热国功能分区介绍手册、地热国温泉旅游项目介绍手册、温泉种类和功能介绍手册、温泉的历史文化等。同时在服务中心内进行多方位展示、多媒体播放、服务人员讲解等。还应该在每个主要的功能分区入口处设置游客服务站，全面介绍整个功能分区的旅游产品、服务设施等。

（3）接待设施系统。该系统客房、餐饮、娱乐、购物等场所的介绍，各类接待设施应根据行业标准采用统一规范的公共信息图形符号。将"请勿入内""小心路滑"等标语贴于相应位置告知旅客，附设设施的使用方法、位置等配置说明。根据国外的旅游手册还要加游览条例等内容。

3. 解说系统规划

（1）解说系统构成。该系统一般由软件部分（导游员、解说员、咨询服务等能动性的解说）与硬件部分（导游图、导游手册、牌示、录影带、幻灯片、语音解说、资料展示柜等多种手段）构成。在导游员、解说员的人性化服务基础上，旅游区应以各种书面、图形、语音等设施设备为游客提供最佳游览服务，让游客读懂旅游区。

（2）牌示式硬件解说系统

①指路牌示：向游客清晰地标示出方向、前方目标、距离等要素，有时可以包含一个或多个目标地的信息。

②景点牌示：说明各景点性质、历史、内涵等信息的标牌，体现解说系统的教育功能，以吸引游客阅读这类景点标牌。

③忠告牌示：告知游客各种安全注意事项和禁止游客各种不良行为的牌示，此种牌示多用红色，在旅游区以游览须知等形式设立安全、警告牌示。

④服务牌示：主要指服务功能建筑物的导引牌示，包括更衣室、厕所、餐厅、冷饮、公用电话等牌示。

（3）景区解说系统方式。地热国旅游区可考虑采用以下手段：第一，文字解说，在主要功能区立牌用文字对景点进行说明；第二，绘图解说，塑造地热国全景（声光景流动画面及微缩展示）加以直观说明；第三，牌示解说，在游览途中岔口处设立与周围环境材质一致的指路牌示；第四，定点解说，在主要功能区安排解说员为游客免费、义务解说；第五，水上荧幕解说，此项解说方式主要安排在夜晚，场地是在"渤海"区域，在游客休闲的同时提供解说。

4. 解说系统标识设计

应从以下几个方面来设计解说系统标识系统：

（1）标识类型：通过在该点所要表达的必要信息来定义所布置的标识类型，每个标识应该具有独一无二的特点。

（2）标牌形状：标牌形状尤其是交通标牌形状要符合国家标准或国际标准；在无标准规范的情形下，应注意符合易辨识、不雷同的原则，与周围环境协调。

（3）标识文字：标识所采用的文字应为中英文对照，文字的大小、颜色、字体、高度等都应根据游客的视觉、标牌的大小进行设计。

（4）图例：对于有方向性的图标应用箭头准确表达方位，设计可大胆创新。其他的图示可用地热国的温泉资源和文化表达，图例可作为标识底版或作为插图进入，大小适中，色彩鲜明。

（5）语言：标识要表达的语言应采用新鲜积极的语气，意思的表达不应太刻板，要生动活泼，表达要人性化。

5. 导游服务系统

旅游区配设导游人数 10~20 人，导游服务宜采用路线、景点两种导游形式。导游人员应持导游证上岗，导游语种设汉语、英语、日语、韩语、泰语等。

（五）市场营销规划

1. 产品组合策略

根据大理地热国旅游区所提供旅游产品的主要内容和特征，组成完备的营销组合。依托地热国的温泉旅游资源，配套组合旅游设施、旅游环境、游客观赏和参与活动、景区（点）的管理和各类服务等。大理地热国旅游区的产品有以下三个组合：

（1）核心产品（S）+附加值产品（X）：主要包括 SH（Spa+Health）——温泉+健康、SS（Spa+Sport）——温泉+运动、SM（Spa+Meeting）——温泉+会议、SR（Spa+Resort）——温泉+度假等产品组合形态。

（2）旅游产品+旅游活动：结合温泉文化特色举办常规性或应时性的参与游乐项目，如温泉美食节、温泉灯会、温泉泼水节等活动。这些活动不仅是旅游区产品的一部分，同时也是促销活动的内容。

（3）景区管理+客户服务：旅游区管理和服务包含三个层面，一是对员工的管理，二是对景区的管理，三是对游客的管理与服务。建议大理地热国导入现代管理服务体系和理念，将服务渗透在服务前、服务中和服务后各个环节。

2. 价格差异策略

大理地热国旅游区在价格策略上应发挥价格杠杆的良性调节作用，采用灵活的定价方式与策略。

（1）根据不同时段实行差价。如对于散客，采取淡、旺季浮动价，淡季客房优惠；连续住宿越多，价格越优惠；连夜旅游区门票周末价高于平时价等。

（2）根据不同空间实行差价。如针对旅游区中的温泉区、游乐区、餐饮区、高尔夫区等不同区域，采用不同的定价。

（3）小包价团定价。指游客只预订房间、接送、餐饮、门票四项基本服务，其他作自主性选择，如选择或温泉、或游乐场、或高尔夫等，根据不同的选择采取不同的定价。

（4）异地成团定价。指游客可以根据组团社提供的路线和浏览项目，按指定的地点和日期汇集成团队进行旅游，汇集前费用则由游客自理，到达目的地后统一费用。

3. 促销方式策略

要吸引旅游者，还必须对已确定的旅游项目进行形象而具体的宣传促销，将旅游信息传达给尽可能多的潜在旅游者。

（1）塑造和确立鲜明的旅游目的地形象。让"高原水乡，温泉天堂"的形象在人们心目中占据有利的地位。

（2）要提供内容详尽的旅游宣传印刷品。包括旅游线路说明书、目录集、导游指南、价格表、单页宣传品、宣传手册，以及其他用途的信封、挂历、明信片等。

（3）充分利用大众传播媒介进行宣传。如报纸、电视、电台、杂志、网络等，参加各种博览会、展销会、推介会等，制作大型宣传广告牌等。

（4）专业人员营销和公关营销。针对特殊顾客群，由专业人员进行登门式、拜访式、会员式营销。

（5）举办大型节事活动进行营销。如开展文学笔会、温泉泼水节、茈碧湖灯会灯展等庆典活动进行营销。

4. 营销渠道策略

旅游销售渠道较为繁杂，总的原则应是既有重点又要广开渠道。

（1）相关销售地热国旅游产品的旅行社应成为游客有求必应的咨询窗口，热情提供各种旅游信息，推荐灵活多样的服务项目，及时追踪散客市场动态，做好信息反馈，提供高质量、多样化、个性化的服务。

（2）应逐步建立和健全游客预订系统，尤其是在交通、客房和浏览项目等方面逐步建立为游客服务的电脑预订网络。通过电脑联网，随时了解各交通部门、饭店的预订情况，接受游客咨询和预订，并可储存旅游资源方面的信息，根据游客的不同需要，代为规划旅游线路。

（3）应在交通枢纽，如停车场、景区等主要道路口设立醒目的中外文路标、导游交通图、指示牌等，清晰地标示各游览点的地点、方位和距离，为初到的游客"指点迷津"。

（4）应鼓励旅游企业人员走出企业大门，到客源地市区繁华地段亮牌设点，设立"旅游问讯中心"（Tourism Information Center），提供咨询帮助以及代购车票、机票，代订客房等服务。

5.目标市场选择

（1）由近及远选择原则：以地域为界选择目标市场，遵循由近到远、逐步扩大的原则展开市场营销。先开拓大理、丽江旅游市场，再延伸到楚雄、昆明、玉溪等旅游市场，之后面向大西南省会旅游市场等。

（2）选择重点城市原则：由于温泉型旅游目的地的消费市场更集中在中心城市，因此在云南省范围内应有的放矢地选择昆明、大理、丽江、玉溪、楚雄等城市作为营售重点。

（3）组建旅游营销联合体原则：可与知名景区、企业、公司组成旅游营销联合体，各成员在平等互利的基础上，以"服务旅游企业、塑造旅游品牌、服务旅游者"为宗旨，共塑旅游品牌，最大限度地增加企业效益。

6.营销行动计划

（1）政府板块

①搞好政府公关，力争在政府部门开展的宣传促销活动中考虑到地热国；
②借助政府的力量，通过政府把地热国纳入省州县的旅游促销计划之中；
③积极参与政府的促销活动，共同打造地区旅游品牌，提高旅游区的知名度和美誉度。

（2）企业板块

①整合媒体和策划力量，共同打造大理地热国旅游形象，把潜在客源转化为现实客源；
②组建市场营销部，充分协调各种促销力量，把旅游区的信息传递给消费者；
③以专题方式将地热国信息传递给公众，获得公众的认同，达到促销的目的；
④选择各州市具有较强组团或地接能力的旅行社进行联合推广；
⑤邀请举行或策划大型节事活动；
⑥为旅行社提供旅游区资讯。

（3）旅行社板块

①通过旅行社加大宣传力度，进一步拓展客源渠道，与旅行社联合炒作旅游区；
②买断某家强势媒体旅游版面，通过持续性的宣传促销提高知名度和美誉度；
③旅游区不断更新自己的信息并及时传递给各个旅行社；

④与其他旅游区进行联合推动介绍和促销。

（4）媒体板块

①广告促销：广告促销的首要任务是选择媒体，大理地热国应该采取专题报道和专题片的形式，在云南电视台、大理电视台、四川电视台、重庆电视台、中央电视台等主流媒体上进行重点宣传。

②网络营销：利用电子商务手段，进行联网促销，具体包括建立地热国网页、介绍地热国情况，力争进入各主要网络搜索引擎和热门站点友情链接，建立网上游客投诉和游客意见等信息反馈系统，建立旅游市场基础资料统计系统等。

③拍摄以地热国为主题或将地热国作为拍摄基地的电视剧。

十、环境保护规划

（一）环境保护原则

大理地热国旅游区的保护对象主要包括：（1）清水河、长江、黄河、芦苇湿地等水域系统；（2）大小滚锅、温泉池、温泉出露点等温泉资源；（3）旅游区绿化生态系统；（4）旅游区民居建筑；（5）旅游区特有珍稀濒危动物和植物。

旅游区的保护必须遵循下述原则：

（1）整体性保护原则。将整个旅游区范围内的自然资源和人文资源作为一个整体加以保护，并按资源价值的高低及分布组合特点来划定相应等级，采取相应的保护措施。

（2）多样性保护原则。针对旅游区内的河流水域、温泉资源、动植物资源和民族文化等特点，根据资源的不同性质、种类和不同保护要求，采取不同的保护措施和手段。

（3）展示性保护原则。采取保护与发展相结合的模式，在保护的前提下发展旅游、科普和影视，使旅游区内的资源价值能造福于广大民众，发挥更大的经济与社会效益。

（二）环境保护目标

1. 总体目标

通过规划期的不懈努力，使旅游区内动植物资源、民族文化、传统工艺等多样性资源得到有效保护。保持生态环境的优美，保证温泉资源的可持续利用和生态环境的可持续发展，实现社会效益、环境效益和经济效益的统一，最终建设成为生态保护与旅游开发有机结合的精品旅游区。

2. 近期目标（2007~2009年）

加强旅游区内动植物资源和生态环境的保护，确保生态环境良好，初步建设成为省级生态旅游示范区。具体指标：旅游区大气质量达到《环境空气质量标准》（GB 3095—1996）的一级标准；河流水质达到Ⅰ类水质标准，旅游区污水处理率达到100%；旅游区生活垃圾处理率达到98%。

3. 中远期目标（2010~2015年）

旅游区的生态环境保护得到进一步加强。通过植被改造与林果栽植来进一步加强区内的绿化、美化，生物多样性得到进一步有效保护，达到生态和谐、环境优美、建设成为生态文化旅游示范区的目的。具体指标：在近期目标的基础上环境质量得到进一步改善，旅游区污水全部实现达标排放，生活垃圾处理率达到100%。

（三）环境保护规划

1. 旅游区分级保护

根据旅游景点、旅游景区的分布现状，规划在旅游区范围内按三级保护区划分。（见表1.10.1）

表1.10.1 旅游区分级保护

保护区 内容	面积	主要区域	主要要求
一级保护区	8处 8千米 30亩	温泉出露点及周围5米 清水河两岸5米 芦苇湿地及周围5米	严格保护温泉出露点周围的植被和景观 严格保护河流水体及两岸植被和景观 严格保护芦苇湿地的生态景观及动物
二级保护区	3.5千米 85亩	长江、黄河两岸1米 渤海湾及周围外扩10米	保护两岸植被、景观和环境 保护水体及周围的景观、环境
三级保护区	功能区	园林景观区 温泉休闲区 绿地会所区	建设性地进行景观和环境改造 栽种植物进行绿化和美化环境 建设环境小品和休闲设施

（1）一级保护区：包括温泉出露点、清水河、芦苇湿地，以保护资源和景观的长久性和原真性为目的。一级保护区内要严格保护温泉出露点及周围环境、河流水体及两岸植被、芦苇湿地及周围的生态环境均受严格保护。建设活动限于游览设施，如绿化、标志、环卫设施等，不能设置与游览无关的项目。

（2）二级保护区：包括长江黄河及沿岸、渤海湾及周围环境，以保护水体及周围环境的可持续利用为目的。二级保护区内不得任意破坏山石、林木、水体，区内不得建设与娱乐、游览、销售以及旅游服务设施无关的各类建筑和其他有污染的项目，允许项目的建筑体量、风格等应按规划严格控制。

（3）三级保护区：包括园林景观区、温泉休闲、绿地会所区，以保护区域内的生态环境和景观的协调性、完整性为目的。上述区域是旅游区的主要活动区和印象形成区，禁止有严重大气污染及严重破坏环境景观的建设项目，防止区域的建设和发展对整个旅游区的生态环境产生负面影响。

2. 旅游资源分类保护

（1）地热温泉资源保护：①禁止在温泉出露点旁建大型设施，保持温泉出露点周围的生态环境。②禁止在温泉休闲区及其周围修建与环境和氛围不相协调的建筑。③加强对游客的环境教育，避免其对温泉资源的破坏，确保地热温泉资源的可持续利用。

（2）河流湖泊湿地：①严禁游客和员工向旅游区内的河流、湖泊、湿地等水体乱扔垃圾及其他任何物品，所有废弃物应带到指定地点进行处理。②旅游区内的接待服务设施基地须设置污水处理站，对污水和粪便进行严格处理，达标后再排放。③修建生态环保型的防渗漏公厕，严禁自由排放污水，以免污染水源。④严禁在靠近湖泊、河流、湿地等水体资源的地方修建具有严重污染性的旅游设施和配套设施。

（3）绿化植被环境保护：①杜绝旅游区内水土流失现象的发生，尤其要加强对园林景观区、绿地会所区的植被绿化和环境保护。②尽快调整旅游区绿化植物单一的局面，选择多样性的植物进行绿化。③按照不同的区域和不同的主题进行小环境的景观园林建设和绿化、美化。④对于旅游区中的珍稀特有植物，应对其进行登记、记录、挂牌，并对其进行特别保护。

（4）野生动物保护：①严格执行《野生动植物保护条例》，严禁对旅游区的鸟类、鱼类乱捕滥猎。②定期开展动物检疫，加强防病、治病措施，防止疾病在动物中流行。③利用宣传牌等多种方式，向游人宣传保护野生动物的知识和意义，以及有关的法律法规。

（5）民族传统文化保护：①保护旅游区内民居建筑形式、民族传统文化、民族风俗习惯，真实地反映和再现当地民族传统文化。②挖掘和整理民族传统文化，加强管理人员和员工对民族历史文化的认识和理解。③在旅游设施建设和活动项目设置中，鼓励服务人员着民族服装，开展富有特殊意义的民族节日和庆典活动等。

(四)环境卫生系统

旅游区的环境卫生系统包括垃圾处理与旅游厕所的建设。

1. 垃圾处理

(1)购置1辆全封闭式垃圾运输车,将旅游区内的垃圾定期拉至指定的垃圾处理场进行填埋处理。

(2)沿主要游览道每200~300米设置1个垃圾箱,次游览道每300~400米设置1个垃圾箱,要求环卫人员每日清理垃圾箱,保持旅游区良好的环境卫生。垃圾箱外观要求与环境相协调。

(3)在各个功能区分别设置1个垃圾转运站,将七个功能区的垃圾集中收集后再转运至旅游区外。

2. 旅游厕所

(1)旅游公厕可采用国家标准设计的水冲式公厕和应用新科技的免冲式公厕。

(2)各个功能区至少修建1个旅游公厕,旅游公厕达到一类公厕标准,粪便、污水进行集中处理。

3. 垃圾收集与处理

固体垃圾收集系统由垃圾筒、收集站与转运站组成,在各旅游功能区和主要服务点设立垃圾收集站;在游览道路沿线设置若干垃圾箱(筒);在主入口服务区设转运站,统一运送至温泉旅游区垃圾处理站处理。安排有专门的环卫清洁工和管理人员,对进入旅游区的游客发放印有环保标志的可降解清洁袋。对垃圾进行分类处理,如分出"铁制品""纸制品""玻璃制品""塑料制品"等,使垃圾分类放置。旅游区内各游路及营地要有专人打扫,并教育游客不随地吐痰和丢弃垃圾,保持环境的清洁卫生。

4. 旅游公厕设置

在旅游区各服务点及主要功能区附近设置公厕,主要游线沿途每隔2千米设置公厕一处。旅游公厕可采用国家标准设计的水冲式公厕和应用新科技的免冲式公厕。

表 1.10.2 旅游区环境卫生规划指标

指标	2010 年	2020 年
生活垃圾无害化处理率(%)	100	100
垃圾容器化收集率(%)	100	100

续表

指标	2010 年	2020 年
粪便无害化处理率（%）	95	100
污水处理率（%）	100	100
生态厕所率（%）	95	100

十一、运营管理规划

（一）项目投资规划

1. 资金估算依据

本估算包括规划的基础设施、旅游项目、环境保护、其他项目经费等。估算的主要依据包括：

（1）建筑安装工程投资：参照云南省现行的建筑工程概（预）算定额，并结合当地已建成的类似项目的投资标准和项目的实际情况进行估算。

（2）道路建设工程投资：参照交通部1996年颁布的公路工程预算定额，并结合当地近年来建设同等级公路的造价指标确定。

（3）供电、通信、给排水等工程投资：参照国家相关行业的投资估算编制办法，并结合当地实际造价指标进行估算。

图 1.11.1　总体鸟瞰图

（4）其他费用：主要包括规划设计、宣传促销、培训教育、建设管理等。

2.投资规模估算

按照投资类别进行测算，旅游区总投资8539万元，其中基础设施投资1427万元，占17%；旅游项目投资6432万元，占75%；环境保护投资350万元，占4%；其他费用投资330万元，占4%。

按照近、中、远分期进行测算，其中近期（2007~2009年）建设投资4270万元，占总投资的50%；中期（2010~2012年）建设投资2562万元，占总投资的30%；远期（2013~2015年）建设投资1707万元，占总投资的20%（表1.11.1~1.11.5）。

表1.11.1 投资估算汇总

单位：万元

序号	工程与项目费用	投资计划			
		合计	近期	中期	远期
1	基础设施	1427	714	428	285
2	旅游项目	6432	3216	1930	1286
3	环境保护	350	175	105	70
4	其他费用	330	165	99	66
	合计	8539	4270	2562	1707

表1.11.2 基础设施投资估算一览

单位：万元

序号	项目类型	规格	规模	投资估算	分期
	道路交通			412	
1	步行主游道	1.5m	9.5km	190	I
2	步行次游道	1~1.2m	5.6km	112	I
3	入口主停车场		6000m²	20	I
4	入口辅助停车场		2000m²	40	I
5	康体酒店停车场		1000m²	10	I
6	绿地会所区停车场		1000m²	10	I
7	电瓶车停车场		1000m²	10	I
8	游客码头	1个		20	I

续表

序号	项目类型	规格	规模	投资估算	分期
	交通工具			220	
9	环保交通车	面包车	2辆	40	I
10	生活物资车	小货车	2辆	30	I
11	行政管理用车	越野\轿车	2辆	50	I
12	电瓶车	护卫车	10辆	100	I
	供电			100	
13	埋地低压线路		3km	30	I
14	埋地输电线路	10kV	1000m	20	I
15	变电所	800kVA	1座	50	I
	给水设施			220	
16	抽水泵站		1座	40	I
17	一体化净水设备	KG—L960	1套	30	I
18	二氧化氯消毒剂发生器	H908—50	1套	20	I
19	输水管	DN110	3000	60	I
20	给水管	DN100	2000	30	I
21	给水管	DN75	1500	20	I
22	给水管	DN50	800	8	I
23	给水管	DN50	1000	12	I
	排水设施			150	
24	地埋式污水处理设施		150m^3/d	40	I
25	污水管	D200	3000	40	I
26	污水导流、渗透渠道		3500	40	I
27	雨水沟		3000	30	I
	供电			250	
28	埋地低压线路		3km	163	I
29	埋地输电线路	10kV	1000m	27	I
30	变电所	800kVA	1座	60	I

续表

序号	项目类型	规格	规模	投资估算	分期
	通信电视			63	
31	电话接入端口及设备		2套	30	I
32	电话交换机	4-32	2台	5	I
33	市话电缆		3000m	20	I
34	程控电话		10座	3	I
35	IC电话		10座	2	I
36	埋地电视电缆		5km	3	I
	安全设施			12	
37	安全标识牌		30块	3	I
38	防火宣传牌		10块	4	I
39	交通指示、警示牌		20处	2	I
40	导游标识牌		30块	3	I
	合计			1427	

注：I 表示第一期建设项目。

表1.11.3　旅游项目投资估算一览

单位：万元

序号	项目	规模数量	投资	分期
	入口服务区		730	
1	公司总部	3000 m²	300	I
2	游船码头	500 m²	20	I
3	公共广场	2000 m²	100	I
4	游客服务中心	2000 m²	300	I
5	停车场	2000 m²	10	I
	园林景观区		310	
6	演艺餐厅	1000 m²	100	II

续表

序号	项目	规模数量	投资	分期
7	泉华瀑布	1000 m²	50	Ⅱ
8	滨水茶廊	1000 m²	60	Ⅱ
9	拓展训练基地	500 m²	50	Ⅱ
10	电瓶车运营中心	1000 m²	10	Ⅱ
11	文化长廊	500 m	40	Ⅰ
	白族民居区		140	
12	主题民居	5000 m²	20	Ⅰ
13	金花走廊	500 m	20	Ⅰ
14	院落民居	10000 m²	30	Ⅰ
15	民族广场	500 m²	10	Ⅰ
16	手工作坊	3000 m²	60	Ⅰ
	温泉休闲区		280	
17	水疗馆	1000 m²	100	Ⅰ
18	戏水馆	1000 m²	100	Ⅰ
19	特色泡池	34 个	50	Ⅰ
20	环境塑造	若干处	30	Ⅰ
	贵宾理疗区		272	
21	贵宾客房	2000 m²	20	Ⅰ
22	滨水套房	1000 m²	200	Ⅰ
23	中心喷泉	1 个	2	Ⅰ
24	水幕电影	1 个	50	Ⅰ
	康体酒店区		2300	
25	芦苇湿地	28000 m²	100	Ⅱ
26	动感游乐场	1 套	400	Ⅱ
27	碧湖大酒店	4500 m²	1800	Ⅱ
	绿地会所区		2400	
28	高尔夫练习场	1 块	30	Ⅲ

续表

序号	项目	规模数量	投资	分期
29	迷你高尔夫球场	1块	30	Ⅲ
30	独栋别墅	20栋	1800	Ⅲ
	合计		6432	

表1.11.4 旅游项目投资估算一览

单位：万元

序号	保护项目	规模	投资估算	分期
1	环境保护宣传牌	3块	3	Ⅰ
2	全封闭式垃圾运输车	1辆	20	Ⅰ
3	垃圾转运站	3处	30	Ⅰ
4	垃圾箱	60处	12	Ⅰ
5	水冲式厕所	4处	80	Ⅰ
6	免水冲生态厕所	3处	30	Ⅰ
7	景区景点绿化美化	10km²	120	Ⅰ
8	珍稀植物保护	50株	5	Ⅰ
9	夜景灯光	1项	50	Ⅰ
	合计		350	

表1.11.5 其他投资项目估算一览

单位：万元

项目内容	投资估算	备注
项目策划与规划	80	ⅠⅡⅢ
市场营销	100	ⅠⅡⅢ
人才培养	50	ⅠⅡⅢ
建设管理	100	ⅠⅡⅢ
合计	330	

3.投资效益分析

（1）生态效益：本规划项目的实施，直接增加生态环境保护的投入达350万元，这将进一步提高旅游区的生态环境质量，促使旅游区的植被、河流、地表等生态景观得到更有效的保护，各种生物的生存环境也将获得改善，旅游区生态系统呈现良性循环，景观价值随之提升，实现旅游区的可持续发展。

（2）经济效益：本规划通过分阶段实施后，旅游区的旅游吸引力将大大提高，该项目能够为投资方带来直接的旅游收入，提高企业的收入水平。随着旅游项目的建设，也将促进当地水、电、路等基础设施的建设和完善。旅游区中的手工艺作坊、餐厅和茶廊等的建设，将促进相关农副业的发展和农副产品的加工与销售。

（3）社会效益：该项目的进一步建设有利于完善和优化大理州乃至滇西北地区的旅游产品结构，增强区域旅游吸引力；旅游区的提升可以带来物流、人流、资金流、信息流，将大大提高洱源县的知名度和美誉度，促进县域经济的发展；旅游区还将提供多种就业机会，促进当地的和谐社会构建；同时，项目规划中民居建设无疑将对保护历史遗存、弘扬民族文化做出积极的贡献。

（二）管理体制规划

1. 旅游区事业部制

大理地热国旅游区的管理体制建议采取事业部制，整个企业划分为办公室、财务部、人事部三个职能部和温泉部、高尔夫部、餐饮部（娱乐部）、客房部（会展部）、营销部、后勤部、保安部七个事业部，其中温泉部、高尔夫部、餐饮部（娱乐部）、客房部（会展部）属于商业利润中心，而营销部、后勤部、保安部属于责任中心。

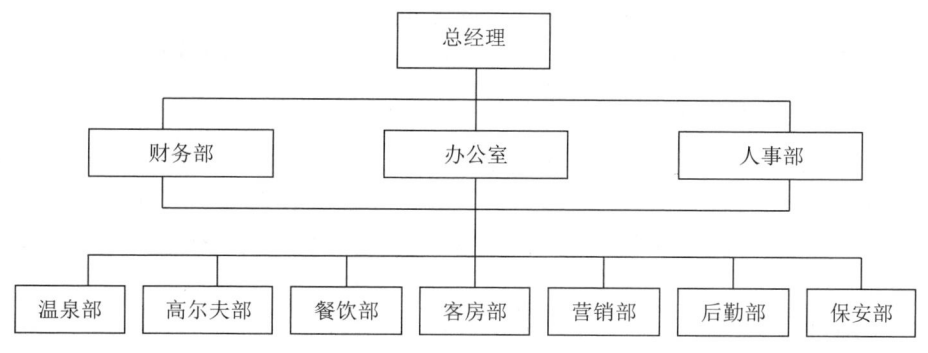

图 1.11.2　管理体制

其中娱乐和会议分别挂靠在相关的事业部内。

2. 部门劳动定员

（1）定员依据：人员配备是根据组织生产经营的需要，为每个岗位配备适当的人员，使人尽其才，才尽其用，保证劳动生产率的提高。人员配备的一般要求是：

①人员配备应建立在合理的劳动分工和协作的基础上，以便充分发挥每个人的专长和积极性，使每个职工的素质不断提高。

②要使每个人都有足够的工作量，使工作日尽可能达到负荷工作，保证能够充分地利用工作时间。

③要使每个人都有明确的责任，即在工作任务的数量、质量和期限方面，都有明确的规定，以利于建立明确的岗位责任制，消除无人负责的现象。

为求使人与事的优化组合，人员配备过程中必须遵循一定的原则。这主要有：

①因事择人的原则。选人的目的在于使其担当一定的职务，从事与该职务相适应的工作。这要求工作者具有胜任工作的知识和能力。因此，因事择人是人员配备的首要原则。

②因才择人的原则。不同的工作要求不同的人来完成，而不同的人却有不同的能力和素质。只有根据人的特点来安排工作，才能使人的潜能得到充分的发挥，工作热情得到最大限度的激发。

③人事动态平衡原则。处在动态环境中的企业组织在不断发展，工作中人的能力和知识在不断提高和丰富。同时，企业组织对成员的素质认识也在不断深化和完善。因此，人与事的配合需要进行不断的调整，使能力得到充分证实的人承担更高程度和负更多责任的工作；使能力平平的人承担一般性的工作，以求使每个人都能得到最合理的使用，实现人与工作的动态平衡。

（2）劳动定员：劳动定员就是根据组织的产品方向、生产规模以及先进合理的劳动定额，按照生产和工作的需要，确定各类人员的数量。劳动定员要随着生产的发展和管理水平的提高，进行相应的调整。

搞好定员工作，要做到"心中有数"，为合理配备各类人员、节约人力提供明确的奋斗目标；同时，为提高工作效率、促进劳动竞赛、开展技术革新运动，改善劳动组织，建立合理的责任制度，以及加强经济核算工作等提供依据。

本项目经测算后全部劳动定员为313人，具体编制定员如下：

开发公司总经理：1人，主要负责全面工作，是旅游区开发的第一责任人。

开发公司副总经理：3人，主要分管各事业部，并协调各事业部与其他事业部的关系等。

财务部：3人，主要负责旅游区的财务工作和招商引资工作，以及相关后勤保障工作、消防工作和安全工作等。

办公室：3人，主要协助管委会主任处理相关工作，拟定相关文件，做好相关信息的收集与发布等。

人力资源部：3人，负责人员招聘、干部选拔和培训工作。

温泉部：100人，负责温泉浸泡相关管理和服务工作，包括温泉娱乐、按摩、美容、水疗，以及温泉文化和浸泡技艺建设等。

高尔夫部：20人，负责高尔夫练习场和迷你高尔夫球场的管理和服务工作。

餐饮部：50人，负责整个景区的餐饮供给和研发设计，包括中餐、西餐、夜市、酒吧、购物等。

客房部：100人，负责整个景区的客房接待和管理工作，以及相关娱乐和会务工作。

营销部：6人，负责景区营销活动和营销体制建设，以及旅游产品开发、旅游活动设计和旅游项目开发等。

后勤部：12人，主要负责旅游区内旅游资源和环境保护工作，物资供给和配送，工程建设和维护等。

保安部：12人，负责景区安全和安全救助。

（三）规划实施建议

1. 加大市场营销力度

旅游市场宣传促销是旅游区能否成功发展的一个关键性因素。大理地热国旅游区需要通过大力度、持续性的宣传促销，使旅游区产生强烈的宣传冲击波。为此，第一，组建市场推广部，既承担日常性的市场销售任务，又承担建立贵宾、会员等客户网络的任务；第二，充分利用温泉节庆活动，形成名人、名会、名事促销效果；第三，精心印制各种精美宣传资料，有效利用养生手册、温泉画片、导游图、纪念册、手提袋、信封信笺等，使其成为载体走向国内外；第四，应用互联网进行宣传促销，与网络公司等企业联合，建立旅游区网站，构建电子商务网络，用于信息发布、宣传、交流和网上结算等。

2. 推进一园多业的经营

旅游业是一个产业联动效应显著的产业，旅游区的发展同样需要在温泉产品基础上的多业互补、共同发展的经营格局。第一，形成温泉与养生、美容业的结合，将温泉浸泡提升到水疗养生、美容护理、休养理疗的高度；第二，推进温泉与运动、健康、体育的资源整合，发挥综合效应；第三，推动温泉与地产、住宅、商铺的结合，最大限度地提高土地利用价值；第四，通过温泉带动酒店、餐饮、娱乐、休闲、度假的发展，形成联动机制；第五，将旅游区的绿化与花卉、环保、景观结合起来，创造绿色生态的旅游区。

3. 提高旅游服务水平

现阶段大理地热国旅游区服务质量水平较低、规范性差、服务意识弱，还不能完全适应旅游发展的要求。为此，第一，建立完善的服务体系，向游客提供多种服务、多层次的服务，才能够体现地热国多种旅游产品的特点；第二，加强各部门服务的协调，由于地热国占地面积大，旅游项目众多，必须进行合理的协调，才能形成互相促进、完美配合的服务体系；第三，优化服务流程，不断提高旅游区服务人员服务的合理性和科学性；第四，强化个性化的服务，为了体现温泉旅游产品的豪华与品位，应当不断地强化高质量的服务和个性化的服务，如管家服务、秘书服务、会所服务等。

4. 培养旅游专业人才

旅游业之间的竞争归根结底是人才的竞争，缺乏专业性旅游人才是大理地热国旅游区的一大瓶颈。因而，第一，要加强对旅游从业人员的服务技能培训，强化服务意识，切实提高服务技能水平；第二，注重从外地引进急需人才，特别要引进懂管理、善经营、有业务渠道的人才，通过引进人才带动从业人员素质的提高；第三，邀请国内外专家对旅游从业人员进行培训，增强旅游服务意识，提高经营管理和服务水平。

5. 打造温泉养生休闲度假区品牌

温泉养生休闲度假区的建设，不仅可以提高旅游区的知名度，还可以提高温泉旅游资源的利用品位，真正做到让客人游在地热国、乐在地热国、醉在地热国。为此，第一，加强温泉知识的收集和整理，建立温泉知识数据库；第二，运用多种表现手法，如多媒体、泡池、雕塑、小品等，来展现温泉的形态、种类、色彩、温度、功能等，让游客有一个直观的体验；第三，修建温泉主题建筑和温泉造景，如温泉餐厅、温泉酒吧、温泉瀑布等；第四，多渠道利用温泉，除了温泉泡池外，还可以开展一些与温泉有关的活动，如水上篮球、水上排球等；第五，举办温泉主题论坛或者温泉旅游节，逐步扩大地热国温泉的影响力。

第二部分：大理西湖高原水乡研究报告

一、规划总则

（一）规划范围

大理西湖高原水乡旅游区位于滇西北大理白族自治州洱源县，地处洱源县东南部的右所镇。位于右所镇镇政府西侧的西湖旅游区，其范围东至李家营，南至厂房村，西至佛钟山脚，北至艾自修墓，总占地面积为5277.2公顷，其中水域面积3147.7公顷，湿地面积412.04公顷，村庄面积425.52公顷，基本农田面积1291.94公顷。旅游区南北直线距离为4800米，东西直线距离约3000米。

（二）规划依据

《国际湿地公约》，1971年2月2日订于拉姆萨尔，经1982年3月12日议定书修正；

《中华人民共和国环境保护法》，全国人大第七届常务委员会第十一次会议通过，1982年；

《中华人民共和国自然保护区条例》，国务院，1994年；

《风景名胜区建设管理条例》，国家建设部，1993年；

《云南省旅游条例》，云南省第十届人大常务委员会第十六次会议通过，2005年；

《云南省环境保护条例》，云南省第七届人民代表大会常务委员会第二十七次会议通过，1992年；

《云南省风景名胜区管理条例》，云南省第八届人民代表大会常务委员会第二十一次会议通过，1996年；

《旅游规划通则》，国家质量技术监督检疫局，2003年；

《旅游区（点）质量等级的划分与评定》，国家质量技术监督检疫局，2003 年；

《云南省旅游发展总体规划》，世界旅游组织、云南省人民政府，2001 年；

《云南省旅游发展"十一五"规划》，云南省旅游局，2006 年；

《大理白族自治州旅游发展规划》，大理州旅游局，2005 年；

《洱源县旅游发展规划》，洱源县旅游局，2007 年；

《洱源县右所镇总体规划》，右所镇人民政府、云南省设计院，2007 年；

《洱源县西湖保护治理规划》，大理州环境保护局，2005 年。

（三）规划年限

规划建设周期为 2008~2020 年，共分为近、中、远三期：

近期，2008~2010 年；

中期，2011~2015 年；

远期，2016~2020 年。

（四）技术路线

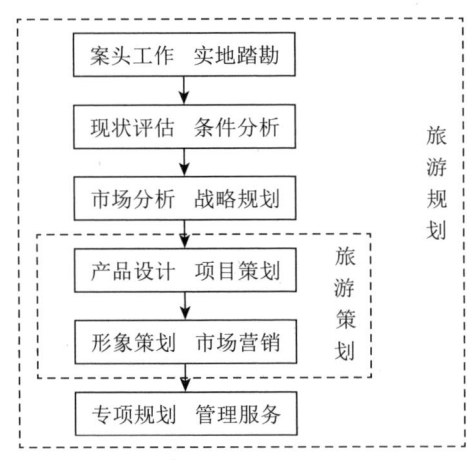

图 2.1.1　技术路线

二、地域环境分析

（一）地理区位

大理洱源西湖高原水乡旅游区所在地右所镇，位于云南省大理州洱源县东南部，地处东经 100°03′，北纬 26°01′。右所镇东有马鞍山与鹤庆县黄坪镇相靠，南有德源山、云弄峰与邓川镇、江尾镇、喜洲镇接壤，西接凤羽镇，北依蒲陀山与茈碧湖镇相接。右所镇国土面积 203.43 平方千米，其中山区面积占 70%，坝区面积占 30%。

西湖高原水乡旅游区位于右所镇西湖村，北距县城茈碧湖镇 18 千米，南距州府大理市下关 60 千米，距离丽江 120 千米，距离香格里拉 250 千米，距昆明 350 千米。西湖高原水乡旅游区为云南省洱源县茈碧湖省级风景名胜区的组成部分，也是大理州州级自然保护区，是大理州水域风光型旅游区的标志性景区，是洱源县三大支撑性旅游区（大理地热国、西湖水乡、凤羽古镇）之一。

（二）自然环境

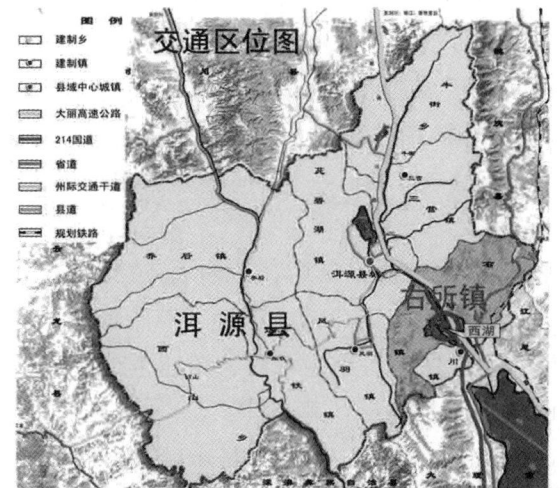

图 2.2.1　区位分析

1. 地质地貌

西湖高原水乡旅游区所在的右所坝子东、西、北三面群山环抱，总体地势北高南低，东、西高，中部低，东部和西部以山地为主，中部低洼部分为高原平坝，南接江尾坝子临洱海，坝区平均海拔1971米。右所坝子土地肥沃，河流湖泊纵横交错，弥苴河、罗时江、永安江穿越境内，西湖、东湖、绿玉池等湖泊点缀其间，是著名的鱼米之乡。

2. 水文环境

西湖为高原断陷湖泊，西接鲤鱼山麓和洪积社，东毗平畴，南部是浅湖出口区。西湖属于短线而成的淡水湖，湖面海拔1967米，湖平均水深1.8米，最深达12米；西湖南北长3千米多，东西宽最大2.5千米，最小0.25千米，湖面3.3平方千米，湖岸线长13千米。是洱海的重要水源区，洪水期库容量可达1000万立方米，正常时期为593立方米。

3. 气候特征

西湖高原水乡旅游区所在区域属于北亚热带高原山地季风气候。常年主导风向为西南风，年平均气温15.6℃，最低月平均气温9.2℃（1月份），最高月平均气温20.7℃，年降水量750~900毫米，全区无霜期240天。

4. 生态系统

洱源西湖拥有丰富的动植物资源，其中植物种类有3000多种，动物种类200种。西湖湿地典型而独特，有大片沼泽湿地，芦苇群落繁茂，于2001年确定为州级自然保护区，主要保护对象为水质、湿地生态系统（鱼类产卵、水鸟栖息及繁衍地）。西湖也是当地居民赖以生产、生活的宝贵资源，它既是洱海的水源地，集蓄、引、提、排为一体；又是水产品盛产地，如各类鱼、虾、菱角、海菜等。

（三）历史文化

1. 西湖的起源

西湖为断陷而形成的平坝淡水湖。在唐代中叶，西湖由于水路不畅通，致使涝灾接踵而来，西湖人过着"七荒八月水大淹，洪水漫上灶台间"的水乡生活，罗时兄弟带领人们开辟了罗时江直通洱海，形成了洱海的源头。元朝时期，现今的江尾、兆邑、大理沙村一带的少数渔民到西湖捕鱼拉虾，逐渐定居下来，生息繁衍，形成了现在的西湖村落。

2. 柏节圣妃与本主庙

唐王朝南诏时期，忠贞不渝的邓赕诏王妃柏节夫人，誓死反抗蒙舍诏王的逼婚，在被围困 3 个月之久弹尽粮绝之后，于农历七月初一这天跳入西湖随夫而去。顿时西湖湖水清澈透亮，碧澄似镜，形成了湖中的奇特景象，后人为纪念柏节夫人的忠贞节操，将柏节夫人敬为自己的本主，并在西湖修庙祭祀。农历七月初一，大家为纪念柏节夫人，把部分水生动物放生西湖，七月十五傍晚载歌载舞，将几千盏精致的灯笼漂于湖面。

3. 仙泉潭的传说

相传很早以前西湖属于通天河的一部分，唐僧师徒取经路过此地，上山之前，唐僧要悟空准备几壶上山饮用的水，悟空备好水后，师徒便开始登山，行不多远，唐僧口渴喝了一口水，顿觉浑身是劲，便问了悟空水的来处，并大声称赞"仙泉、仙泉!"从那以后人们就把悟空取水的地方称为"仙泉潭"。凡经过此地的渔童都要喝上几口仙泉潭的水，以求长生不老，平平安安。

4. 西湖村落和民族

西湖高原水乡旅游区内分布有六村（张家登、清水塘、东登、中登、南登、海塘）七岛（张家登岛、清水塘岛、东登岛、中登岛、南登岛、海塘半岛、清水沟半岛），构成湖中有村、村内有湖的天然村湖画景。在旅游区内居住有 920 户 4100 人（其中南登 170 户 800 多人，中登 140 户 600 多人，清水塘 45 户 160 多人，张家登 350 户 1700 多人，东登 120 户 500 多人，海塘村 50 户 200 多人），全部为白族。湖中一岛一村落，白族民居以岛为界，临水而建，白墙灰瓦，错落有致，环抱在绿水青山之间，掩映在林木葱茏之中；岛内居民以水为道，以舟为车，亦渔亦农，在芦花飞舞、百鸟翱翔、烟雨朦胧的湖面上日出而作、日落而息，一派水乡迷人风光。

（四）社会环境

在洱源县范围内，右所镇属于经济实力较强的乡镇。2007 年国内生产总值达到 4.2 亿元，年均增长率为 12.24%；人均国内生产总值达到 7799 元，年均增长率为 11.2%；人均收入达到 7948 元，年均增长率为 10.8%。在洱源县经济实力仅次于茈碧湖镇、邓川镇，居第三强。

在产业结构方面，2007 年三次产业结构比例为 74：2：24，与 1997 年三次产业结构比例 79：2：19 相比，以种植业和牧业为代表的第一产业比例有所下降，第三产业（服务业）的比例有所上升。近几年，随着人民生活水平的提高和旅游业的发展，右所镇的第三产业发展已初露端倪。

图 2.2.2 现状分析

（五）生态环境

1. 大气环境

根据大理州及洱源县环境监测站多年来对洱源县城大气质量监测结果表明，县城区域二氧化硫年均值在 0.005~0.021mg/m^3，达到《环境空气质量标准》二级标准要求；氮氧化物年均值在 0.005~0.009 mg/m^3，达到《环境空气质量标准》二级标准要求；总悬浮微粒现状年均值在 0.096~0.110mg/m^3，达到《环境空气质量标准》一级标准要求。根据监测数据，西湖高原水乡旅游区所处区域大气污染物综合评价为清洁级，大气环境质量较好。

2. 地表水环境

根据地表水环境现状，评价采用大理州环境监测站常规监测资料为评价的基础数据，评价结果为西湖水质各项目值达到（GB 3838—2002）《地表水环境质量标准》中的Ⅲ类标准。

3. 绿化环保

右所镇乃至洱源县是大理洱海上游水源保护地。弥苴河河堤在人工约束和泥沙淤垫的共同作用下，河床逐年抬高；河岸两边有 10 米不等宽的绿化带保护，河岸上有上百年的护堤乔、灌木，吸引了许多鸟类在此栖息。

由于农田化肥、含磷洗涤剂等排入永安江、罗时江、东大沟等河道，使西湖水质有一定程度污染。加之居民生活污水、渔业污水，加重了西湖湿地的过滤负担。

由于村民多年的柴薪采伐，旅游区周边山上植被覆盖率不足30%，还有部分山体由于开山采石造成景观破坏。

旅游区环卫设施不足，缺少垃圾收集处理与中转站，公共厕所简陋，对达到环境卫生质量标准有一定影响。

（六）基础设施

1. 交通状况

西湖高原水乡旅游区位于右所镇西湖村，东距214国道2千米，距大丽公路5千米。对外交通方面，旅游区距离大理60千米，距离县城18千米，可由南部、北部、东部三个方向进入旅游区。

旅游区内部已经形成水上乘船游览线，拥有1个游船码头，游览线长13千米，游览时间3小时。

2. 电力通信

右所镇境内有下山口水电站，以35kV变电站及至各村委会10kV开闭所得高压架空电网供电，电力供应充足。

右所镇已开通程控电话，装机2000多部，全镇村村开通程控电话；移动通信已覆盖全镇。

3. 给排水现状

右所镇水源取自丰富的地下水，并敷设给水管网系统。右所坝区农业灌溉均引自弥苴河，并有提升泵站引水用于农业灌溉。

右所镇共有3条历史悠久的人工排洪河流，分别是弥苴河、罗时江和永安江。

4. 防灾设施现状

右所镇属重点抗震区，建筑抗地震基本烈度大于8度。流经镇区的主要河流为弥苴河、罗时江和永安江，均为自然河堤并已加固。

三、旅游资源评价

（一）旅游资源类型构成

根据旅游资源的分类分级系统，对西湖高原水乡旅游区具有代表性的旅游资源进行实地调查，在旅游资源类型的8大主类31亚类和155个基本类型中，西湖高原水乡旅游区有8大主类（占100%），15个亚类（占61.29%），

26个基本类型（占16.77%）。详见表2.3.1、表2.3.2。

表2.3.1 旅游资源类型体系

主类	亚类			基本类型		
	总亚类数	旅游区亚类数	占总亚类数（%）	总基本类型数	旅游区基本类型数	占总基本类型数（%）
地文景观	5	2	40	37	2	5.4
水域风光	6	4	66.67	15	4	26.67
生物景观	4	3	75	11	5	45.45
天象景观	2	1	50	8	1	12.5
遗址遗迹	2	1	50	12	1	8.33
建筑设施	7	4	57.14	49	7	14.29
旅游商品	1	1	100	7	2	28.57
人文活动	4	3	75	16	4	25
合计	31	19	61.29	155	26	16.77

表2.3.2 旅游资源分类

主类	亚类	基本类型	典型景点
地文景观	综合自然地	山岳	云弄峰、鲤鱼峰、佛钟山
	地质地貌遗迹	岛屿	湖中七岛
水域风光	河段	观光河段	弥苴河、永安江、罗时江
	湖泊	池潭	西湖、仙泉潭
	瀑布	溪滩	湿地
	泉	流泉	温水村温泉
生物景观	树林	树丛	西湖红柳、栗树、松树、灌木
		水生植物	芦苇荡
	花卉	水中花卉	荷花
	动物	野鸟	白鹭、野鸭（黄鸭）、葫芦鸟、鸬鹚
		鱼虾	鲤鱼、鲫鱼、草鱼、青鱼、鲢鱼、西湖虾

续表

主类	亚类	基本类型	典 型 景 点
天象景观	天气与气候现象	气候景观	烟雨、云雾、朝霞、落日
		物候景观	百鸟齐飞、白鹭上青天、野鸭嬉戏、葫芦鸟穿梭
遗址遗迹	社会经济文化活动遗址遗迹	遗址	邓赕诏遗址
		地标景物	旧州三塔
建筑设施	综合人文旅游地	休闲地	度假村
		宗教场所	本主庙
	居住地与社区	乡土建筑	民居、张家登、清水塘、东登、中登、南登、海塘
	交通建筑	码头	西湖码头、六村码头
		栈道	村中栈道
	水工建筑	湖堤	西湖湖堤
旅游商品	地方旅游商品	土特产品	松茸、地参、石花菜、芸豆、虫草、蝴蝶、菱角、大蒜、芫荽、条茄、海菜、湖水煮活鱼、水菜豆米汤
		手工艺品	木雕、石雕、刺绣、扎染、标本、藤编
人文活动	人文记事	传说	柏节圣妃、仙泉潭传说
	传统艺术	歌舞	吹吹腔、大本曲戏、白剧、邓川调、龙狮舞、西山舞、白鹤舞、唢呐音乐、洞经音乐、西山打歌、斗蹄壳舞、搭梯、刮客、霸王鞭舞、双飞燕舞、八角鼓舞、耍花舞、抑剑舞、灯盏舞、西山"里格歌"、邓川汉调
	民间习俗	节庆、服饰	火把节、本主节、白族打跳、阿吒力古乐、耍香龙、牛戏、赛马、秋千、罩蜜蜂、民族服饰等

从总体上看，西湖高原水乡旅游区是以高原水乡为特色，以西湖、湿地、岛屿、村庄为主体资源，以历史文化为补充的生态型旅游区。其主体旅游资源有以下几大类：

（1）高原水乡——泛舟湖面，驰意村岛。西湖水质清澈明净，六村七岛镶嵌其中，构成一幅湖内有村、村中有湖"烟渚渔村"的诗画。明代进士张相侯赋诗赞美："图画出天然，人家水镜园。绿垂沿柳岸，清风几村烟。山翠含前浦，渔歌出晚船。桃园何处是，即此是神仙。"

（2）山湖一体——倚山之势，成湖之美。苍山第一峰云缠雾绕，山下西湖安详静谧，美丽雄峻的山峰与涟漪微澜的湖水相伴相依；山峰若隐若现，湖水如仙似幻，芦苇飘荡，百鸟翱翔，环山倒影，碧水翠苇。正如徐霞客所写："翕翕然有南风景，而外有四山环翠，觉西子湖又反出其下也。"

（3）文情并茂——悠悠至久，绵绵至纯。西湖历史文化积淀深厚，既有历史遗迹和文化传说，又有名人咏叹和诗颂文赞；加之湖中有岛，岛上有村，白族民居，白族歌舞，风景中孕育着至真至纯的悠久的白族风情。因而西湖集文化与风情于一水，融历史与风俗于一湖。

（二）旅游资源空间分布

按照西湖高原水乡旅游区由内至外的放射状布局，旅游资源在空间上呈现三个景观圈层、五个景观区。

1. 三个景观圈层

根据洱源西湖高原水乡旅游区的旅游资源分布，其景观资源可分为"村、湖、田"三个景观圈层。

（1）村岛风情景观圈层：以西湖六村七岛为核心的人文景观圈层，处于旅游资源分布的内圈，其旅游资源特色为"村"。

（2）湖域水乡景观圈层：以西湖大面积的湖面风光为主体、以浅水湿地为特色的水域景观圈层，处在旅游资源分布的中层，其旅游资源特色为"水"。

（3）平畴田野景观圈层：以西湖沿岸周边田园风光和农业生态为主要内容的农业景观圈层，处在旅游资源分布的外层，其旅游资源特色为"田"。

2. 五个景观区

西湖高原水乡旅游区的旅游资源在空间上呈现五个景区的分布特征，分别为码头服务区、民俗文化区、水乡观光区、湿地展示区、温泉休闲区。

（1）码头服务区：本区位于西湖高原水乡旅游区的东部，为旅游区的"大门"，是旅游区的游客集散中心。由游客接待、游客服务、停车场等元素组成，是对游客进行管理、引导的主要区域。此外，该区还包含柏节夫人本主庙。

（2）民俗文化区：本区位于西湖高原水乡旅游区中部的岛屿上，以西湖六村七岛为核心吸引物，以民俗文化和民族风情为主要展示内容，将有形的民居建筑和无形的民风民俗结合起来，以村落、民居、歌舞、服饰等为展现形式，是西湖高原水乡旅游区人文旅游资源最为富集的区域。

（3）湿地保护区：本区位于西湖高原水乡旅游区的南部水域，以湖泊、湿地、芦苇荡等为主要旅游资源，该区域湿地生态典型，生物多样性丰富，主要展示西湖的湿地生态系统，是科考科普功能区。

（4）温泉休闲区：本区位于西湖高原水乡旅游区的西部湖岸区域，该区以丰富的温泉资源为主要依托，开展温泉与地产相结合的旅游开发，该区是温泉休闲功能区。

（5）水乡观光区：本区位于西湖高原水乡旅游区的北部水域，以大面积水域为主体，以高原湖泊风光为主要展示内容，由湖泊、水域、野生动植物等元素组成，是旅游区水域风光最为典型的区域，也是展示高原水乡自然风光的重点区域。

（三）旅游资源质量评价

1. 旅游资源分区评价

在此采用综合评价层、项目评价层的层次梯级评价方法，对西湖高原水乡旅游区的旅游资源进行3个等级层次的评价。评价标准如下：一级旅游资源区，综合评价在80分以上；二级旅游资源区，综合评价在70分以上；三级旅游资源区，综合评价在60分以上。

应用上述评价方法，对西湖高原水乡旅游区进行分析（如表2.3.3所示）。通过评价表进行评价，得出以下结论：民俗文化区、湿地展示区、水乡观光区总分分别为88分、85分、80.5分，属一级旅游区；码头服务区和温泉休闲区总分分别为74分和74.5分，属二级旅游区。

表2.3.3 旅游资源评价结果

综合评价层次	分值	项目评价层	分值	码头服务区	民俗文化区	水乡观光区	湿地展示区	温泉休闲区
景观价值	50	欣赏价值	20	15	20	15	20	16
		科学价值	5	2	4	3.5	4.5	3
		历史价值	10	8	8	4	5	4
		保健价值	5	2	3	5	3	4
		游憩价值	10	5	9	8	9	8

续表

综合评价层次	分值	项目评价层	分值	码头服务区	民俗文化区	水乡观光区	湿地展示区	温泉休闲区
环境水平	20	生态特征	10	6	8	8	10	9
		环境质量	4	4	4	4	4	4
		设施状况	3	2	2.5	2	1.5	1.5
		监护管理	3	2	2.5	2	2	2
旅游条件	20	交通通信	6	6	5	6	4	4
		食宿接待	6	5	6	5	5	3
		客源市场	5	5	4	5	5	5
		运营管理	3	3	3	3	3	3
规模范围	10	面积	2	2	2	2	2	2
		空间	4	3	4	4	4	4
		容量	4	4	3	4	4	4
分值		—	—	74	88	80.5	85	74.5

2. 旅游资源单体评价

按照《中华人民共和国国家标准：旅游资源分类、调查与评价》中所规定的分类评价体系，对旅游区的旅游资源进行赋分，然后根据所得的分值和等级指标为旅游资源单体确定等级。评价的主要依据是实地调查的结果，并进行充分论证，对独立型旅游资源单体和集合型旅游资源单体进行综合评价。

依据上述评价方法，旅游区共有旅游资源单体88个，其中五级旅游资源有5个，四级旅游资源有8个，三级旅游资源有3个，二级旅游资源有7个，一级旅游资源有4个，未获等级旅游资源61个，分别占旅游资源总数的5.68%、9.09%、3.41%、7.95%、4.55%、69.32%。

表2.3.4 主要旅游资源等级

级别	旅游资源	数量
五级旅游资源	云弄峰、西湖、佛钟山、本主庙、旧州三塔	5
四级旅游资源	湖中七岛、湿地、温水村温泉、仙泉潭、弥苴古河、永安江、罗时江、柏节圣妃	8

续表

级别	旅游资源	数量
三级旅游资源	芦苇荡、荷花池、水上体验区	3
二级旅游资源	白族民居、张家登、清水塘、东登、中登、南登、海塘	7
一级旅游资源	西湖码头、六村码头、村中栈道、西湖湖堤	4
未获等级旅游资源	松茸、地参、石花菜、芸豆、虫草、蝴蝶、药材、菱角、大蒜、青白菜、萝卜、葱、芫荽、条茄、南瓜、黄瓜、四季豆、辣子、海菜、湖水煮活鱼、水菜豆米汤、木雕、石雕、刺绣、扎染、标本、藤编、吹吹腔、大本曲戏、白剧、邓川调、龙狮舞、西山舞、白鹤舞、唢呐音乐、洞经音乐、西山打歌、斗鸡壳舞、搭梯、刮客、锅庄、霸王鞭舞、双飞燕舞、八角鼓舞、耍花舞、抑剑舞、灯盏舞、西山"里格歌"、花灯、邓川汉调、跳月、火把节、本主节、白族打跳、阿吒力古乐、耍香龙、牛戏、赛马、秋千、罩蜜峰、民族服饰	61

（四）同质旅游资源对比

在云南省范围内最有竞争力的同质旅游区有大理洱源西湖、丽江拉市海、腾冲北海、昆明五甲塘湿地。区位条件最优者为昆明五甲塘湿地、丽江拉市海；资源特色最突出者为洱源西湖、腾冲北海。洱源西湖以高原湖岛湿地民居而与其他旅游区相区别。

表 2.3.5　西湖湿地与其他湿地比较分析

指标地区	区位	面积	景观	特色
洱源西湖	位于大理市北部60千米	总面积5平方千米	3.3平方千米的高原湖泊；地处苍山第一峰云弄峰山脚；湖中分布六村七岛；白族文化	高原湖岛湿地民居
丽江拉市海	位于古城区西8公里	总面积7平方千米	4平方千米的湖泊水域；鸟类栖息的湿地草甸；玉龙雪山脚下；纳西族东巴文化	大规模候鸟迁徙地
腾冲北海	位于县城西北12千米	保护区面积17平万千米	火山堰塞湖生态系统；大片漂浮于水面的湿地；云南省唯一的国家湿地保护区；与火山相伴随	火山堰塞湖漂浮湿地
昆明五甲塘	位于昆明城区南部8千米	占地约1300亩	大面积人工恢复芦苇湿地；建有湿地科普中心；濒临滇池作为治理样板	人工恢复湖滨生态湿地

（五）景区游憩适宜评价

按照西湖高原水乡旅游区五大景观区的划分，对各个功能区的游憩适宜性进行评价，以指导各个功能区的开发建设。

表 2.3.6　景区游憩适宜性评价

景区指标	码头服务区	民俗文化区	水乡观光区	湿地展示区	温泉休闲区
环境游憩敏感度	低	中	中	高	低
设施承载力	高	中	中	低	高
拥挤可接受程度	高	中	低	低	高
吸引力	高	较高	中	高	较高
景观丰富程度	中	中	较高	高	中
对景区重要程度	高	高	中	高	中
体现景区特征	低	高	较高	高	中
结论	设施承载和游客承载都较高	吸引力极高	游憩承载力低	景观丰富，吸引力大	景观丰富，吸引力高
应用	适合对环境无特殊要求的活动	适合民俗文化活动	适合娱乐及一定强度活动	适合观光游览活动	适合休闲

四、客源市场预测

（一）客源市场现状

1. 客源市场发育规模

洱源县旅游业从 20 世纪 90 年代中期起步发展到现在，客源市场逐渐发展到一定规模。2001~2005 年的"十五"期间共接待旅游者 331 万人次，旅游收入 1.2288 亿元。2004 年全年接待海内外游客 35 万人次，旅游收入 2145 万元；2005 年共接待海内外游客 39 万人次，旅游收入 2668 万元（旅游社会总收入 2.6 亿元）；2006 年全年接待海内外游客 43 万人次，旅游收入 2990 万元（旅游社会总收入 2.9 亿元）；2007 年全年接待海内外游客 48 万人次，旅游收入 3310 万元（旅游社会总收入 3.3 亿元）（表 2.4.1）。

表 2.4.1　洱源县 2004~2007 年旅游发展指标

年份	旅游人次（万人次）	增长速度（%）	旅游收入（万元）	增长速度（%）
2004	35	—	2145	—
2005	39	11.43	2668	24.38
2006	43	10.26	2990	12.07
2007	48	11.63	3310	10.70
年均增长率	—	11.10	—	15.71

西湖高原水乡旅游区因拥有独特的风光和民族风情，同时拥有临近 214 国道的良好区位，近几年旅游业发展较快，游客规模不断扩大，旅游收入不断上升。具体情况为：2004 年全年共接待海内外旅游者 8.7 万人次，旅游总收入为 870 万元；2005 年接待海内外旅游者 9.20 万人次，旅游总收入为 1000 万元；2006 年接待海内外旅游者共计 10.80 万人次，旅游总收入共为 1400 万元；2007 年接待海内外旅游者共计 11.00 万人次，旅游总收入共为 1650 万元。以 2004 年为基准年，旅游接待人次与旅游收入连续四年的年均增长率分别为 15.8% 和 12.4%。

2. 旅游者基本行为特征

根据对西湖高原水乡旅游区市场抽样调查分析，赴西湖的旅游者具有如下基本特征：

（1）按地域结构划分：近几年西湖每年游客大致有 11 万人次，其中省内游客 20%，省外游客占 75%，海外游客占 5%。省内游客中，有 52% 来自滇中地区，有 36% 来自滇西北地区，有 12% 来自省内其他地区。海外游客中，欧美占 43%，东北亚占 36%，东南亚地区占 17%，其他地区占 4%。

（2）按出游方式划分：自驾车旅游方式占 16%，旅行社组团旅游占 72%，乘公共交通工具前往旅游占 12%。

（3）按信息来源划分：58% 的信息来源于旅行社宣传，17% 的信息来源于广告宣传，12% 的信息来源于宾馆饭店，9% 的信息来源于公司网站，4% 的信息来源于其他途径。

（4）按游客目的划分：休闲度假占 32%，避暑避寒占 24%，观光游览占 21%，民俗风情占 11%，摄影写生占 7%，商务活动占 3%，其他占 2%。

（5）游客游览时间分配：游客在西湖旅游区的游览时间基本为半日游，平均停留时间为 4 小时，其中乘船游览 2.5 小时，风味餐 1 小时，购物 0.5

小时。

（6）游客游览消费结构：每个游客在西湖高原水乡旅游区消费总额为150元，其中餐饮30元，交通50元，门票60元，保险10元。

（二）客源市场趋势

对西湖高原水乡旅游区的客源市场发展趋势进行分析，必须考虑两大类因素。

1. 第一类为市场发展的促进性因素

（1）洱源县拥有相当数量的客源规模。近几年每年旅游者人次在40万人次左右，年均增长率在10%以上，这一客源规模是西湖旅游区的主要客源市场依托。

（2）旅游交通可进入性将大大改善。洱源县城与大理机场、下关火车站相距不超过80千米，随着大丽高速公路和大丽铁路的开工修建，洱源将拥有航空、公路、铁路立体交通方式，旅游可进入性将全面提高。

（3）大香格里拉旅游合作的机遇。西湖高原水乡旅游区位于大理、丽江、迪庆滇西北旅游热点区域的交通节点上，地处"三江并流"世界自然遗产的门户位置，能共享滇西北旅游区的客源。

2. 第二类是客源市场发展的抑制性因素

（1）知名旅游目的地的屏蔽效应。洱源西湖高原水乡旅游区地处云南省最著名的滇西北旅游区，该区域拥有一系列知名度和市场影响力都极高的旅游景区，西湖处在巨大的屏蔽效应之中。

（2）西湖湿地旅游资源的局限性。西湖地处洱海水源之地，以水体和湿地资源为主体的旅游区环境极为敏感，以高原湿地和水体为重点的保护区，对旅游开发和游客规模均有一定的限制。

（3）强有力的竞争对手的分流效应。湿地生态旅游成为新的时尚，云南省已建立或正在建立的湿地旅游区有丽江拉市海、腾冲北海、昆明滇池等，因此洱源西湖高原水乡旅游区面临强有力的竞争对手。

（三）客源市场定位

1. 客源市场区域定位

（1）海外客源市场：西湖高原水乡旅游区地处滇西北旅游区，根据滇西北的客源市场结构和洱源西湖高原水乡旅游区的旅游产品形态，其海外客源市场作如下定位：

① 核心客源市场：东北亚（日本、韩国）、东南亚（新加坡、马来西亚、泰国）、中国港澳台。

② 重点客源市场：北美（美国、加拿大）、西欧（英国、法国、德国、意大利、西班牙）。

③ 机会客源市场：北欧（挪威、芬兰、冰岛）、大洋洲（澳大利亚、新西兰）、东欧（保加利亚、波兰等）。

（2）国内客源市场：2007年，大理州的国内游客排前19名的省市区为四川、云南、重庆、贵州、广西、广东、浙江、上海、北京、湖南、湖北、天津、山东、河北、辽宁、河南、江苏、福建、黑龙江。总体来看，大理州的游客几乎全国各地均有，但在区域分布上，依次为西南地区（四川、云南、重庆、贵州、广西）、华东地区（上海、江苏、浙江、山东）、华北地区（北京、天津、河北）、华中地区（湖南、湖北、河南）、华南地区（广东、福建）、东北地区（辽宁、黑龙江）。因而对大理州来说，西南地区、华东地区是最大的客源市场，华北地区、华中地区是次要客源市场，华南地区、东北地区是边缘客源市场。

根据上述因素，对西湖高原水乡旅游区国内客源市场进行如下定位：

① 核心客源市场（占50%）：西南地区、华东地区。

② 重点客源市场（占40%）：华北地区、华中地区。

③ 机会客源市场（占10%）：华南地区、东北地区。

2.客源市场层次定位

西湖高原水乡旅游区的客源市场层次可从以下几方面进行定位：

（1）旅游客源市场类型定位：观光游览客源、休闲度假客源、湿地生态客源、民族风情客源。

（2）消费层次定位：消费档次以中高档为主体，以低档消费为补充。低档消费以旅游区本地市场为主；中档消费以生态旅游、观光游览等游客为主；高档消费以休闲度假、摄影写生游客为主。

（3）旅游方式定位：以散客为主，团体为辅。随着市场的成熟，团体旅游份额将有所下降，家庭旅游、好友自助旅游、自驾车旅游份额将逐渐上升。

（4）旅游者年龄定位：以中青年游客为主，主要是以观光游览、休闲度假、风情体验、摄影写生、湿地生态旅游等为主要旅游目的的游客。

（5）旅游者职业定位：观光游览、生态旅游、民族风情体验为大众游客；休闲度假型游客主要为收入较高的企业界和白领阶层及公务员；摄影写生主要为大学师生、艺术爱好者。

3.客源市场目标定位

根据上述区域客源、层次客源定位，从目标市场进一步定位见表2.4.2。

表2.4.2 旅游区客源目标市场定位

距离 范围	近程（50%）	中程（35%）	远程（15%）
省内	大理州及周边客源（滇西北）	昆明为中心的滇中客源（昆明、楚雄、玉溪）	省内其他地区
省外	云南省周边客源（四川、重庆、贵州、广西）	珠江三角洲、长江三角洲、京津唐地区	国内其他省市区
海外	中国港澳台	东北亚、东南亚	北美地区、西欧地区

（1）类型客源市场：滇西北过境客源、自驾车客源、当地居民客源、水乡观光与民族体验客源。

（2）区域客源市场：省内——大理州及周边客源（滇西北），以昆明为中心的滇中客源（昆明、楚雄、玉溪）；省外——云南省周边客源（四川、重庆、贵州、广西），长江三角洲，京津唐地区，珠江三角洲；海外——东北亚、中国港澳台、东南亚、北美地区、西欧地区。

（3）目标客源市场：一级客源市场——大理州及周边客源（滇西北）、昆明为中心的滇中客源（昆明、楚雄、玉溪）、云南省周边客源（四川、重庆、贵州、广西）；二级客源市场——珠江三角洲、长江三角洲、京津唐地区、中国港澳台、东北亚、东南亚；机会客源市场——国内其他省市区、北美地区、西欧地区。

（四）客源市场预测

以西湖高原水乡旅游区2007年全年接待旅游者11万人次，旅游收入1650万元为基数，根据西湖旅游区的建设发展，综合考虑大理州、洱源县游客增长率，对西湖高原水乡旅游区客源增长和旅游收入做出预测见表2.4.3和表2.4.4。

表2.4.3 西湖高原水乡旅游区客源增长和旅游收入

年份	旅游者人次（万人）		旅游收入（万元）	
	增长率	预测数	增长率	预测数
2007（基准年）	11		1650	
2008	上限	20.00%	13.20	上限	22.00%	2013.00
	下限	18.00%	12.98	下限	20.00%	1980.00

续表

年份	旅游者人次（万人）			旅游收入（万元）		
		增长率	预测数		增长率	预测数
2009	上限	22.00%	16.10	上限	24.00%	2496.12
	下限	20.00%	15.58	下限	22.00%	2415.60
2010	上限	24.00%	19.97	上限	26.00%	3145.11
	下限	22.00%	19.00	下限	24.00%	2995.34
2011	上限	26.00%	25.16	上限	28.00%	4025.74
	下限	24.00%	23.56	下限	26.00%	3774.13
2012	上限	28.00%	32.21	上限	28.00%	5152.95
	下限	26.00%	29.69	下限	26.00%	4755.41
2013	上限	28.00%	41.22	上限	27.00%	6544.25
	下限	26.00%	37.41	下限	25.00%	5944.26
2014	上限	27.00%	52.35	上限	26.00%	8245.75
	下限	25.00%	46.76	下限	24.00%	7370.88
2015	上限	25.00%	65.44	上限	24.00%	10224.73
	下限	23.00%	57.52	下限	22.00%	8992.48
2016	上限	23.00%	80.49	上限	22.00%	12474.17
	下限	22.00%	70.17	下限	20.00%	10790.97
2017	上限	20.00%	96.59	上限	21.00%	15093.75
	下限	19.00%	83.50	下限	19.00%	12841.26
2018	上限	18.00%	113.98	上限	20.00%	18112.50
	下限	17.00%	97.70	下限	18.00%	15152.68
2019	上限	16.00%	132.22	上限	18.00%	21372.75
	下限	15.00%	112.35	下限	16.00%	17577.91
2020	上限	14.00%	150.73	上限	16.00%	24792.39
	下限	13.00%	126.96	下限	14.00%	20037.91

表 2.4.4　2008~2020 年客源规模和收入增长

项目	时序	2007 年（基准年）	2008~2010 年均增长	2010 年	2011~2015 年均增长	2015 年	2016~2020 年均增长	2020 年
游客（万人次）	上限	11	22.00%	19.97	23%	65.44	18%	150.73
	下限		20.00%	19.00	21%	57.52	17%	126.96
旅游收入（万元）	上限	1650	24.00%	3145.11	19%	10224.73	19%	24792.39
	下限		22.00%	2995.34	17%	8992.48	17%	20037.91

（五）游客增长预测结果

1. 下限方案

2008~2010 年，游客增长率为 20%，国内旅游收入增长率为 22%；到 2010 年，国内游客总量达到 19 万人次，国内旅游收入 2995.34 万元。

2011~2015 年，游客增长率为 21%，旅游收入增长率为 17%；到 2015 年，游客总量 57.52 万人次，旅游收入 8992.48 万元。

2016~2020 年，游客增长率为 17%，旅游收入增长率为 17%；到 2020 年，游客总量达到 126.96 万人次，国内旅游收入 20037.91 万元。

2. 上限方案

2008~2010 年，国内游客增长率为 22%，国内旅游收入增长率为 24%；到 2010 年，国内游客总量达到 19.97 万人次，国内旅游收入 3145.11 万元。

2011~2015 年，国内游客增长率为 23%，国内旅游收入增长率为 19%；到 2015 年，国内游客总量达到 65.44 万人次，国内旅游收入 10224.73 万元。

2016~2020 年，国内游客增长率为 18%，国内旅游收入增长率为 19%；到 2020 年，国内游客总量达到 150.73 万人次，国内旅游收入 24792.39 万元。

五、旅游区发展战略

（一）旅游区现状评价

1. 较好的外部交通条件

西湖高原水乡旅游区拥有较好的地理区位条件。从 214 国道到旅游区有 2 千米公路连接，六村七岛之间有水路相连，各村寨之间还有乡村土路连接，水陆交通体系已经形成，旅游区通达性条件较好。

2. 旅游区开发已粗具规模

西湖旅游公司已投入 500 万元资金，开发建设基础设施和游览设施，建有游船码头、停车场、购物走廊、餐厅等，组织有 100 只游船，形成水上游览线路和日接待 2000 人的接待能力，成为洱源县接待旅游团队最多的旅游区。

3. 已建立旅游经营管理体系

西湖高原水乡旅游区在 2003 年开始进行景区企业化运作，实施总经理负责的部门制管理构架，设有总经理、副总经理、市场部、后勤等部门，拥有管理人员 10 人，歌舞队 12 人，餐饮服务人员 15 人，购物人员 15 人。

（二）旅游区存在问题

1. 旅游资源利用程度较低

目前西湖高原水乡旅游区的资源利用程度较低。一是表现在资源的利用面积较窄，主要投资和建设集中在入口区的接待设施；二是对资源利用类型单一，仅有湖泊、民族歌舞和民族餐饮；三是对资源开发利用深度浅而缺乏高附加值的产品和项目。

2. 投资规模和体量偏小

由于资金瓶颈问题，西湖高原水乡旅游区的投资规模和建设体量与资源的高品质有一定的差距。虽然累计投资了 500 多万元，但建设项目在建设体量、品质方面都很难达到跟旅游区资源品质相匹配的程度，缺乏高质量的项目支撑。

3. 综合效益有待优化提高

西湖高原水乡旅游区目前有较多的自然看点，但缺乏玩点，赢利点不多，迫切需要开发参与性娱乐项目，以增加玩点；开发具有高质量项目，提升旅游区的投资回报效益。通过开发推动旅游区看点、玩点与赢利点的有机组合和整体效益提升。

4. 旅游区游览要素不完备

从旅游六大要素来看，西湖高原水乡旅游区在功能上缺乏住宿、娱乐两大要素；在游览系统上缺乏陆路游览线；相关看、听、停、歇、玩等辅助设施和景观小品等也未配套，使西湖高原水乡旅游区缺乏应有的游览节奏感和游览高潮体验。

（三）旅游区 SWOT 分析

根据现状条件和存在问题获得西湖高原水乡旅游区的 SWOT 分析结论，

以及基于该分析的旅游区发展策略，见表 2.5.1。

表 2.5.1　旅游区 SWOT 分析

SWOT 分析及策略	（S）优势 生态优势 资源优势 社区优势	（W）劣势 品牌弱势 生态湿地环保要求 资金瓶颈
（O）机遇 云南省和大理州旅游二次创业 大丽高速公路和铁路建设 214 国道沿线旅游开发	（SO）策略 挖掘湿地与温泉资源优势 引入资金加大开发力度 市场营销吸引客源	（WO）策略 进入大理旅游联合促销平台 借势洱海，主打"洱海之源" 借势白族历史文化
（T）威胁 环境承载威胁 社区文化变异	（ST）策略 用发展促环保 利用湿地申报相关项目 社区参与	（WT）策略 巧打"环保"牌 利用环保吸引投资 注入品牌文化内涵

（四）旅游区案例借鉴

1. 香港湿地公园——科技支撑的湿地展示

（1）公园概况：香港湿地公园位于新界天水围北部，是一个集自然护理、教育及旅游用途于一身的世界级生态旅游景点。公园建有占地 1 万平方米的室内展览馆"湿地互动世界"，以及超过 60 公顷的湿地保护区，是亚洲首个拥有同类型设施的公园。

（2）特色项目

①"湿地知多少"——该区域的展览品主要介绍什么是湿地、提供拉姆萨尔湿地的概览、剖析水对地球生物的重要性以及它们之间的关系。

②"湿地世界"——该展览廊展示全球从热带到极地不同形态的湿地，三种各具特色的湿地环境分别是北地苔原、热带沼泽和香港湿地。

③"人类文化"——中央影院（介绍湿地与人类的关系）；文化传统（让观众穿梭各大洲和不同的时空）；生活必需（展出"清明上河图"临摹本，反映当时开封节日筹备情景）；休闲生活（展示今天人类在水和湿地四周享受的各种业余活动）；心灵启迪（展现各种有关水和湿地的投射图象）。

（3）经验整合

①建设世界级生态旅游景点，向市民展示湿地生态系统和宣传环保知识。

②高科技的应用，为游客提供三大展馆：影音剧场、湿地直播室、湿地世界。

③创造丰富内容的室外湿地展示区，包括各种水形态、鸟类、蜻蜓、蝴

蝶、飞蛾、湿地形态（淡水沼泽、季节性池塘、芦苇床、林地、泥滩和红树林等）。

2. 杭州西溪湿地——农耕湿地的杰出代表

（1）案例介绍：杭州西溪国家湿地公园位于杭州市区西部，是我国首家湿地公园。这里生态资源丰富、自然景观质朴、文化积淀深厚，曾与西湖、西泠并称杭州"三西"，是目前国内唯一一个集城市湿地、农耕湿地、文化湿地于一体的国家湿地公园。

（2）特色项目

① 水中泊庵——西溪大小庵共有68座，有秋雪庵、茭芦庵、曲水庵、烟水庵、慈家庵等，西溪的庵因为兼葭而诗情画意，因为历史而古老神秘。

② 西溪人家——西溪人家是对西溪原居民农家生活场景的再现，其所展示的是农家生活用品和农耕渔事活动的劳动工具。

③ 西溪桑蚕丝绸展示——西溪桑蚕丝绸故事展示了南宋蚕丝图中培育蚕种、采桑养蚕、煮茧抽丝、制造成衣等22道工序。这些场景既再现了西溪妇女们的心灵手巧，又让游客学习到江南桑蚕丝绸知识。

④ 名人名居——西溪自古就是隐逸之地，被文人视为人间净土、世外桃源，秋雪庵、泊庵、梅竹山庄、西溪草堂在历史上曾是众多文人雅士开创的别业。

⑤ 西溪水阁——西溪水阁主要用于文人藏书、读书及会友，有"兰溪书屋"和"拥书楼"两处藏书楼，使得游人在西溪厚重的文化气息中，去追随当年文人隐士的避世清闲。

（3）经验整合

① 将生态资源、自然景观、文化积淀有机整合起来，形成农耕湿地生态系统；② 再现湿地原居民生活场景，加强名人名居、水中泊庵等人文古迹的保护；③ 湿地旅游开发中注重节庆活动开发，通过湿地展现人文内涵和典型的民俗。

3. 千岛湖开元度假村——水上高尔夫运动

（1）案例概况：高尔夫一直被视为一项超凡脱俗的户外贵族运动，而水上高尔夫一改高尔夫为贵族高消费运动的传统概念，利用人们回归自然、亲水嬉水的天性，将碧波荡漾的水上球场替代草地球场，具有参与性强、费用适当等特点。

（2）水上高尔夫特殊要求：水上高尔夫是指建在水边的高尔夫练习场，利用能浮在水面上的高尔夫球，练习者站在水边将高尔夫球向水中打。利用安装在水面的浮球回收装置能将浮在水面的高尔夫球全部收回,而无一点损失,对环境无害。

能浮在水面上的高尔夫球,球芯在直径 20±5 mm 左右,采用比重小、浮力大、硬度高的软木、合成树脂等多种材料制作,球芯外用厚度为 10±3 mm 左右的合成橡胶层包上,合成橡胶层外包裹有厚度为 2±0.5 mm 的强化皮。利用这种特殊材质的高尔夫球,向水面打球,飞起来的球掉在水面上后,会浮在水面上。

打球者在靠近水边的地方铺上一块绿色地毯上,地毯边一个容器里装满乒乓球大小的"高尔夫"球,把球放在绿色的地毯上,然后挥动高尔夫球杆一击,球飞起,远远落在水面上。高尔夫球落到水里浮起来后,有工作人员负责将球从水中捞起送回岸上。可根据击球后球的距离进行评判,或者在远处水面上设置击球点,球落水面击中者为赢。

(3)特色项目

① 按五星级酒店标准设计建造的高档会所,一面依山,三面临湖;

② 场内设有两层60个打位,全长260码,宽120码,配套有休闲咖啡室、教练中心;

③ 提供水上高尔夫练习、培训服务,商务会议服务和高档娱乐等服务。

(4)经验整合

① 开发成本较低,费用设置合理,参与性强,适于操作;

② 需要专用设备,培训教练,配套相关设施;

③ 将自然环境与完善的服务以及高雅的休闲活动相结合,充分显示产品的独特性。

4. 东丽湖温泉度假区——休闲地产

(1)休闲地产概念:

休闲地产是属于旅游房地产的一种,指以良好的自然资源环境和旅游设施为依托开发建设的房地产项目,包括各类休闲度假村、宾馆、饭店、分时度假酒店、景区住宅、高档公寓、别墅等。休闲地产在国外已经有上百年的历史了,但是在我国尚处于起步阶段。

(2)案例介绍:东丽湖温泉度假区地处山岭子地热带中心区域,地热资源十分丰富,水质中含有偏硅酸、锂、锶等多种微量元素,对风湿、关节炎、神经衰弱等症状具有良好的药用价值,还有美容、理疗等功能。天津万科东丽湖休闲地产位于东丽湖北岸,为具有异国风情的低密度高尚住宅项目,总占地面积273公顷,总建筑面积88万平方米,其中住宅建筑面积80万平方米,公建建筑面积 8 万平方米。项目容积率不大于 0.36，建筑密度不大于 20%，绿地率不小于 50%。

（3）特色项目

① 华纳景湖花园——占地 30 亩，建筑面积 1.5 万平方米，定位为构建一个高档次以温泉 SPA 为主题的集休闲、度假、商务为一体的温泉水会，包括 6 栋公寓、1 座酒店及 1 座 SPA 会馆。

② 水上温泉欢乐谷——占地 117 亩，建筑面积 5.3 万平方米，总投资 2.8 亿元，是集水上冲浪、游乐、餐饮、住宿为一体的大型综合性室内游乐项目。

③ 万科项目——总占地 4095 亩，8~10 年分期建成集居住、教育、旅游、休闲为一体，功能完备的综合性新城区。

（4）经验借鉴

① 通过休闲房地产的开发，有效撬动水休闲（温泉和湖滨）度假产业，水休闲度假产业的发展又反过来促进休闲房地产的发展，形成良性互动。

② 东丽湖自然的生态、湿地、芦苇、野生鸟类等都是自然天作，注重项目的整体生态性。

③ 注重建筑细部的对比处理，如粗实的混凝土与精细的金属玻璃的对比、冷静的钢与温暖的木材的对比、韵律曲线与直线造型的对比等。

5. 旅游区发展战略

（1）生态环保战略。西湖作为洱海的水源地，其生态建设和环境保护是其开发的首要原则。因而西湖的旅游开发必须建立在自然生态环境的承载力基础之上，建立在民族文化保护的前提之下，将旅游开发与生态环境保护有机结合起来，寻求可持续发展之路。

（2）社区建设战略。西湖旅游区开发应与六村七岛新农村建设结合起来，建设独具特色的水乡旅游社区。因此应以旅游业为龙头启动农村经济发展，通过旅游社区建设和社区居民的参与，有机协调企业、社区和村民的利益关系，实现政府、居民、企业在发展过程中的多赢，为社区的可持续发展奠定坚实的基础。

（3）资源聚合战略。西湖高原旅游区资源丰富且组合有机，但开发利用程度较低。因此在开发中必须采取资源整合和规模集聚的战略。如把民族舞蹈从舞台回归到民族村寨中来，把温泉在环保前提下引入到社区中来，把水路和陆路游览系统对接起来等，实现西湖高原水乡旅游区资源整合和优势集聚。

（4）品牌塑造战略。西湖高原水乡旅游区应采取品牌主导型发展战略，不断打造西湖的美誉度和知名度，以"洱源西湖——诗意栖息地"的品牌理念体现人类追求和谐的目标，在该品牌的引导下建设湿地公园、六村七岛、地热温泉和田园牧歌等项目，并通过各种媒体渠道在市场上获得品牌认可和确立。

六、旅游区定位与目标

（一）旅游区性质定位

根据西湖高原水乡旅游区的旅游资源、生态特征、文化传统、保护要求，将旅游区性质确定为：以西湖生态湿地为核心吸引物，以历史文化和民族风情为依托，以高原水乡景观为特色，具有保护特色资源、改善生态环境、开展科普教育和旅游休闲功能的高原水乡湿地生态旅游区。

（二）旅游区主题分析

从洱源西湖地脉来看，西湖顺承苍山蜿蜒洱海，为洱海上游水源之地；从水脉来看，西湖湿地生态系统是洱海水源的过滤之"肺"；从人脉来看，六村七岛水乡一体，构成一幅人与自然和谐相处的画卷。其旅游区具有三大主题：

图 2.6.1　规划总平面图

高原水乡——柔情：恬静而安逸的西湖柔情似水，用自己洁净的水域抚育着周围的白族乡村，恬静的湖泊和柔美的景色，构成西湖高原水乡的美景。

生态湿地——自然：西湖以其特有的高原湿地生态系统，水草丰茂，鱼鸟成群，静谧宽阔的水面与生机蓬勃的湿地有机组合，大自然的造化构成诗意的栖息地。

六村七岛——和谐：西湖之中七个岛屿世居着六个白族渔村，七岛六村，以水为道，以舟为车，田园牧歌，渔歌唱晚，构成人与自然有机融合的和谐画卷。

（三）旅游区形象策划

1. 形象内涵

根据大理西湖高原水乡旅游区的资源特色和文化内涵，旅游区属于集高原湖泊、生态湿地和白族渔村于一体的高原水乡湿地生态旅游区，因而可将大理西湖高原水乡旅游区的形象概括、提炼为：

洱源西湖——诗意栖息地

这一形象定位包括如下含义：

（1）洱源西湖表明了西湖地处洱海源头的地理方向和旅游区自身的名称。

（2）诗意栖息地表明了西湖是一个景色优美和富有浪漫诗意的人类驻足之地。

2. 形象口号

根据上述形象定位含义，可对洱源西湖高原水乡旅游区提出如下宣传促销口号：

高原水乡，湿地天堂

洱源西湖——到诗意栖息地体验生命真谛

追逐诗意，体验精彩，感悟生命

云南高原水乡湿地公园

（四）旅游区发展目标

1. 阶段性目标

通过规划提升与项目建设，大理西湖高原水乡旅游区在建设期达到以下阶段性目标：

近期：项目提升期（2008~2010年）将旅游区建设成为省级高原水乡湿地

公园，达到 3A 级旅游区标准。

中期：项目发展期（2011~2015 年），将旅游区建设成为国家级高原水乡湿地公园，达到 4A 级旅游区标准。

远期：项目完善期（2016~2020 年），将旅游区建设成为具有国际知名度的高原水乡湿地公园，达到 5A 级旅游区标准。

2. 分项指标

建设目标：分阶段达到 3A 级、4A 级、5A 级旅游区标准，成为具有国内外影响力的高原水乡湿地公园。

市场目标：游客接待量分阶段达到 19.97 万人次、65.44 万人次、150.73 万人次以上，成为大理州乃至滇西北水体类标志性旅游产品。

经济目标：旅游收入分阶段达到 3145.11 万元、10224.73 万元、24792.39 万元人民币，成为云南省生态保护与经济收益双赢的示范性旅游区。

社会目标：通过西湖湿地保护和旅游开发，将旅游区建设成为融资源保护、环境改善、科普教育、旅游休闲于一体，带动周边居民致富、劳动就业、经济发展的和谐旅游区。

（五）旅游区环境容量

1. 旅游区线容量计算

景区主题游览线共三条，其中湿地观光之旅长 13 千米，用时 3 小时；湿地民居之旅长 17 千米，用时 4 小时；高原水乡之旅长 22 千米，用时 5 小时。主游线总计 52000 米，游完所有主游线所需的时间为 12 小时，全天可游时间按 10 小时计算，则周转率为 0.83。

因此，主游线的日环境容量 $C=52000×0.83÷[35+(35×0.3÷5)]=1163$ 人次。

2. 湿地容量计算

湿地栈道 800 米，平均宽为 1.5 米。

湿地环湖游道的环境容量按不完全游道法计算：

$$C = M \times D / [m + (m \times E/F)]$$

式中：M——游道全长为 800 米；

m——每位游人占用的合理游览长度，单位为 35 米；

E——沿游道返回所需的时间为 0.3 小时（为环线游路，不需要返回）；

F——游完全游道所需的时间，单位为 1h；

D——周转率＝景点全天开放的时间／游完整个游道所需要的时间

$$=8/1=8$$

$$C=800×8÷[35+(35×0.3÷1)]≈140 人次$$

3. 温泉泡池容量计算

根据温泉泡池和温泉旅游的特点，采用面积法对温泉泡池环境容量进行计算。

$$C=(A/a)×D$$

式中：C——日环境容量，单位为人次；

A——可游览面积，单位为 m^2；

a——每位游人占用的合理游览面积，单位为 m^2／人；

D——周转率，D＝景点全天开放时间／游完景点所需时间。

$A=3000\ m^2$

$a=5\ m^2$／人（考虑大泡池、小泡池的游客舒适度的不同，在市场调查、统计的基础上，取游客期望值的平均数）

温泉旅游不受天气、季节和时间的限制，考虑部分旅游者偏爱清晨和晚上泡温泉的习惯，在市场调查统计的基础上，景点平均每天可游览的时间取 14 个小时。每次泡温泉的最长时间以 2 小时为宜，充分考虑各类温泉旅游者的喜好，部分旅游者每天泡一次，另一部分旅游者每天泡两次，其余的旅游者每天泡三次，在市场调查统计的基础上，得出人均每天泡温泉的时间为 4 小时。因此，D＝全天正常开放的时间／人均泡温泉所用的时间 $=12÷4=3$

$$C=(A/a)×D=(3000÷5)×3≈1800 人次$$

即温泉泡池日环境容量为 1200 人次。

4. 客房容量计算

西湖高原水乡旅游区规划新建一些住宿设施，到 2008 年，将共计新建住宿床位 200 个，其中贵宾床位 100 个，普通床位 100 个，则日客房容量为 $100+100×2=300$ 人。

5. 其他场所容量计算

岛上游道 15000 米，宽 3 米，其周转率为 5.9，返回时间 1.7，则其容量 $C=15000×5.9÷[35+(35×1.7÷5)]=1886$ 人次。

岛上游览面积 2 万平方米，人均每天岛上游览的时间为 4 小时，人均游览面积 20 平方米。因此，D＝全天正常开放的时间／人均所用的时间 $=10÷5=2$

$$C=(A/a)×D=(20000÷20)×2≈2000 人次$$

6. 旅游区日容量计算

从以上测算的日容量看,洱源西湖的日环境容量为

C=1200+300+105+1233+1886+2000=6724 人次

7. 旅游区月容量的计算

由于洱源西湖高原水乡旅游区自身的优势,不受季节、天气的影响,只需考虑旅游区自身所需的休整与保养时间,取平均每周(7天)需要一天的时间用来清理、保养,则月环境容量为 6724×26=17.5 万人次。

8. 旅游区年容量计算

全年可游 12 个月,则年饱和环境容量为 17.5×12=210 万人次。取环境舒适系数为 0.75,则年舒适环境容量为 157.5 万人次。

七、空间布局与项目

(一)旅游空间布局

根据西湖高原水乡旅游区村落布局和旅游资源分布特征,整个旅游区的空间结构为"二环、三圈、五片",在空间结构形态呈现为"梅花状"布局。

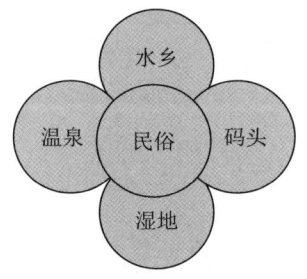

图 2.7.1 西湖高原水乡旅游区"梅花状"空间布局

二环:西湖水上游览环线,湖中村岛陆上游览环线。

三圈:岛景圈——六村七岛人文景观内圈,水景圈——大面积湖面湿地水域景观中圈,田景圈——西湖沿岸周边田园风光外圈。

五片:码头服务区、民俗文化区、湿地保护区、温泉休闲区、水乡观光区。

(二)空间层次结构

在空间结构上分为三个层次,即旅游区、功能区、服务节点。根据西湖高原水乡旅游区的旅游资源分布、湿地保护要求、旅游开发需要,可将整个旅游区划分为码头服务区、民俗文化区、湿地保护区、温泉休闲区、水乡观

光区 5 个景观区。各个景观区功能定位、开发方向、特色展示见表 2.7.1。

表 2.7.1　西湖高原水乡旅游区空间布局

旅游区	景观区	面积（公顷）	功能定位	开发方向	特色展示
西湖旅游区	码头服务区	633.26	游客集散	接待设施配套	水乡印象
	民俗文化区	1477.62	文化体验	白族文化挖掘	岛屿民俗
	湿地保护区	1530.39	生态保护	生态价值提升	高原湿地
	温泉休闲区	844.35	休闲地产	土地增值利用	水景养生
	水乡观光区	791.58	水上娱乐	水域风光展示	湖光山色

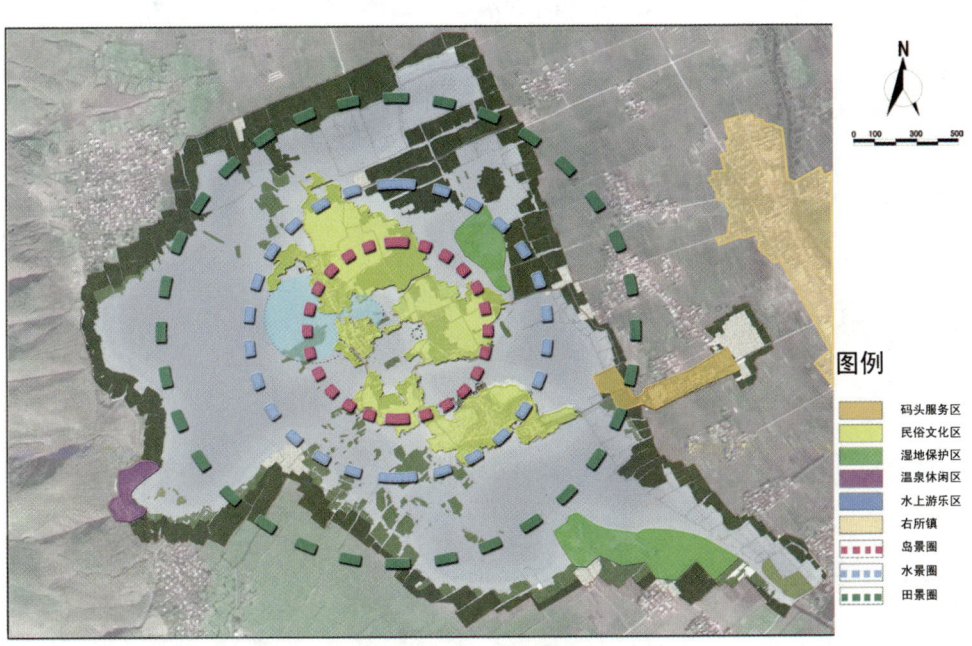

图 2.7.2　规划结构

（三）旅游项目分布

在总体功能布局确定基础上，按照功能属性和地域连续性原则，对各个功能区的旅游项目进行策划，以明确开发功能和发展方向。

表 2.7.2 功能区项目配置

区域	功能	建设项目
码头服务区	集散	印象大道、景区大门、游客中心（旅游商店、餐饮店铺）、民族歌场、湿地科普馆、停车场、游船码头、本主庙
民俗文化区	体验	南登庙会岛（白族戏台、古玩小街、花鸟市场）、中登渔家岛（渔家小舍、船上捕鱼、鸬鹚捕鱼）、清水灵感岛（木雕谷、银器坊、扎染房、西湖画廊、听涛轩）、东登荷叶岛（海煤燃烧、海泥打捞、海草收割、茭草过滤、芦苇固堤）、张家登客栈（西湖人家、日光小屋、渔家餐厅、小桥流水）
湿地保护区	展示	观鸟栈道、湿地景观、鸟类投食区、漂浮湿地、观鸟小屋
温泉休闲区	养生	水上高尔夫、湖景度假酒店、温泉产权别墅、温泉水疗园、水幕影音场、滨湖休闲茶廊、滨水走廊
水乡观光区	娱乐	特色游船（香蕉船、橡皮艇、水上滑橇、水上自行车）、水娱乐（水上跳伞、水上溜索、滑水）、水上体验（水上漫步、水上竹排）

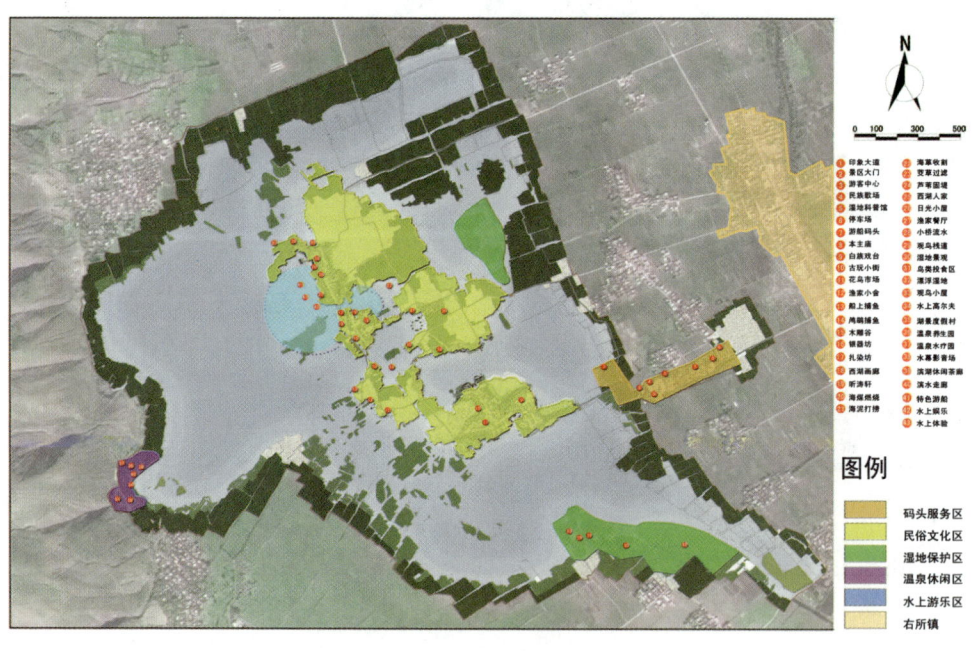

图 2.7.3 功能分析

1. 码头服务区

【规划范围】码头服务区位于旅游区东部，面积 633.26 公顷，为旅游区的"第一印象区"。规划重点是融入本土文化元素、布局服务设施和管理设施，形成人气聚集空间，构成入口综合服务区。

【依托资源】本主庙、游船码头、金秋湖柳。

【旅游主题】水乡印象。

【旅游功能】游客集散、管理中心。

【规划项目】

（1）印象大道：拓宽214国道至1号码头公路，形成旅游区景观大道。道路两侧广种绿化植物，设置广告标识牌，营造"湿地水乡"印象，创造良好的旅游环境氛围。

（2）景区大门：应体现西湖湿地的生态之美，形成自然、科普的标志性建筑。大门样式、图案雕刻、色彩渲染等设计应体现"水乡湿地"的文化内涵。

（3）民歌广场：主要功能是为游客提供进出集散、公共展演、摄影留念的空间，同时也作为歌舞表演的场地。广场周围设置有：标志石刻（徐霞客泛舟西湖的记述）、喷泉跌水（由高至低形成多级跌水，营造"水乡湿地"的意境）。

（4）游客服务中心：作为整个旅游区的服务接待中心，主要功能包括景区管理、信息咨询、导游服务、门票销售等服务。建筑形式以白族民居建筑为基调，融入现代科技元素，将建筑选材、体量和色调与周围环境协调。

①购物商店：白族建筑风格，主要展销当地农林副业土特产品、民族手工艺品和旅游纪念品等特色旅游商品，为游客提供购物、休憩的场所。

②餐饮店铺：主要提供当地民族特色饮食及各种山野风味小食，以当地山野农林产品为主要原料，供应安全、卫生、营养丰富的绿色食品。

（5）湿地科普馆：作为标志性建筑，通过微缩模型、4D电影、图片、文字等科技手段展示湿地形成过程、湿地生物多样性、湿地系统敏感性等相关知识，提升旅游区科普教育功能。

（6）本主庙：西湖当地百姓纪念南诏时期邓赕诏王妃柏洁夫人忠贞不屈，将其敬为自己的本主，而在西湖边修建的本主庙。在本主庙墙壁绘制或者雕刻关于柏洁夫人的故事。

（7）停车场：设置大型停车场，面积5000平方米，可以停放10辆大巴、20辆小车。停车场周围应种植常绿树木，车位间用花草植物分隔。

（8）游船码头：新建设1号游船码头，设置20~30个泊位，主要功能为乘船游览西湖的起始站点。码头配套售票、茶室、椅凳、太阳伞等设施。2号码头作为旅游区生活用码头，同时也作为备用游客码头。

2. 民俗文化区

【规划范围】民俗文化区位于旅游区中部，面积1477.62公顷，为旅游区民俗文化体验和民族风情展示区。规划重点是部分民居进行改造，整治乡村环境，规范民居接待，以营造民俗文化浓郁的乡村氛围，打造水乡民俗文化特色村。

【依托资源】六村七岛、寿龟南登、蟹肥中登、清屋水影、荷叶东登、张家古樟、烟渚渔村。

【旅游主题】水乡民居。

【旅游功能】文化体验、民居接待。

【规划项目】

（1）南登庙会岛：该岛重点发展村落庙会集市，形成人气集聚氛围，吸引游客上岛。对全岛环境进行整治，突出白族村庄聚落特征，将该村调整为具有市场交易功能的白族庙会村落。

①白族戏台：在南登修建白族戏台，戏台前开辟空地作为歌舞活动广场，既可进行文艺表演，又能形成村落中心。

②古玩小街：洱海地区民间古董收藏之风盛行，将南登建设成为古董文物交易基地，开发包括古董鉴赏、古董交易、古董展示、古董收藏、古玩经验交流等在内的民间古玩交易集市。

③花鸟市场：大理花卉资源丰富，在南登开辟花鸟民间交易集市，形成花卉栽培、嫁接、育苗、展示、交易、批发等为一体的花鸟市场。

（2）中登渔家岛：该岛重点展示水乡渔家生活，突出表现高原水乡渔家生产、生活形态。在岛上布置打鱼设施、展示捕鱼工具、表现渔猎生活特征，将中登建设成西湖渔家村落。

①渔家小舍：布置渔家摆放渔具的渔家小屋，展示各种各样的捕鱼工具，反映西湖渔家生产状况。

②船上捕鱼：在西湖水域置一叶扁舟，沐浴在青山绿水，在水面上挥网、收网，享受网中鱼跃而起的喜悦。

③鸬鹚捕鱼：我国最早把野生鸬鹚驯化用以捕鱼，"鸬鹚入水捕鱼，湖沼近旁居民多养之"，游客可以观看和亲自体验鱼鹰捕鱼。

（3）清水灵感岛：该岛重点发展艺术创意的灵性空间基地，展示大理文化的现代表现方式。对该岛民居进行改造，以能够提供给作家、艺术家、研发人员、程序设计人员等进行研发、构思、创作的艺术场所。

①木雕谷：大理木雕精湛完美，开辟木雕创作、陈列、展示工作室，木

雕形式有建筑木雕、装饰木雕、工艺木雕等，体裁包括历史人物、传说故事、风貌景色、代表作品等。

②银器坊：大理白族匠人精湛的手工技艺世代相传，银器制品远销东南亚、南亚、中亚等地区，开辟集研发、设计、创作、展示于一体的银器创作工作坊，并展示耳钉、耳环、刀、剑、酒具等精美绝伦的银器制品。

③扎染房：大理扎染驰名中外，开辟集扎染研发、设计、创作、工艺和展示为一体的扎染创作工作室，成为扎染研发创新工作基地。

④西湖画廊：是一个致力于当代大理乃至云南绘画艺术的推广中心，下设艺术展示空间、多媒体播放厅、艺术家工作室等。

⑤影像屋：建立摄影影像屋，为专业摄影师、摄影爱好者及收藏家提供一个交流的平台，展示或销售影像艺术作品，陈列经典历史照片，举办各类摄影活动和影像艺术交流。

⑥听涛轩：主要支持包括视觉艺术、表演艺术、实验音乐以及跨媒介的新媒体艺术等多种艺术样式，同时致力于本土音乐的挖掘、整理和推广。

（4）东登荷叶岛：该岛重点展示西湖水乡生态农业，将湿地农田、农作物、农产品等进行集中展示，突出西湖农业生产循环经济特征。在该岛表现西湖资源循环利用的生态经济模式：海煤——燃烧、海泥——肥料、海草——饲料、茭草——过滤、芦苇——净化、湖柳——固堤……

①海煤燃烧：建造一个海煤打捞点和燃烧点，并对海煤的形成过程和燃烧原理进行解释和说明。

②海泥打捞：开辟一个海泥打捞点，对海泥形成过程进行分析说明，对海泥的用途进行展示。

③海草收割：选择一片海草对其生长、形态、作用进行科学解释，对海草的生态价值进行介绍。

④茭草过滤：选择一片茭草对其生态功能进行科学解释，对茭草的产品进行展示。

⑤芦苇固堤：对高原芦苇的生长、形态、类型、作用进行科学解释，对芦苇形成的长堤进行说明。

（5）张家登客栈：该岛发展民居客栈接待，选择几家条件较好的人家开发作为民居客栈，以方便游客体验原汁原味的白族文化，了解白族民居日常生活。

①西湖人家：选择几户白族建筑典型人家，保留传统建筑形式，体现人与自然和谐相处的主题，使其成为供游客参观的游览性场所。

②日光小屋：修整几户人家，采用天然材料和新型环保材料修建，外观上追求简约美观，使整座建筑完全沉浸在优美的自然生态中，出租供游客度假休闲使用。

③渔家餐厅：选择条件较好的村民家开展农家乐接待，主要提供各种白族特色农家食品，如乳扇、生皮等。满足游客深入体验西湖白族人生活的需求，同时也可以让游客在疲劳和饥渴时有一个休息的场所。

④小桥流水：在景区内修建若干小桥，连接湖中七岛，小桥设计具有动感且自然；同时还可以根据著名古典数学的"七桥问题"设计出相应的体验项目，让游客亲身参与其中。

（6）西湖水上"三月街"：选择南登、中登和东登之间水域开辟水上交易市场，载有蔬菜、水果、商品的小船在水道里穿梭，船上妇女们戴着独特的草帽，大声地吆喝叫卖，形成一道热闹的风景。集市早晨和下午各形成一次高峰期。晚上可以开展放海灯活动。

3. 湿地保护区

【规划范围】湿地保护区位于整个旅游区的南部，面积约为1530.39公顷，为旅游区的湿地生态景观展示区。规划方向为以西湖南部水域和湿地为主要景观，开发湿地科普、观鸟、摄影和感受千亩芦苇荡等项目。

【依托资源】村落、湖水、湿地。

【规划构思】该区域内有大面积的水域、湿地资源，鱼翔浅底，水草飘摇、水鸟觅食、风光无限。西湖风霜雪雨、昼夜更替也无法掩饰西湖的秀美无瑕。规划在该区建设观鸟栈道、湿地生态景观、鸟类投食区、漂浮湿地、观鸟小屋等

【旅游主题】水乡生态湿地。

【旅游功能】观光游览、科考摄影。

【规划项目】

（1）观鸟栈道：在该功能区修建一条木制亲水观景栈道，一直延伸到西湖水域，在栈道沿线设置若干小的观景平台。观景栈道适度悬空以减少对湿地和湖区生态的破坏，用于观景、观鸟、摄影等。

（2）湿地景观：构筑原生态湿地生态系统，放养一些原生态的贝类、鱼类等水生动物，构筑各种小鸟房、小鸟篷等，吸引各种鸟类前来繁衍、栖息，以提供游客近距离了解和考察湿地生态的场所。

（3）鸟类投食区：靠近鸟类栖息地，设置有投食点、投食平台、投食筐，区域内设多条投食通道，可近距离向鸟类投放食物。投食区的建设应考虑鸟

类觅食习惯，同时根据鸟类的觅食习惯合理安排投食点的分布和密度。

（4）漂浮湿地：在芦苇湿地周围建设漂浮草地，草甸培植为漂浮物，使游客在其上感受漂浮的感觉。其独特之处在于似舟楫，但出自天成，既有"划船"的乐趣，又有"脚踏实地"的感觉。

（5）观鸟小屋：在不打扰鸟类正常生活的前提下又有最好的观鸟效果，选择合理的区域搭建精美坚固的观鸟小屋，兼顾美观和凉爽的半镂空设计，观鸟主要通过望远镜等观鸟工具。

4. 温泉休闲区

【规划范围】温泉休闲区位于整个旅游区的西部，面积为844.35公顷，该功能是旅游区的高端度假休闲区，规划方向为打造温泉休闲空间，建设水上高尔夫、湖景度假酒店、温泉产权别墅、温泉水疗园、水幕影音场、滨湖休闲茶廊、滨水走廊等。

【依托资源】地热温泉。

【旅游主题】水乡温泉天地。

【规划项目】

（1）水上高尔夫：用碧波荡漾的水上球场替代草地球场，在一狭长的水面上，建造一片木质浮台，构成了高尔夫场地。浮台顶上，搭就绿色的太阳板，台面上10个打位一字排开，远处水面目标设在300米内。水上高尔夫依托苍山之灵秀，吸纳西湖之静谧，独特全新高尔夫体验。

（2）湖景度假酒店：与水上高尔夫相配套，按五星级酒店标准建造，功能包括大堂、客房、会议、商务、购物、餐厅等，配套有棋牌室、游泳池等，把现代的元素和特色元素统一协调起来，要面向高端游客市场。

（3）温泉产权别墅：利用温泉之乡资源优势建设产权温泉别墅群，以独栋别墅和联排别墅为主，将温泉引入别墅，供温泉调养、休闲度假、娱乐消遣、商务会议等多种用途。

（4）温泉水疗园：修建温泉水疗馆，集健身、养生、理疗、休闲、娱乐于一体，把动和静密切结合起来。

（5）水幕影音场：修建突出温泉特色和西湖文化性的温泉影音场，放映关于大理、洱海、旅游、文化等影片和音乐，尤其可将柏洁夫人故事拍摄为水幕电影，在此向游客展示。

（6）滨湖休闲茶廊：在温泉区建茶廊并引向西湖水景，注重与环境的和谐一致，将各种造景要素（山水树石、亭台楼榭等）作为融合游客休闲生活方式的脉络和工具。游客可以通过各种角度欣赏西湖景色，享受香茶。

（7）滨水走廊：围绕西湖修建滨湖步行道，沿步道设计有关西湖传说的雕塑、小品、牌匾等，如罗时兄弟雕像、圣妃投水处、大圣取水处等。

5. 水乡观光区

【规划范围】水乡观光区位于整个旅游区的北部，面积791.58公顷，为高原水乡风光游览区。规划方向是以当地特色游船为载体，开展水上活动和进行水上游览活动，以展示西湖高原的水乡风光。

【依托资源】大面积水域。

【旅游主题】高原水乡风光。

【旅游功能】观光游览、科考摄影。

【规划项目】

（1）特色游船

①香蕉船：像香蕉一样的长长的船，里面注满空气，需要快艇、摩托艇等动力牵引或者顺流而下。在香蕉船上随着快艇的速度，犹如一匹脱缰的野马自由穿梭在广阔的湖面上。

②橡皮艇：在湖水中划着橡皮艇，清风拂面，阳光和煦，甚是惬意。此刻忘却了所有的烦恼，随着湖水肆意漂流。

③水上滑橇：由仿船形橇体和撑水伞（一双）组成，借鉴了滑雪的原理和动作。操作时，人立橇上，伞置水中，作"滑雪状"前进。

④水上自行车：老少皆宜的一项运动，可以单人骑，也可以把两辆组合到一起，两人配合驾驶，共同前进，体验团结协作的滋味。

（2）水上娱乐

①水上跳伞：水上跳伞是航海与航空技术的结合，可体验自由升空飞行、跳伞降落时的惊险，跳伞者可随快艇速度的快慢或升或降，如蜻蜓点水并做多种动作姿势。

②水上溜索：为挑战自我的一种形式，借助滑轮、绳索等工具，用安全带、主锁和滑轮将人连接到绳索上，从高处滑向低处的一种运动方式。

③滑水：借助动力的牵引，在水面上"行走"的水上运动，既可让人感受高速滑行带来的刺激，又能使人体会翻、转、跳、跃带来的"玩"快乐。

（3）水上体验

①水上漫步：游客在一个密封的气球里，气球在水面漂，游客可在球内爬行、翻滚、站立、行走、跑步等，对全身肌肉进行充分锻炼，并提高肢体的平衡及动作协调能力。

②水上竹排：在竹排上，用篙只轻轻地一点，竹排便悄然离开岸边，随

着竹篙在竹排两边撑点，竹排平稳地向前行进。

（四）旅游产品体系

1. 旅游产品定位

从西湖高原水乡旅游区的资源优势看，其最具优势的两大资源是湿地生态和高原水乡，由此可以打造推出湿地生态旅游、水乡风情旅游两大拳头旅游产品。

从西湖高原水乡旅游区的竞争潜力看，开发高端产品是提升旅游区竞争力的关键措施，因此水上高尔夫和温泉休闲是两大高附加值产品。

从西湖高原水乡旅游区的性质特点看，以高原湖泊和湿地生态为依托，可开发观鸟旅游、科普旅游两大特色产品。

表 2.7.3　旅游产品定位

产品类型	核心产品	高端产品	特色产品
产品系列	湿地生态 水乡风情	水上康体 温泉休闲	观鸟旅游 科普旅游
产品功能	核心支撑	基础平台	特殊专项
主题定位	健康	休闲	科学

2. 旅游产品系统

（1）核心旅游产品

①湿地生态产品

西湖湿地具有景观丰富性和生物多样性特征，其良好的生态系统和自然环境十分契合生态健康的旅游主题，因此湿地生态旅游是旅游区的主打产品。

【目标市场】生态旅游者、自驾车群体、家庭市场等

【产品组成】生态湿地、观景栈道、休闲体验园等

【产品开发要点】

注重湿地环境的恢复与保护，扩大或恢复湿地范围，保护湿地的生态多样性。

开发亲水性湿地景观游览项目，从湿地的成因、形态、功能、作用到湿地与人类的关系等进行系统展示。

注重自驾车市场、家庭市场的培育，近期培育市场应主要针对州内外及省内游客。

② 水乡风情产品

西湖六村七岛，湖中有村、村中有湖，形成了一幅人与自然和谐共居的美丽画卷，水乡人家的生活形态、民风习俗、风物特产等是西湖人文旅游资源的核心。

【目标市场】海内外有闲阶层、自驾游市场、城市客源等

【产品组成】西湖六村七岛、周边村庄等

【产品开发要点】

提升湿地民居的吸引力，包括环境整治、民居改造、规范接待等，以提高该湿地民居的可游览性和体验性特点。

增加旅游者的参与和互动，挖掘湿地民居的文化内涵，引导旅游者积极参与体验活动。

建设标志性景观和提炼代表性活动，通过具体的景观和典型性活动来展示西湖的历史文化与民族特色。

（2）基本旅游产品

① 水上康体产品

西湖大面积的水域和优美的自然环境，非常有利于开展水上康体活动，将静态休闲与动态康体有机结合起来，可大力提升西湖高原水乡旅游区的整体吸引力。

【目标市场】家庭休闲游客、湿地旅游团队等

【产品组成】湖泊观光区、观鸟区、演艺餐厅、滨水茶廊、亲水栈道等

【产品开发要点】

人性化设计康体活动，旅游康体活动设计既要注重项目的安全性，又要充分考虑游客的参与程度和项目的时尚性。

注意活动功能区的划分，如水上游艇活动与湖滨散步游览就有动与静的功能区分，民俗表演与观鸟旅游就需要不同的环境气氛。

适时举办康体竞赛活动，如举行划水表演、钓鱼比赛、划船比赛、龙舟大赛等，或者是举办摄影、写生、诗歌等活动等。

② 温泉休闲产品

凭借西湖水域湿地生态环境，依托温泉地热资源，充分发挥交通区位优势，在旅游区开发温泉休闲地产，可全面提高西湖旅游区的开发效益。

【目标市场】公司高级白领、私营企业主、事业单位管理人员等

【产品组成】温泉别墅、滨水酒店、温泉休闲区等。

【产品开发要点】

温泉地产的产权式开发,即先按地产项目满足客人购买,然后开发商再进行酒店式经营管理,引入分时度假的方式向客人销售。

温泉地产的精品化开发,即温泉地产属于高端产品,在开发过程中尤其需要精心设计、科学施工、个性化管理。

温泉地产的市场化开发,由于温泉地产开发周期长、投资规模大,在开发过程中既要遵照地产开发规律建设,又要适应旅游开发需要。

(3)辅助旅游产品

①观鸟旅游产品

西湖大面积生态湿地和优良的环境,成为候鸟迁徙经停地,每年有大批各种鸟类在旅游区栖息、筑巢、繁衍、嬉戏,是观赏鸟类活动的绝佳场所。

【目标市场】生态旅游者、鸟类爱好者等。

【产品组成】水草湿地、芦苇荡、观鸟台等。

【产品开发要点】

注重鸟类栖息地保护和培植,不断优化鸟类生存所依赖的环境,为吸引候鸟创造条件。

注重人鸟之间的接触距离,确保游人的活动不会惊扰鸟类的栖息环境,保持鸟类能够在自然的环境自由活动。

提供良好的观鸟设备,通过建设观鸟台、观鸟栈道、观鸟小屋等,让游客可以轻松自如地欣赏各种鸟类。

②科普旅游产品

西湖作为典型的高原湖泊,其形成原因、自然生态、生物物种、人居环境等都具有自身的特点和较高的科学研究价值,因而开展西湖科普旅游可为游客提供普及科学知识的基地。

【目标市场】大中学生、科考修学者、专业研究人员等。

【产品组成】水草湿地、鸟类等。

【产品开发要点】

为游客提供良好的科考平台,如提供文字资料、摄影图片、标本样品、观测台等。

以现代科技手段进行表现,如采用先进设备向游客展示湿地的形态、大理西湖的地质成因、水质构成等。

编写科普知识手册,制作齐全的知识手册、环保手册、安全手册、游览手册等。

（五）景观游憩系统

1. 旅游区景观结构

根据西湖地域的自然地理和历史文脉，按照中国传统的景观构景方法，西湖高原水乡旅游区的景观可以分为四类十八景（"西湖十八景"）：柏节圣祠、金秋湖柳、寿龟南登、芦花飘雪、清水夕照、旧州三塔、鸬鹚寻江、菱草秋叶、海潭映月、蟹肥中登、清屋水影、佛钟晨鸣、春渚浪花、张家古樟、烟渚渔村、云弄流霞、荷叶东登、柳岸观荷。

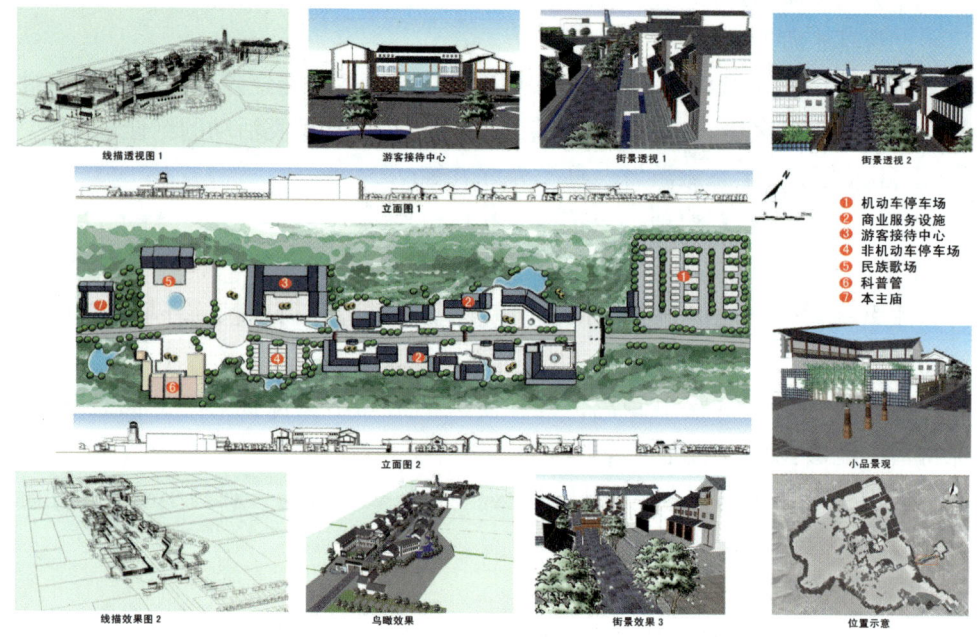

图 2.7.4　入口效果图

（1）人文类景观

①柏节圣祠："夫亡未葬，岂敢轻嫁"表现了美丽西湖传说中柏节夫人的忠贞不渝，柏节圣祠为纪念她而建，且柏节夫人成为西湖村的本主。

②寿龟南登：作为六个岛村之一的南登，由高往低俯视，犹如一只千年寿龟在西湖爬行。

③旧州三塔：如三足鼎立，地居山麓，风景如画，如登临远眺，则西湖如镜，山色翠微，整个邓川坝子风光一览可尽，为仅次于大理三塔的古塔建筑群。

④蟹肥中登：俯视西湖六村之一的中登，宛如一只肥肥的螃蟹，在水中央寻找自己的食物，浪花漂过，似乎"螃蟹"也前移了一段。

⑤烟渚渔村：七位仙子降湖而生，形成西湖六村（张家登、清水塘、东登、桃花岛、霞客岛、海塘）七岛的天然村湖画境。

图 2.7.5　中登岛规划意向

（2）自然类景观

⑥清屋水影：清澈的西湖，好像一面镜子，清晰的山体和房屋，用这面镜子把自己与倒影连为一体，更显和谐宁静。

⑦春渚浪花：西湖可谓是"春来江水绿如蓝"，蓝绿的湖面不时泛起涟漪，动中有静，静中有动，波光涟涟。

⑧张家古樟：西湖六村之一的张家登，拥有千年古樟树，加之湖村、湖水，形成一幅和谐共生的美丽画卷。

⑨荷叶东登：西湖六村之一的东登，周围有大面积的荷塘，白昼可以感受"采莲南塘秋"的江南气息，夜晚可以享受荷塘月色的静谧。

⑩柳岸观荷：漫步湖岸，垂柳笼罩在水雾之中，亭阁散布于花草之间，水中倒影清晰可见，山水含晖，月夜依栏，更感心平如镜。

（3）生物类景观

⑪金秋湖柳：在爽朗的金秋季节，垂柳随风摇摆，对湖面依依不舍，宛如亭亭玉立的少女依偎湖畔。

⑫芦花飘雪：绿色芦苇密不透风，形成一道道天然的绿色屏障，营造出"风起时，芦花飞"的纯美意境。

⑬鸬鹚寻江：湖内栖息的白鹭、野鸭、葫芦鸟等各种飞鸟，在湖面鸣叫嬉戏、轻轻舞蹈，可谓"飞来遮尽云和月，落时不见湖边草"。

⑭茭草秋叶：在碧蓝的西湖水面上，茭草点缀其间，正当秋天来临之际，落叶知秋的感觉让人思索。

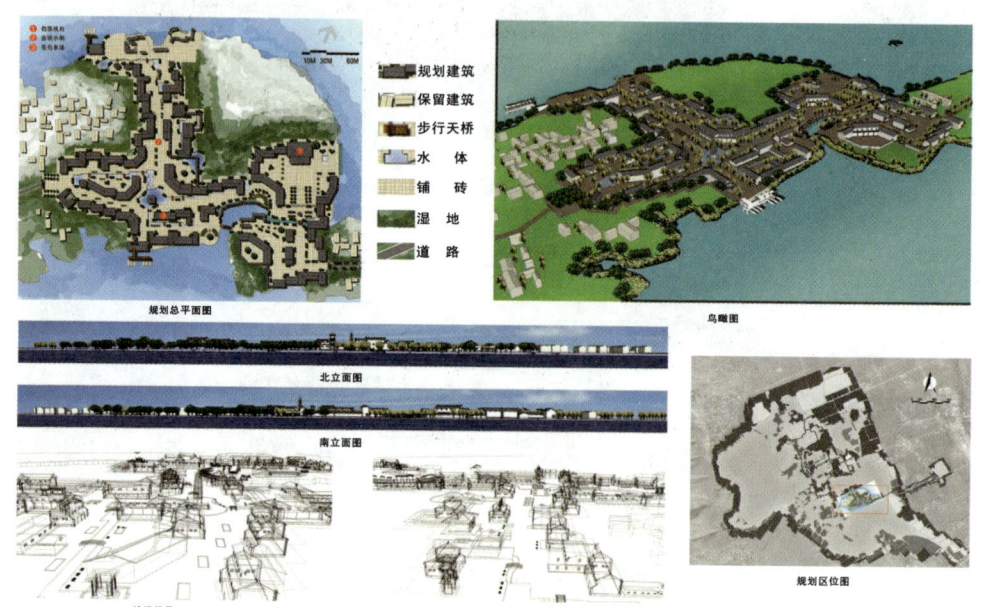

图 2.7.6　南登岛规划意向

（4）天象类景观

⑮清水夕照：夕阳无限好，何必在乎黄昏呢？整个西湖水面在夕阳的照射之下，熠熠生辉，湖光交接，让人浮想联翩。

⑯海潭映月：西湖六村之一的海塘村，与开阔的水面相连，每当夜幕降临的时候，月色朦胧，远远望去，湖月相接，相映成趣。

⑰佛钟晨鸣：晨钟暮鼓警醒世间名利客，钟声佛号唤回苦海迷路人，佛中晨鸣让人思索人生，认识自己，净化心灵。

⑱云弄流霞：西湖位于苍山第一峰云弄峰山麓，云弄峰巅为观赏西湖全景胜地之一，谢幕的晚霞，流霞纷披，此时西湖"罗霞散成绮，澄江静如练"。

2. 景观游览线路

鉴于西湖高原水乡旅游区占地范围大，游览线路长的特点，可提供多种交通工具进行游览，既可适宜不同的景区，又可缓解游客的疲劳。根据旅游区的现状，游客可选择乘电瓶车沿路游览，也可乘船沿清水河游览。

（1）主题游览线

①湿地观光之旅（13千米，3小时）：码头—柏节圣祠—寿龟南登—金秋湖柳—芦花飘雪—清水夕照—鸬鹚寻江—茭草秋叶—蟹肥中登—码头。

②湿地民居之旅（17千米，4小时）：码头—柏节圣祠—寿龟南登—金秋湖柳—芦花飘雪—清水夕照—鸬鹚寻江—茭草秋叶—蟹肥中登—海潭映月—清屋水影—荷叶东登—柳岸观荷—码头。

③高原水乡之旅（22千米，5小时）：码头—柏节圣祠—寿龟南登—金秋湖柳—芦花飘雪—清水夕照—鸬鹚寻江—茭草秋叶—蟹肥中登—海潭映月—清屋水影—春渚浪花—张家古樟—烟渚渔村—云弄流霞—荷叶东登—柳岸观荷—码头。

图2.7.7 东登岛规划意向

（2）专题游览线

①水乡民居风情体验：民居家访点、白族农家餐厅、白族民居客栈。
②高原湿地科普观鸟：芦花飘雪、鸬鹚寻江、鱼鹰捕鱼、草甸浮游。
③温泉之乡养生休闲：水上高尔夫、温泉休闲厅、温泉影音厅、温泉茶廊。
④湖泊水上激情运动：水上滑橇、水上自行车、水上溜索、水上竹排。

（3）游憩活动分级

根据西湖高原水乡旅游区各类游憩活动的特性，可以将旅游区的游憩活动分为三级：

第一级，资源价值高，市场潜力大，属于旅游区核心项目：湿地游览、农渔体验、观鸟旅游。

第二级，资源价值相对高，具有较好市场潜力：湖泊观光、温泉休闲、摄影写生。

第三级，资源价值低，市场潜力低：徒步、戏水、垂钓等。

图 2.7.8　清水岛意向

（4）游憩事件策划

事件策划一：西湖水上"三月街"。

选择南登、中登和东登之间水域开辟水上交易市场，载有蔬菜、水果、商品的小船在水道里穿梭，船上妇女们戴着独特的草帽，大声地吆喝叫卖，形成一道热闹的风景。集市早晨和下午各形成一次高峰期。

事件策划二：西湖湿地梦幻迷宫。

依托良好的湿地、芦苇、荷花、湖柳、茭草等资源，规划设计成水生植物湿地迷宫，湿地迷宫既是湿地生态营造，又是一种大地艺术，让游客乘船穿梭于迷宫之中，以提升旅游区的游览趣味性。

事件策划三：西湖艺术鉴赏会所。

依托清水潭，将该岛开发建设成为创意基地和艺术创作空间，全面提升西湖的品位，在该岛开展艺术鉴赏、文物评鉴、创作研讨、音乐欣赏、作品展览等文化科技创新活动。

事件策划四：西湖海灯会情景演出。

以柏节夫人与邓赕诏主的故事为主要内容，择取西湖最具代表性的文化意象，通过优美的舞蹈语言、扣人心弦的音乐曲调、丰富多彩的民族服饰和出神入化的灯光效果，以舞蹈诗画立体恢宏地展现西湖民族歌舞的魅力。

（六）旅游服务设施

1. 服务设施分级布局

根据西湖高原水乡旅游区的设施布局、线路组织和游客游览需要，将服务设施体系分为以下三级：

（1）一级游客服务中心：在码头服务区建设多功能综合性游客服务中心。游客服务中心设置相关的设施设备（如影视厅、触摸屏、引导标志、游览材料、导游解说、信息咨询、投诉服务、紧急救援、防盗保安等设施），建设内容包括管理中心、展览厅、信息服务台、商品部、放映厅、儿童活动室、办公用房等。总建筑面积约为3000平方米。

（2）二级游客服务站：在其他四个功能区各建1个游客服务站。游客服务站包括导游解说牌、商品小卖部、公用电话亭、旅游公厕等设施，满足游客购买商品、食品、饮料、休闲观光、娱乐摄影、信息咨询等需求。建筑面积约为1000平方米。

（3）三级游客休息点：在游览路线沿线的适当位置根据需要设置若干游客休息点。游客休息点一般不设置建筑物，只设置若干观景平台、摄影平台、石凳、木凳、电话亭、垃圾箱等，满足游客驻足、休息、观景、摄影等的需求。

2. 服务设施规模确定

旅游服务设施接待规模的确定以旅游环境容量和游客人数为基本依据。由于西湖高原水乡旅游区是以水体为主要依托的旅游区，因而游客服务设施的规模必须适度。

（1）游客服务中心（站）规模。根据游客规模增长预测和游客活动规律，旅游区游客中心（站）规模为：

游客服务中心：2000人次/日

各个游客服务站：500人次/日

（2）住宿设施规模。根据旅游区客源市场分析，游客规模按照近期（2008~2010年）35万/年、中期（2011~2015年）45万/年、远期（2016~2020

年）55万/年；床位数=（全年住宿游客总人数×人均住宿天数）/（全年可游览天数×客房出租率）；全年住宿游客人数占5%；人均停留天数为近期1天、中期1.5天、远期2天；全年可游览天数按300天计算；客房出租率按80%计算，则住宿设施规模为：

近期（2009~2011年）床位903张

中期（2011~2015年）床位1122张

远期（2016~2020年）床位1371张

表2.7.4　床位需求规模预测

设施档次	近期	中期	远期
高（45%）	406	505	617
中（55%）	497	617	754
合计	903	1122	1371

（3）餐饮设施规模。旅游区的餐饮服务设施主要布局在码头服务区的入口餐厅、各民居接待点，根据住宿设施规模和游客集结状况，各餐厅规模如下：

入口餐厅：400人

民居接待点：100人

表2.7.5　旅游区餐饮设施数量预测

旅游景区	餐厅类型	容人数（人）	档次	建筑面积（m²）
入口服务区	码头餐厅	400	中	1000
民居接待点	特色餐厅	100	中	500
合计		500		1500

3.服务设施管理建议

在进行旅游服务设施建设时，还应注意以下几点：

（1）旅游服务设施建设，必须是以保护而不是破坏生态环境为前提，以确保旅游区的可持续发展。

（2）游客服务中心、游客服务站、游客休息点的建筑风格必须与功能区的景观特点和环境相协调。

（3）各项服务设施建设，均须经过旅游主管部门、城建部门、环保部门的批准后，方可实施。

八、基础设施规划

（一）道路交通规划

1. 外部交通

214 国道及 214 复线、大丽高速公路穿右所镇而过。西湖高原水乡旅游区距 214 国道复线 2 千米，距大丽高速公路 56 千米，旅游区可由 214 国道复线进入。规划建设 2 条进入旅游区公路：①214 国道复线至旅游区 1 号码头入口处 2 千米，达到一级公路标准，作为游客进入旅游区的主干道；②214 国道复线至旅游区 2 号码头入口处 2 千米，达到二级公路标准，作为生活保障道路，同时亦作为辅助游客通道。

2. 内部交通

内部交通包括游船水道、码头、乡村游道、跨湖桥梁四部分。

（1）游船水道形成三圈循环游览线：①湿地观光小环线，长 13 千米，游览时间 3 小时（码头—柏节圣祠—寿龟南登—金秋湖柳—芦花飘雪—清水夕照—鸬鹚寻江—茭草秋叶—蟹肥中登—码头）；②湿地民居中环线，长 17 千米，游览时间 4 小时（码头—柏节圣祠—寿龟南登—金秋湖柳—芦花飘雪—清水夕照—鸬鹚寻江—茭草秋叶—蟹肥中登—海潭映月—清屋水影—荷叶东登—柳岸观荷—码头）；③高原水乡大环线，长 22 千米，游览时间 5 小时（码头—柏节圣祠—寿龟南登—金秋湖柳—芦花飘雪—清水夕照—鸬鹚寻江—茭草秋叶—蟹肥中登—海潭映月—清屋水影—春渚浪花—张家古樟—烟渚渔村—云弄流霞—荷叶东登—柳岸观荷—码头）。

（2）修建七个码头：①1 号游客中心码头，停船 20 艘；②2 号生活码头，停船 10 艘；③南登岛码头，停船 5 艘；④中登岛码头，停船 5 艘；⑤东登岛码头，停船 5 艘；⑥清水沟岛码头，停船 5 艘；⑦张家登码头，停船 5 艘。

（3）修建连接五岛的乡村游道（15 千米）：①南登小道，4 千米（1 号码头—南登）；②中登小道，2 千米（南登—中登）；③东登小道，3 千米（中登—东登）；④清水沟小道，1 千米（东登—清水沟）；⑤张家登小道，5 千米（清水沟—张家登—三家村）。乡村游道宽 3 米，采用卵石、片石拼砌而成或木栈道。

（4）修建连接各岛道路桥梁：1 号桥—风雨桥；2 号桥—花蕊桥；3 号桥—雪兰桥；4 号桥—月映桥；5 号桥—洱宝桥；6 号桥—海云桥；7 号桥——清源桥。

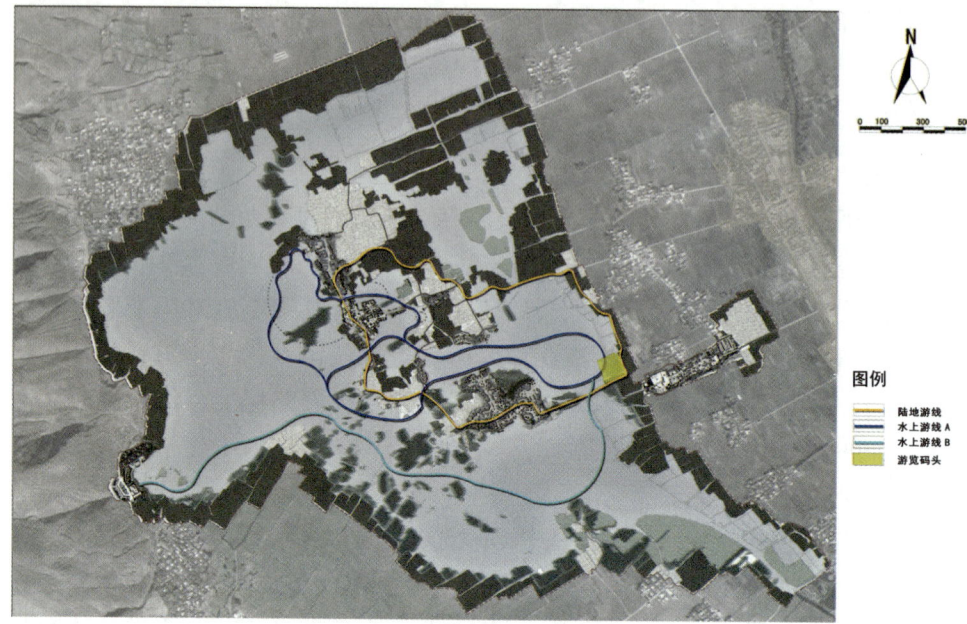

图 2.8.1 游线交通分析

3. 停车场

西湖高原水乡旅游区需要建设 2 个停车场：1 号码头停车场，面积 5000 平方米，可停大型车辆 30 辆，小型车辆 40 辆，采用砼预制块嵌草；2 号码头停车场，面积 3000 平方米，可停大型车辆 15 辆，小型车辆 20 辆，采用砼预制块嵌草。停车场须建在较为隐蔽处，或四周有高大浓密的树木。

4. 交通设备

随着旅游区的发展和客流量增加，加强西湖高原水乡旅游区与大理古城、地热国温泉区的联系，开通大理—西湖—地热国的旅游专线车。

旅游区内部，购置环保交通车 1 辆，生活物资车 1 辆，行政管理用车 1 辆，解决旅游区内部交通、管理用车问题。同时，购置游船 20 艘、快艇 5 艘、水上自行车 5 艘，以满足西湖高原水乡旅游区水上娱乐活动需要。

5. 工程造价

表 2.8.1 道路交通设施建设一览

序号	建设项目	类型	规模	经费（万元）
1	公路			260
1.1	国道复线—1 号码头	一级公路	2 千米	200

续表

序号	建设项目	类型	规模	经费（万元）
1.2	国道复线—2号码头	二级公路	2千米	160
2	码头			130
2.1	1号游客中心码头	游船码头	停船20艘	50
2.2	2号生活码头	游船码头	停船10艘	30
2.3	南登岛码头	游船码头	停船5艘	10
2.4	中登岛码头	游船码头	停船5艘	10
2.5	东登岛码头	游船码头	停船5艘	10
2.6	清水沟岛码头	游船码头	停船5艘	10
2.7	张家登码头	游船码头	停船5艘	10
3	乡村游道			150
3.1	乡村游道	游览小道	15千米	150
4	桥梁			70
4.1	游道桥梁	游道桥梁	7座	70
5	停车场			25
5.1	1号码头停车场	生态型	5000m²	15
5.2	2号码头停车场	生态型	3000m²	10
6	交通设施			175
6.1	游船		20艘	60
6.2	快艇		5艘	50
6.3	水上自行车		5艘	5
6.4	环保交通车	设施	1辆	20
6.5	生活物资车	设施	1辆	20
6.6	行政管理车	设施	1辆	20
	合计			810

（二）电力工程规划

1. 电力工程现状

西湖高原水乡旅游区的电力主要由洱源县城高压线供电，旅游区供电网络基本建成。在旅游区的进一步建设中，将增加一定规模的基础设施和旅游服务设施，电力需求将会增加，原电力线路、设施需要增加才能满足功能要求。现根据旅游区的规划要求对电力设施进行规划。

图 2.8.2　电力电信规划

2. 目标与原则

西湖高原水乡旅游区的电力工程建设以保证为旅游区提供充足的电力资源为目标，为旅游区各项事业的发展提供电力保障。在规划时应该注意以下原则：

一是电力工程设施应具有前瞻性，充分考虑到旅游区的发展需要，在供电能力设计时留有余地。

二是配套完善旅游区的供电系统，尤其是新建功能区的电网系统，加强旅游区电力系统的可靠性。

三是电力设施建设应注意与旅游区环境的协调，采取多种方式确保电力设施既安全可靠，又美观适用。

3. 用电负荷计算

整个西湖高原水乡旅游区范围内用电负荷主要分为三大部分，即村庄生活区、游客接待区、农业生产区。根据不同的建筑使用功能，采用单位面积负荷指标法进行估算，村庄生活区取 10w/m²、游客服务区取 50w/m²、农业生产区取 5w/m²。综合上述负荷指标进行计算，规划区内用电负荷约为 500kw。考虑到用电耗损及局部用电的需要（如局部路灯照明），故再乘以 1.1 的系数，总用电负荷最终为 550kw。

4. 供电网络

旅游区规划电网负荷重点在区内的服务区、生产、村庄等，负荷量比较大，规划区景点较分散，而低压供电半径只有 500 米左右，规划在西湖高原水乡旅游区内建变电所 1 座，供电电压采用 10kV，配电电压为 10V/0.4V，线路经各景区变电站降压为 0.4/0.23kV 后，根据需要以采用比例输入各景区、景点，其配电房均应设置在有利于线路走势，同时又较偏僻的地方，同时对配电房的外观进行栏杆式处理，以免妨碍景观和环境；线路设置在主要游览线上，在不妨碍景观之处，采用架空电杆敷设，采用树枝状走向。低压配电系统采用三相五线制，接地保护零线与工作零线分开，确保用电安全。

5. 主要工程估算

电力工程估价共约 440 万元。

表 2.8.2　旅游区供电设施建设一览

序号	项目名称	单位	数量	备注
1	10kV 埋地输电线路	m	2000	—
2	800kVA 变电所	座	1	SL9—400kVA / 10kV / 0.4kV—
3	埋地低压线路	km	6	LG75，0.4kV

（三）给水系统规划

1. 用水量测算

根据国家标准《室外给水设计规范》（GBJ 13—86）和《建筑给排水设计规范》（GBJ 15—88）等相关标准，确定旅游区的日用水量标准为：(1) 住宿游客每床每日用水 400 升；(2) 不住宿游客取每人每日用水 50 升；(3) 后勤及管理人员每人每日水 200 升；(4) 绿地、道路喷洒每公顷用水 10 平方米；（5）消防用水量按10L/S计，火灾延续时间按2小时；（6）不可预见用水按直接用水量的20%计算。

消防用水按每个消防栓用水量360立方米/小时，消防栓间距120米。消防用水不计入总用水量，但给水系统的供水能力要满足消防用水的需要。

经测算，旅游区的最大日用水量为450立方米，其中，生活及厕所用水为315立方米，绿地、道路喷洒用水60立方米，不可预见用水75立方米，详见表2.8.3。

表2.8.3 旅游区用水量一览

序号	用水项目	用水数量	用水量标准	时变化系数	用水量（m^3/d）
1	住宿游客用水	300床	$0.40m^3/床·d$	1.0	120
2	不住宿游客用水	900人	$0.05m^3/人·d$	1.0	45
3	后勤及管理人员	60人	$0.2m^3/人·d$	2.5	30
4	绿地、道路喷洒用水	$6hm^2$	$10m^3/hm^2·d$	1.0	60
5	不可预见用水	—	20%	—	75
6	合计	—	—	—	330
7	设计调节水量	—	—	—	500

2.水源选择及给水流程

旅游区各景区规划用水设施，以满足该旅游区的用水需要。

给水系统组成为：取水水源—取水构筑物—输水管—高位水池—给水管—用水点。

给水处理工艺流程为：原水—过滤—澄清—消毒—用户。

3.给水方案及工程设施布置

目前，西湖高原水乡旅游区内的取水设施均为政府所实施的村村通水工程所建立的水池和配套的管网系统。但其给水设施和容量设计均不能满足未来旅游发展之需要。本规划根据旅游区旅游环境容量和游客预测数量，以及用水设施的布局及水源，拟定旅游区用水量。

规划在洱源西湖高原水乡旅游区附近建容量为400立方米的钢筋砼高位水池，接引西湖水为供水水源，用输水管引水至水池，进行消毒后为"六村七岛"、游客服务中心等各用水点供水。该景区需DN110输水管2500米，DN100给水管1200米，DN75给水管500米，DN50给水管300米。其中埋地水管用铁管或PV管，裸露水管用铁管或PV管。

图 2.8.3 给水系统规划

4. 工程造价

给水工程估价共约 440 万元。

表 2.8.4 给水设施建设一览

序号	建设项目	单位	数量	备注
1	抽水泵站	处	2	含泵房、抽水设备
2	净水设备		2	
2.1	KG—L960 一体化净水设备	套	2	
2.2	H908—50 二氧化氯消毒剂发生器	套	2	
3	高位水池		3	
3.1	容量 400m³	个	1	钢筋砼
3.2	容量 300m³	个	2	钢筋砼
4	管道工程			
4.1	DN110 输水管	m	6000	UPVC
4.2	DN100 给水管	m	4000	UPVC
4.3	DN75 给水管	m	3000	UPVC
4.4	DN50 给水管	m	1600	UPVC
4.5	DN50 给水管	m	2000	UPVC

(四)排水系统规划

1. 污水处理

旅游区的污水主要是生活污水和厕所污水,其排放量相当于旅游区生活及厕所给水量的60%,经测算旅游区污水最大日排放量为360立方米。生活污水的处理工艺较多,旅游区拟采用处理效果好、技术成熟、投资少、运行寿命长的地埋式污水处理装置对旅游区污水进行处理。

图2.8.4　污水系统规划

西湖高原水乡旅游区的污水主要是住宿、餐饮的生活废水和厕所排出的污水,规划在西湖高原水乡旅游区建设日处理能力150立方米的有动力地埋式污水处理设施,用UPVC排水管道收集污水,处理达标后导入污水导流渠道,让土壤渗透后排入天然溪流,共需铺设DN200的污水收集管道5000米,污水导流、渗透渠道7000米。

2. 雨水处理

旅游区内雨水采用以地表漫流排放方式为主,对于道路、建筑物等雨水,依地形条件通过设置涵洞、排水边沟或雨水明沟、暗沟,分片就近排入溪流、湖泊、林地或田地,需建雨水沟6000米。

3. 主要工程估算

排水工程估价共约 300 万元。

表 2.8.5 排水设施建设一览

建设地点	项目名称	规格型号	单位	数量	备注
游客中心	地埋式污水处理设施	300 m³/d	座	1	有动力
旅游区	污水管	D200	m	5000	UPVC 管
旅游区	污水导流、渗透渠道		m	7000	
旅游区	雨水沟		m	6000	

（五）通信设施规划

1. 邮政通信设施

（1）邮政规划：规划在西湖高原水乡旅游区游客服务中心建一邮政储蓄所，建筑面积 60 平方米，以满足游客和常住人口要求。

（2）通信规划：目前移动通信已覆盖旅游区范围，程控电话已经开通。规划在旅游区修建若干公用电话亭，增强移动电话服务信号，以满足游客通信需求。

2. 电视信号接收设施

规划开通旅游区的有线电视接收系统。有线电视系统从右所镇有线电视线路接入，共需敷设埋地电视电缆 5 千米。

3. 主要工程预算

通信工程估价共约 66 万元。

表 2.8.6 邮政、通信、电视工程建设一览

序号	项目名称	单位	数量
1	电话接入端口及设备	套	2
2	4-32 电话交换机	台	2
3	市话电缆	m	3000
4	程控电话	坐	10
5	IC 电话	坐	10
6	电视接入端口及设备	套	3
7	埋地电视电缆	km	10

九、专项规划

（一）土地利用规划

1. 土地利用现状

西湖高原水乡旅游区尚处于局部开发阶段，目前整个旅游区的设施还较少，主要集中在入口服务区码头一带。规划区范围5277.2公顷，其中约有21%的村民居住用地，5%的交通设施用地，29%的农业用地，37%的水域和湿地，3%的旅游设施用地，5%的发展滞留用地。如表2.9.1所示。

表2.9.1 土地利用现状指标

用地类别	用地面积（公顷）	百分比（%）
旅游设施用地	158.31	3
村镇建设用地	1108.21	21
交通设施用地	263.87	5
农业用地	1530.39	29
水域（湿地）	1952.56	37
滞留用地	263.87	5
规划区总用地	5277.2	100

2. 土地利用依据

依据《风景名胜区规划规范》（GB 50298—1999）的用地分类标准，结合西湖高原水乡旅游区的开发建设实际需要来划分各类用地。旅游区用地分为：

（1）甲类：水域——湖泊、湿地、河流和其他水域用地等。

（2）乙类：游览设施用地——旅游点建设用地、游娱文体用地、购物商贸用地、其他游览设施用地。

（3）丙类：村庄居民用地——居民点建设用地、管理机构用地、科技教育用地等。

（4）丁类：交通与工程用地——对外交通通信用地、内部交通通信用地、供应工程用地、环境工程用地和其他工程用地等。

（5）己类：农业基本用地——农田、经济林木和农业设施等。

（6）发展滞留用地：未利用地和其他滞留用地等。

3. 土地利用规划

西湖高原水乡旅游区的土地利用重点在于适当扩大游览设施用地、风景游赏用地等用地方面的比例，保护水源地、林地，优良用耕地，提高旅游区的环境水平和景观层次，增加游览服务设施，强化旅游吸引力，以满足旅游功能的需要（表2.9.2和表2.9.3）。

表2.9.2　土地利用控制指标

用地类别	用地面积（公顷）	百分比（%）
旅游设施用地	316.63	6
村镇建设用地	1160.98	22
交通设施用地	369.40	7
农业用地	1424.84	27
水域（湿地）	1899.79	36
滞留用地	105.54	2
规划区总用地	5277.2	100

表2.9.3　土地利用规划

规划用地类型	规划用地（公顷）
一、旅游设施用地	316.63
旅游点建设用地（游客服务中心）	120.32
游娱文体用地	94.99
购物商贸用地	101.32
二、村镇建设用地	1160.98
村庄用地	812.68
配套设施用地	116.10
环境绿化	232.20
三、交通设施用地	369.40
内外交通道路用地（生态停车场、游览道路、公路等）	221.64
环境工程用地（湿地游憩带、绿化用地）	147.76
四、农业用地	1424.84
农田	1139.88

续表

规划用地类型	规划用地（公顷）
农业设施	284.96
五、水域（湿地）	1899.79
水面	1329.85
湿地	569.94
六、滞留用地	105.54
合计	5277.2

旅游区土地利用所涉及的项目包括：

（1）旅游设施用地：游客服务中心、码头、游娱设施、购物商贸设施等。

（2）村镇建设用地：村庄、农村配套设施、绿化等。

（3）交通设施用地：停车场、游览道路、公路、游憩带、道路绿化等。

（4）农业用地：农田、农业设施等。

（5）水域：水面、湿地、滨水栈道等。

（6）发展滞留用地。

（二）社区调控规划

1. 村庄居民现状分析

在西湖高原水乡旅游区内分布有六村（张家登、清水塘、东登、中登、南登、海塘）七岛（张家登岛、清水塘岛、东登岛、中登岛、南登岛、海塘半岛、清水沟半岛），居住有920户4100人，其中南登170户800多人，中登140户600多人，清水塘45户160多人，张家登350户1700多人，东登120户500多人，海塘村50户200多人，全部为白族。

2. 村庄调控基本原则

（1）控制人口规模。旅游区内居民点人口发展过快会影响到自然环境，甚至会对良好的自然条件造成破坏，故应严格控制人口规模。

（2）合理布局居民点。布局应兼顾到环境保护和旅游发展需要，在现有居民点适当保留前提下，逐步减少旅游区常住人口数量。

（3）引导产业转型和劳动力合理转向。居民点的产业结构与旅游区发展紧密相关，通过旅游开发引导产业由生产型向服务型转型。

3. 村庄调控主要类型

根据现有居民点分布和居住环境，村庄规划调控分类如下：

（1）搬迁拆除型。散布在道路两侧、水体边缘、湿地周围等较敏感地块的民居建筑，没有形成较合理的村庄肌理或影响了旅游区整体景观效果，可统一拆除，向规划外围保护地带的村庄或城镇搬迁。

（2）搬迁改造型。对于处在湿地敏感地区的居民点，居民迁出，人口向城镇转移，居民产业由生产型向服务型转变。留下居民建筑或场地作为旅游服务、科普教育等建筑场馆加以改造利用。

（3）保留控制型。岛屿上村落较为集中地区，考虑居民长期生活于此，搬迁成本巨大，因此不对其实施大量搬迁，保留居民原有生活模式。同时实行"内挖外堵"和"内聚外迁"相结合的人口和建设政策，严禁区外人口流入。

（4）保留利用型。旅游区游览内容中增加具有参与特色的活动，形成与当地居民生产生活模式、民风民情相关的游览项目，应根据项目而决定是否保留其周边居民点现有的生活方式，同时使居民点向旅游服务业逐步转型。

（5）保留迁入型。旅游区内分布的村庄，布局已成规模，自然环境优越，既可满足当地居民的生活要求，又不会对湿地造成危害性影响，是理想的村落发展聚集地，可保留原有村落风貌，经过统一规划后作为今后拆迁人口的迁入地。

4. 主要村落调控规划

（1）完善和优化旅游区城镇及乡村居民点体系。根据西湖高原水乡旅游区乡村居民点现状，以及未来区域经济发展趋势，建议将旅游区乡村居民点按照以集聚为主的原则，搬迁合并一部分规模太小的乡村居民点。

（2）严格控制人口数量。根据旅游区的状况划定无居民区、居民衰减区和居民控制区。无居民区内不准常住人口落户；居民衰减区分阶段逐步减少常住人口数量；居民控制区分阶段、分区域地定出允许居民数量的控制指标。

（3）分区分类实施居民社会调控。旅游区内村庄建设应满足居民社会调控规划和相关村镇规划，将不同类型的村庄民居景观风貌建设按照保护、控制、改造、搬迁四种方法进行建设，并提出建设对策。具体见表2.9.4：

表 2.9.4　社区居民分类调控

村庄调控类型	保护	控制	改造	搬迁
	属于文物保护单位或历史文化名村，按照相关文物保护规定、要求执行	建筑面积不宜在现有规模的基础上增长	按照Ⅰ、Ⅱ类民居景观类型特征进行改造	依据国家及地方相关政策及村镇规划、居民社会调控规划要求执行
方法与要求	不属于上述条件的执行以下保护方法：(1)登记建档；(2)不应随意改变具备传统风貌景观特征的建筑外观、格局；(3)将建筑外观、格局中非传统风貌部分恢复为传统风貌；(4)建筑修缮维护时，应该按照原来的风貌结合地方传统工艺来进行	民居外观、格局可保持现状或按现状特点进行建设	对于红机砖的清水砖墙可使用外表喷涂青色涂料的方法进行改造；加勾缝做法	

革新与健全社会组织。建议在旅游区内建立和完善乡村社区，作为旅游区内的基本社会组织单位，从事保护、治理、开发等有关方面的社会服务活动。各级行政组织应通过有效的基层社会组织进行广泛宣传，不断提高广大居民的环保意识和法制观念，有计划、有组织地开展各项社会事业活动。

（三）安全防灾规划

大理西湖高原水乡旅游区的安全防灾主要包括防火、救护和治安三个方面。

1. 防火安全规划

防火是保障旅游活动安全最基本的服务体系，旅游区必须建立良好的防火体系，以防患于未然。

（1）制定防火安全制度。根据《中华人民共和国消防法》标准制定旅游区消防管理制度，开展消防宣传教育和训练，定期对所有管理、服务人员进行消防安全教育。

（2）建立防火监控系统。按照国家有关防火规范要求安装各种消防设施和配备各种消防器材，对各功能区和接待点应配置消防设施，建筑和附属设施建设按《建筑设计防火规范》严格执行。

（3）贯彻执行"预防为主"方针。对旅游区防火工作应建立并落实岗位责任制，严格管理和控制易燃、易爆和化学危险品，以防范、杜绝火灾和危害发生。

（4）旅游区服务人员的作业、摊位摊点应严格按照消防安全操作规程进行操作。

2. 防护安全规划

（1）加强对旅游设施的定期检查，保证设施的安全运行；加强对服务人员的安全教育，增强为游客安全负责的责任心。

（2）做好游客的安全教育工作，设置道路指示牌、服务设施位置、禁止游览区等标示，对各种可能发生的事故进行警示提醒。

（3）建立完善的救护系统，设置救护站，当事故发生时，救援人员能及时到达现场，有专人负责并配备必备的通信设备、疏散人员的交通工具等设施和设备。

（4）按照"公共卫生突发事件应急预案"的规定，在旅游区内设置突发急性流行性传染病的临时隔离、救治室。

3. 防震安全规划

（1）西湖所在的右所镇是重点抗震区，地震基本烈度为八度，因此，旅游区不仅要有独立的生命线系统，而且要有能尽快疏散人口和实施救援的基本能力和措施。

（2）规划新建建筑提高一度设防，充分利用开阔场地、中心绿地、道路等开敞空间，将规划的公共用地作为紧急避难所。

4. 治安安全规划

（1）认真执行公安、交通、旅游等有关部门安全保卫制度，做好一切治安和防范管理工作，积极消除一切对人身安全威胁的隐患。

（2）旅游区设立保卫处，有专职治安人员昼夜值班，采取有效的防范措施，防止暴力犯罪和盗窃等事件的发生。

（3）有相应的应急方案和工作制度，能有效并快速地处理突发事件。

5. 工程地质灾害防治规划

（1）建议对旅游区域工程地质情况进行调查，在存在灾害隐患的地区，采用以工程治理为主、生物治理为辅的措施对工程地质灾害进行治理。

（2）工程地质灾害重点防治地区为西湖后山的山体滑坡区域，对受到灾害威胁的区域尽快考虑搬迁，用地恢复为生态防护绿地。

（3）工程建设尽量避免建在工程地质灾害发生区，对已建在该区的重要建筑、道路、居民区，必须尽力保护，否则实行搬迁、改道。

（4）在工程地质灾害频发区设定监测点，配合县城建立起灾害管理信息系统，对灾害进行有效的监测、预防及治理。

（四）绿地系统规划

1. 各景观区绿化

旅游区绿地系统以"环、轴、片"来构造绿色空间，同时结合居住区绿地、广场绿地、防护绿地、道路绿地等，构架高标准、多层次的绿地系统。

（1）码头服务区：沿道路栽种植物，围绕建筑物栽种植物，在空旷地面种植草地，提供高质量的环境空间。

（2）民俗文化区：利用村旁、宅旁、路旁、水旁及宅间空地，种植地方经济树种及绿化植物，形成户户门前有花、家家后院有果的良好生态环境。

（3）水乡观光区：沿渔村道路栽种植物，对渔村背后的山地进行绿化，在渔村临湖一面栽种低矮植物，形成临湖风景走廊。

（4）湿地展示区：扩大芦苇、湿地的面积，适当种植低矮灌木丛，为鸟类栖息提供更大的空间场所。

（5）温泉休闲区：以温泉泡池为单位进行小分散组团绿化布局，采用阔叶植物围绕泡池，以形成各个泡池小环境的相对封闭，营造良好的休憩氛围。

2. 绿化树种选择

树种的选择原则：适应性强、净化空气能力强、有一定的抗风能力、形态美、色彩美、风韵美。根据植物的适应性、观赏性和抗病能力，并根据绿化的不同的特征和植物类别，选择以下植物为旅游区的常用绿化树种。见表2.9.5。

表 2.9.5　旅游区常用绿化树种

类别	树种名
山体造林类	麻栎、云南松、华山松、桉树、榕树
园林绿化类	广玉兰、香樟、桂花、红枫、苏铁、金边兰
花丛灌木类	小叶女贞、杜鹃、金叶女贞、南天竹、天竺葵、毛叶丁香、垂丝海棠
经济果木林类	桃树、李子树、苹果树、板栗、核桃、梅子

3. 绿化措施

（1）本土树种和外来树种结合，应以本地乡土树种为主，部分采用引进和改良的外来品种，形成具有地方特征的植物群落，如银杏、榕树、滇杉等。

（2）多造复层林，乔木、灌木、藤本和草本进行多层次配置，慎重选择养护费用较高的草坪绿化方式，以古树名花点缀，以达到多层次立体绿化效果。

（3）旅游区的植物景观忌雷同，不同景点应各具特色。各种植被大小相间、幽畅变换、开合交替、虚实结合，组合成变化多样的湿地植被空间景观。

（五）市场营销规划

1. 市场营销策略

（1）客源地聚焦策略：西湖高原水乡旅游区应在主要客源地建立自己的销售窗口，及时投入广告宣传，在短时间内取得营销效果。

（2）客源地轰炸策略：西湖高原水乡旅游区应针对主要客源地进行密集式营销，在客源地制造氛围，达到最大的营销效果。

（3）电视项目推广策略：通过拍摄电视剧，借助电视剧来宣传旅游区和提高旅游区的知名度。

（4）高端市场定位策略：高端客户对大众消费具有较明确的示范效应，针对高端社区和时尚杂志做广告，以赢得高端客户。

2. 市场促销方式

要吸引旅游者，必须对已确定的旅游项目进行形象而具体的宣传促销，将旅游信息传达给尽可能多的潜在游客。

（1）塑造和确立鲜明的旅游目的地形象，突出特色，在人们心目中占据有利的地位。

（2）提供内容详尽的宣传品，包括文化、地理、物产、风俗民情、风景名胜、线路说明书、导游指南、交通、食宿、购物等情况。

（3）充分借助报刊、电视、电台等大众传媒，以及参加旅游博览会、巡回展销会，做好广告宣传，增加人们接触信息的频度和密度。

3. 市场营销渠道

旅游销售渠道较为繁杂，总的原则应是既有重点又广开渠道。

（1）争取旅行社成为旅游区的销售窗口，推荐灵活多样的游览方式、活动项目和服务内容，给予高质量、多样化的服务。

（2）建立和健全游客预订系统，尤其是在交通、客房和浏览项目方面逐步建立为游客服务的预订网络。

（3）在交通路口和枢纽，如航空港、码头、车站、城区主要街道路口等地设立醒目的导游交通图、指示牌等。

（六）科普教育规划

西湖高原水乡旅游区具有较高的科研价值和良好的科普条件，通过科研科普活动的开展不仅能丰富旅游区的游览活动，而且可以提高旅游区的科技含量。为此，根据科研项目内容，可以建立保护性基础设施，包括珍禽种群监测点、湿地生态系统变化监测、种群动态监测系统等。

1. 常规性科普项目

（1）气象观测：规划在旅游区设置一个观测站，观测气象要素包括风向、风速、气温、相对湿度、气压、雨量和地温、太阳辐射、日照时间、土壤湿度、二氧化碳、紫外线等指标。通过观测记载各气象要素，分析气候对旅游区内生物多样性的影响，为湿地生态系统和生物多样性的保护提供基础数据。

（2）环境监测：对于西湖来说，水质状况直接影响到湿地生态系统的演替趋势，因而对水质状况的准确把握利于保护的分类。环境监测项目分为常规五参数和其他项目，水质常规五参数包括温度、pH、溶解氧（DO）、电导率和氧化还原电位，其他项目包括高锰酸盐、总有机碳（TOC）、总氮（TP）及氨氮（NH3-N）。

（3）湿地动态监测：建立湿地监测制度，采用统一的监测指标和先进技术方法，并注重监测网站的合理布局，实行湿地监测站、点的规范化建设；为湿地监测以及相关管理工作人员编制湿地监测工作指南。另外，还要加强西湖湿地生态系统的研究，包括物种调查，湿地系统中氮、磷的输入输出平衡，从而为制定针对性措施提供依据。

2. 专题性科研项目

（1）湿地珍禽种群科研监测：主要是掌握珍禽的种类、数量、栖息状况及迁徙规律。这对了解湿地鸟类的生物学和生态学特征，开展对鸟类迁徙路线、种群变动趋势、栖息地条件对鸟类种群变化影响的研究，以及鸟类环绕网络建设和鸟类资源的保护管理具有积极意义。可考虑在旅游区内建设隐蔽性观鸟台2个、补饲点3个、鸟类生活习性监测点1个。

（2）野生鸟类繁殖：可在旅游区管理处建野生鸟类繁殖科研中心，用以对水禽进行科学研究，可以为经救治或人工繁殖的飞禽体能恢复、野化训练及放生，并与国内外各地湿地保护组织建立联系，开展信息交流和保护活动。

（3）湿地水生植物培育：以增加生物种群和候鸟栖息为目标，构筑和谐的湿地生态系统。西湖湿地可选择培育的水生植被类型有：

①沼泽植被：芦苇沼泽，茭笋沼泽，水竹沼泽，香蒲沼泽，马蓼和水蓼沼泽，千屈菜群落，鸢尾群落，杉叶藻群落，苔草、灯芯草沼泽，水葱沼泽。

②挺水水生植被（分布在沿岸水边水深1.5米以内的水域）：莲（荷花）群落，慈姑群落。

③浮生水生植被（分布在沿岸水边水深3米以内的水域）：满江红、槐叶萍群落，浮萍、品藻群落，紫萍群落，荇菜、水鳖群落，野菱、芡实群落，菱群落、萍蓬草、睡莲群落，凤眼莲群落，眼子菜、浮叶眼子菜群落，空心莲子草群落。

④沉水水生植物（从近水面深到4~5米的深水处）：金鱼藻、黑藻群落，狐尾藻群落，苦草、茨藻群落，竹叶眼子菜群落。

（4）针对保护动物的湿地植被恢复研究：通过了解湿地鸟类栖息、营巢的植物群落类型，掌握其最喜欢营巢的植物种类和物种特性，利用当地天然的农田、河网，在旅游区外围营造湿地动物最适宜生存的防护绿地植被。

（5）湿地水质净化试验与示范：根据湿地的生态现状，以及分区发展的要求，结合湿地修复实验的特点，采用生态工程措施对污染进行适当控制，促进湿地水质净化与生态恢复。

（6）湿地数字化信息管理研究：建立地理信息系统和管理信息系统，不仅是科研监测的需要，也是保护管理方面的需要。主要建设内容是将西湖湿地的各种地理信息、资源信息输入计算机，建立规范的地理信息系统。同时，将保护管理、科研检测等各种专业信息输入计算机，建立管理信息系统，实现管理的现代化、信息化和自动化。

3. 宣传教育基地

宣传教育是湿地保护与恢复的重要内容。在旅游区建立宣教中心，其中动植物标本室20平方米，陈列室、影音室与科普教室60平方米。为满足宣传与教育需要，配备了宣传设备湿地模型1个，计算机、笔记本电脑、打印机、扫描仪、投影仪、电视机、DVD、音响、投影机、数码相机各1台/套，购置资料室设备、档案柜、文件柜、高倍望远镜、GPS等设备。

（七）解说系统规划

1. 解说系统分类

（1）交通标志系统：按照西湖高原水乡旅游区的规划设计旅游路线，在游客服务中心以及进入景区的主要入口处设置大型的导游图、文字介绍等。

（2）游客服务中心（站）：在服务中心内进行多方位展示、多媒体播放、服务人员讲解等，同时放置各式各样的宣传手册、印刷品。

（3）接待设施系统：该系统为客房、餐饮、娱乐、购物等场所的介绍，各类接待设施应根据行业标准采用统一规范的公共信息图形符号。

2. 解说系统规划

（1）解说系统构成：该系统一般由软件部分（导游员、解说员、咨询服务等能动性的解说）与硬件部分（导游图、导游手册、牌示、录影带、幻灯片、语音解说、资料展示柜等多种手段）构成。

（2）牌示式硬件解说系统：包括指路牌示——给游客清晰地标示出方向、前方目标、距离等要素；景点牌示——说明各景点性质、历史、内涵等信息的标牌；忠告牌示——告知游客各种安全注意事项和禁止游客各种不良行为的牌示；服务牌示——主要指服务功能建筑物的导引牌示。

（3）景区解说系统方式：第一，文字解说，在主要功能区立牌用文字对景点进行说明；第二，绘图解说，塑造西湖湿地全景（声光景流动画面及微缩展示）加以直观说明；第三，牌示解说，在游览途中岔口处设立与周围环境材质一致的指路牌示；第四，定点解说，在主要功能区安排解说员为游客义务解说；第五，水上屏幕解说，主要安排在夜晚，场地是在水乡观光区。

3. 导游服务系统

旅游区配设导游人数15~20人，导游服务宜采用路线、景点两种导游形式。导游人员应持导游证上岗，导游语种设普通话、英语、日语、韩语、泰语等。

十、环境保护规划

（一）旅游区环保目标

1. 总体目标

西湖高原水乡旅游区的环境保护对象主要包括：（1）西湖水域；（2）湿地生态景观系统；（3）特有珍稀濒危动植物资源；（4）本土民族文化和历史文物古迹。

通过规划期持续努力，使旅游区水域、湿地、动植物资源、历史古迹、民族文化等多样性资源得到有效保护。保持生态环境的优美，保证湿地资源的可持续利用和生态环境的可持续发展，实现社会效益、生态效益和经济效益的统一，最终建设成为生态保护与旅游开发有机结合的湿地生态精品旅游区。

2. 近中期目标（2008~2010年）

建成"三绿"保护区，即建绿色屏障、办绿色旅游和创绿色文明。把西湖建成绿色生态屏障的核心和野生动物的天然栖息地及生态乐园；在此基础上，办好绿色旅游，形成以保护为前提，以发展促保护的格局；创绿色文明就是要使西湖高原水乡旅游区真正成为弘扬民族文化，展现秀美自然湖泊风光、传播绿色文明的窗口和阵地，为人类提供休养生息的自然环境。具体指标：旅游区大气质量达到《环境空气质量标准》（GB 3095—1996）的一级标准；河流水质达到Ⅰ类水质标准，旅游区污水处理率达到95%；旅游区生活垃圾处理率达到95%。

3. 远期目标（2011~2020年）

创建"三高"保护区，即资源保护上新台阶——不仅要强化自然保护，还要拓展保护空间范围，使野生动植物、自然风景、人文遗产以及湿地等都得到最有效保护；科学管理上新水平——全面提高科技含量，依靠科技力量把旅游区建成旅游功能完善、物种丰富、生态环境优越的精品旅游区；产业发展走新路子——在强化生态保护的同时，找准优势和突破口，实现旅游区持续跨越式发展与湿地生态环境保护的良性互动。具体指标：在近期目标的基础上环境质量得到进一步改善，旅游区污水全部实现达标排放，生活垃圾处理率达到100%。

（二）旅游区分级保护

依据西湖高原水乡旅游区自然地理特征以及资源的分布现状，规划建立以西湖湿地为核心的三级保护体系。（见表2.10.1）

表2.10.1 旅游区分级保护

保护区	对象	主要区域	保护措施
一级保护区	水域	保存完好的天然生态系统及珍稀、濒危的动植物资源 保护湿地水体环境	严格保护湿地的生态系统； 严格保护湿地生物的多样性； 严格保护湿地水体环境的自然性
二级保护区	池塘	一级保护区外湖泊水域 六村七岛范围 沿湖岸陆地	保护湖泊水体； 保护六村七岛景观环境； 保护沿湖植被和环境
三级保护区	陆域	二级保护区外 沿湖陆域500米的区域	建设性进行景观和环境改造； 栽种植物进行绿化和美化； 严格控制污染性项目

一级保护区：以保护湿地生态系统的原生性为目的，包括芦苇湿地及其景观系统、珍稀濒危动植物、湿地水体环境，为湿地自然景观区。在一级保护区内，禁止一切设施建设，严禁游人进入，在区内有较好的缓冲条件。

二级保护区：以保护湖泊水体及周围生态环境和景观的协调性为目的，

包括湖泊水域、六村七岛、沿湖岸陆地区域，为游览活动和旅游接待区。二级保护区内除建必要的游赏道路和相关设施外，严禁建设与风景游览无关的设施，各类建筑和项目的体量、风格等应严格控制。

三级保护区：以保护区域内资源和自然环境的可持续利用为目的，包括沿湖陆域 500 米内范围，为生态环境协调区，主要功能为旅游区营造环境氛围，起到衬景作用，进行绿化处理和环境整治，营造绿色和文明环境。

（三）旅游区分类保护

1. 环境保护

（1）水体质量保护：水体是湿地的灵魂所在，应确保水体只增不减，曲折水面动态连接；改善湿地生态系统结构，提高其自身净化水质的功能；恢复和保护水体、河道和水陆边界的生态属性；开展池塘水体水质生态修复。

（2）富营养化防治：控制外源性营养物输入；控制人为污染源；减少或截断外部输入的营养物质。

（3）底质污染控制：挖掘底泥沉积物，减少或消除潜在性内部污染源；人为水体深层爆气以补充氧气，经常保持有氧状态；凝聚沉降和化学药剂杀藻。

2. 生物保护

（1）生物多样性保护：加强旅游区植被绿化，应选择多样性植物，使得景观错落有致，空间布局富有层次感；对旅游区珍稀特有植物，进行登记、记录、挂牌，并对其进行特别保护。

（2）动物资源保护：禁止在旅游区内猎捕及其他妨碍濒危野生动植物生息繁衍的活动，禁止使用武器、毒药、炸药猎捕野生动物；对珍稀鱼类和其他水生或陆生动物栖息、繁殖场所进行重点管理，确保其生态环境处于正常状况。

（3）湖泊湿地保护：禁止在湖泊湿地保护区域内围湖造地和其他缩小湖泊湿地面积的行为；在湖泊湿地保护区域内从事农业生产的，应当科学施用化肥和农药，防止氮、磷及农药残毒对湖泊湿地水体的污染。

3. 民族文化保护

（1）建筑形式保护：保护旅游区内民居建筑格局和建筑形式；控制民居建筑的使用材料；体现民居建筑的地方民族风格。

（2）传统文化保护：挖掘和整理民族传统文化，加强管理人员和员工对民族历史文化的认识和理解；真实地反映和再现当地民族传统文化和习俗；

开展富有特殊意义的民族节日和庆典活动等。

（3）岛居环境保护：六个村庄择岛而居是西湖的最大特色，保护岛居环境和保护生活形态是西湖保护的重点。严禁改变六岛七村的布局，严禁破坏临水而居的生活形态，严禁在岛上修建与环境不协调的建筑与设施。

（四）旅游区环保措施

（1）加快湿地保护区建设，建立健全管理机构和法制体系。规范西湖湿地保护与管理的范围、职能、权限、责任等，建立管理机构，会同有关部门尽快制订保护法规。

（2）加强湿地生态系统监测与研究，建立湿地保护科技支撑体系。研究每块湿地的生态地位，确立它的生态价值，系统探求其生态系统演替规律、生物群落结构和数量，探寻湿地生态系统主要控制因素。

（3）重视对外合作与交流，促进国际合作。中国已有黑龙江扎龙、湖南洞庭湖和香港米埔等7个自然保护区被列入了国际重要湿地名录，西湖湿地应注意加强国际合作，学习和借鉴国际先进经验，将湿地保护建立在较高的平台之上。

（4）严格控制环境污染，保护湖区湿地水环境。合理调整农业生产结构，控制农业污染；制定严格工业污水排放标准，实行污染物总量控制；加快湖区城镇污水处理厂建设，控制生活污水向湖区湿地排放；禁止向湖区水域倾倒垃圾、废渣。

（五）旅游区环卫系统

1. 垃圾处理

（1）购置1辆全封闭式垃圾运输车，将旅游区内的垃圾定期拉至指定的垃圾处理场进行填埋处理。

（2）沿主要游览道每100~200米设置1个垃圾箱，次游览道每200~300米设置1个垃圾箱，要求环卫人员每日清理垃圾箱，保持旅游区良好的环境卫生。

（3）在入口服务区、民俗文化区和温泉地产区分别设置1个垃圾转运站，将区内的垃圾集中收集后再转运至旅游区外。

2. 旅游公厕

（1）在入口服务区、民俗文化区和温泉地产区分别修建1个旅游公厕，旅游公厕达到一类公厕标准，粪便污水进行集中处理。

（2）在旅游区各服务点及主要功能区附近设置公厕，主要游线沿途每隔 2 千米设置公厕一处。

（3）旅游公厕可采用国家标准设计的水冲式公厕和应用新科技的免冲式公厕。

表 2.10.2　旅游区环境卫生规划指标

指标	2010 年	2015 年	2020 年
生活垃圾无害化处理率（%）	90	95	100
垃圾容器化收集率（%）	90	95	100
粪便无害化处理率（%）	85	95	100
污水处理率（%）	90	95	100
生态厕所率（%）	85	95	100

十一、运营管理规划

（一）运营管理机构

旅游区的建设与管理在宏观上实行"公司＋农户"的管理体制；在微观上按照现代企业管理，实行产权清晰、责权明确、政企分明、管理科学的现代管理制度的原则，采用股份制形式。组建西湖旅游股份有限公司，主要股东成员为镇政府、旅游投资方、村委会，股权结构采用协商的方式来确定。一方面要保证旅游投资公司的积极性和获利能力，同时也要保证居民能够参与到旅游开发中，并获得相应的回报。见图 2.11.1。

（二）机构劳动定员

劳动定员是根据生产规模和工作的需要，确定各类人员的数量，本项目经测算全部劳动定员为 170 人左右，具体编制定员如下。

1. 决策层

西湖旅游股份有限公司由 5 人组成，其中县旅游局 1 人、镇政府 1 人、村委会 1 人、开发公司 2 人。

2. 管理层

西湖高原水乡旅游区的开发、建设、管理实体为西湖旅游开发公司，需要 167 人。开发公司下设：

总经理：1 人：主要负责全面工作，是旅游区开发第一责任人。

副总经理 2 人：主要分管各职能部门，并协调各部门关系等。

办公室 3 人：主要处理相关工作，拟定相关文件，信息收集与发布等。

财务部 3 人：负责旅游区财务工作和招商引资工作。

人力资源部 3 人：负责人员招聘、选拔和培训工作。

营销部 5 人：负责营销活动，以及产品开发、活动设计和项目开发等。

餐饮部 50 人：负责餐饮供给和研发设计，包括中餐、风味餐、夜市、酒吧等。

客房部 50 人：负责客房接待和管理工作，以及相关娱乐和会务工作。

保安部 20 人：负责旅游区安全和救助等综合管理工作。

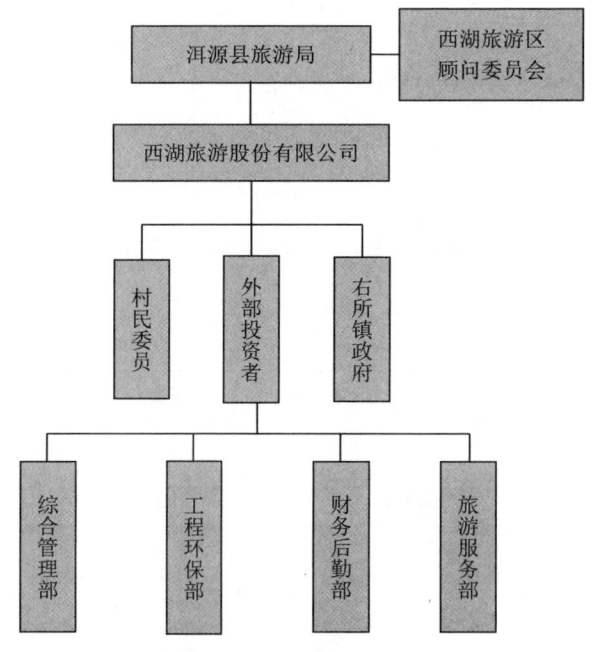

图 2.11.1　旅游区管理机构

工程环保部 10 人：负责旅游资源和环境保护工作，旅游设施的维修保养等。

旅游服务部 20 人：负责旅游活动的编排、开展、参与和旅游接待。

3. 开发投资管理

按照投资类别进行测算，旅游区总投资 39069 万元，其中基础设施投资 2329 万元，占 6%；旅游项目投资 8320 万元，占 21%；地产项目投资 27700 万元，占 71%；环境保护投资 370 万元，占 1%；其他费用投资 350 万元，占 1%。

按照近、中、远分期进行测算，其中：近期（2007~2010年）建设投资19535万元，占总投资的50%；中期（2011~2015年）建设投资11720万元，占总投资的30%；远期（2016~2020年）建设投资7814万元，占总投资的20%（表2.11.1~表2.11.5）。

表2.11.1 投资估算汇总

单位：万元

序号	工程与项目费用	投资计划			
		合计	近期	中期	远期
1	基础设施	2329	1165	699	465
2	旅游项目	8320	4160	2496	1664
3	地产项目	27700	13850	8310	5540
4	环境保护	370	185	111	74
5	其他费用	350	175	105	70
	合计	39069	19535	11720	7814

表2.11.2 基础设施投资估算一览

单位：万元

序号	项目类型	规格	规模	投资估算	分期
道路交通				735	
1	国道复线—1号码头公路	一级	2km	200	I
2	国道复线—2号码头公路	二级	2km	160	I
3	游客码头	游船码头	7个	130	I
4	乡村游道	宽3m	15 km	150	I
5	桥梁	游道桥梁	7座	70	I
6	停车场	8000m²	2块	25	I
交通工具				175	
7	游船	面包车	20艘	60	I
8	快艇		5艘	50	
9	水上自行车		5艘	5	

续表

序号	项目类型	规格	规模	投资估算	分期
10	环保交通车		1辆	20	
11	生活物资车	小货车	2辆	20	I
12	行政管理用车	越野\轿车	2辆	20	I
供电				440	
13	埋地低压线路		6km	326	I
14	埋地输电线路	10kv	2000m	54	I
15	变电所	800kvA	1座	60	I
给水设施				440	
16	抽水泵站		2座	80	I
17	一体化净水设备	KG—L960	2套	60	I
18	二氧化氯消毒剂发生器	H908—50	2套	40	I
19	输水管	DN110	6000	120	I
20	给水管	DN100	4000	60	I
21	给水管	DN75	3000	40	I
22	给水管	DN50	1600	16	I
23	给水管	DN50	2000	24	I
排水设施				300	
24	地埋式污水处理设施		300m^3/d	80	I
25	污水管	D200	6000	80	I
26	污水导流、渗透渠道		7000	80	I
27	雨水沟		6000	60	I
通信电视				66	
28	电话接入端口及设备		2套	30	I
29	电话交换机	4-32	2台	5	I
30	市话电缆		3000m	20	I
31	程控电话		10座	3	I
32	IC电话		10座	2	I

续表

序号	项目类型	规格	规模	投资估算	分期
33	埋地电视电缆		10km	6	I
安全设施				23	
34	安全标识牌		50块	5	I
35	防火宣传牌		20块	8	I
36	交通指示、警示牌		40处	4	I
37	导游标识牌		60块	6	I
合计				2329	

注：Ⅰ表示第一期建设项目，Ⅱ表示第一期建设项目，Ⅲ表示第一期建设项目。

表2.11.3　旅游项目投资估算一览

单位：万元

序号	项目	规模数量	投资	分期
码头服务区			4230	
1	景区大门	1个	30	I
2	游客中心（旅游商店、餐饮店铺）	5000 m^2	2000	I
3	民族歌场	2000 m^2	100	I
4	湿地科普馆	2000 m^2	2000	I
5	本主庙	100 m^2	100	I
民俗文化区			3200	
6	南登庙会岛（白族戏台、古玩小街、花鸟市场）	3000 m^2	1000	I
7	中登渔家岛（渔家小舍、船上捕鱼、鸬鹚捕鱼）	2000 m^2	500	Ⅱ
8	清水灵感岛（木雕谷、银器坊、扎染房、西湖画廊、听涛轩）	2000 m^2	1000	Ⅱ
9	东登荷叶岛（海煤燃烧、海泥打捞、海草收割、茭草过滤、芦苇固堤）	1000 m^2	100	Ⅱ
10	张家登客栈（西湖人家、日光小屋、渔家餐厅、小桥流水）	1000 m^2	500	Ⅱ
11	水上"三月街"	500 m	100	I

续表

序号	项目	规模数量	投资	分期
湿地保护区			350	
12	观鸟栈道	1000 m²	100	I
13	湿地景观	5000 m	50	I
14	鸟类投食区	3000 m²	50	I
15	漂浮湿地	3000 m²	100	I
16	观鸟小屋	100 m²	50	I
温泉休闲区			27700	
17	水上高尔夫	5000 m²	1000	III
18	湖景度假酒店	5000 m²	5000	III
19	温泉产权别墅	20000 m²	20000	III
20	温泉水疗园	5000 m²	1000	III
21	水幕影音场	3000 m²	500	III
22	滨湖休闲茶廊	2000 m²	100	III
23	滨水走廊	1000 m²	100	III
水乡观光区			450	
24	特色游船（香蕉船、橡皮艇、水上滑橇、水上自行车）	5000 m²	200	II
25	水娱乐（水上跳伞、水上溜索、滑水）	5000 m²	200	II
26	水上体验（水上漫步、水上竹排）	5000 m²	50	II
合计			35930	

表 2.11.4　环境保护投资估算一览表

单位：万元

序号	保护项目	规模	投资估算	分期
1	环境保护宣传牌	5 块	5	I
2	垃圾转运站	5 处	50	I
3	垃圾箱	50 处	10	I
4	水冲式厕所	5 处	100	I

续表

序号	保护项目	规模	投资估算	分期
5	免水冲生态厕所	3处	30	I
6	景区景点绿化美化	10km²	120	I
7	珍稀植物保护	50株	5	I
8	夜景灯光	1项	50	I
	合计		370	

表 2.11.5　其他投资项目估算一览表

单位：万元

序号	项目内容	投资估算	分期
1	项目策划与规划	100	I Ⅱ Ⅲ
2	市场营销	100	I Ⅱ Ⅲ
3	人才培养	50	I Ⅱ Ⅲ
4	建设管理	100	I Ⅱ Ⅲ
	合计	350	

由于项目建设过程中，资金投入巨大，在旅游投资的过程中，除了多方融资外，同时采用分期建设、滚动投资、规划分为三期来进行投资。其中一期投资主要为基础性投资，旨在完善旅游区的各项旅游设施和内外的交通情况。二期投资为提升性投资，旨在提高旅游区的各项旅游活动和服务的品位与知名度，加大营销力度，形成良好的形象，并不断提高西湖湿地旅游品牌的影响力。三期投资为战略性投资，旨在树立西湖湿地旅游品牌在云南省乃至全国的品牌号召力，建立全国精品旅游区。

（三）规划实施建议

1. 健全旅游区管理机构

建立统一的西湖高原水乡旅游区管理机构，对旅游区范围内的景观、环保、宗教、科研、交通、商业、环卫、治安等实行统一的管理和规划，设置包括设施维护、资源资讯、特许经营、旅游管理、公共关系、安全管理、事务管理、紧急管理、采购管理等部门，对西湖高原水乡旅游区进行统一管理维护。

2. 建立社区参与机制

西湖高原水乡旅游区开发应坚持与社区共建共管的原则，吸引社区群众参与到西湖规划、建设和管理等活动中，通过旅游开发增加社区就业机会，改善社区基础设施，提高社区居民生活质量，使社区百姓成为开展旅游开发的有力支持者，最终实现旅游开发与社区发展的协调。

3. 改革经营管理手段

在保护优先的前提下，制定西湖高原水乡旅游区经营项目的特许经营管理办法，旅游区的经营项目委托企业经营，多途径、多渠道争取建设资金。扩展经营手段，开发多种旅游产品及相关产品，开发有特色的餐饮、活动、节庆等，以吸引游客，创造消费市场。

4. 完善管理规章制度

建立社会监督机制，包括人大政协监督、政府监督、公众监督、媒体监督、专家监督和国际监督，共同监督西湖湿地的保护和开发经营。同时制定严格的保护制度，使西湖旅游开发的规划设计、项目建设、运营操作、管理监督、法律责任做到有法可依，有章可循。

5. 加强促销宣传教育

西湖高原水乡旅游区是人们感受自然、认识自然的好场所，也是培养、强化人们尊重自然、享受自然意识的天然课堂，旅游区的建设需要全社会的广泛参与和共同支持。因此，应制订宣传教育计划，加强与新闻媒体的沟通联系，充分发挥报刊、电视、广播和网络等新闻媒体的作用，采取多种方式宣传旅游区的价值和作用。

6. 加强专业人才培养

为提高西湖高原水乡旅游区管理机构及旅游部门的管理水平和业务素质，应认真抓好队伍建设，培训、培养和使用好现有人员，应引进和培养一批高素质、高水平的管理人员、技术人员和训练有素的导游，逐步改善人才队伍结构。加强管理人员的职业道德教育和业务技能训练，提高服务意识、水平和质量。

图 2.11.2 总体鸟瞰图

附录：专题研究

一、西湖湿地价值分析

（一）水源价值

西湖作为洱海重要的水源地之一，其水体质量直接关乎洱源的生态质量，根据对西湖的环境指标、营养指标、毒理指标等的监测，西湖水质各项目指标值达到 GNZB 1—1999《地表水环境质量标准》中的Ⅲ类标准，主要适于集中式生活饮用水地表水源地二级保护区、鱼虾类越冬场、洄游通道、水产养殖区等渔业水域及游泳区。西湖水体条件为丰富的鱼、虾、鸟、苇、荷、水草等动植物提供了生长生活有利的环境。

（二）生态价值

丰富的生物物种和人居湿地两大要素决定了西湖湿地的生态价值。西湖湿地属于湖泊型湿地，于 2001 年被确定为州级自然保护区，主要保护对象是水质保护及湿地生态系统（鱼类产卵、水鸟栖息及繁衍地）。作为洱海的水源地，西湖具有丰富的动植物资源，植物种类 3000 多种，动物种类 200 种，丰富多样的动植物资源，使得其享有高原生物基因库的美誉。

（三）经济价值

首先，西湖湿地较高的生产力，提供了众多的天然产品，如农产品、水产品等，促进了当地产业和经济的发展。其次，西湖近几年旅游发展，向旅游者提供游览、餐饮、娱乐等旅游服务，取得了一定的旅游收入。最后，西湖旅游业发展也促进了当地居民的生活就业，目前有部分居民参与旅游工作，解决了当地一部分人的就业问题。

（四）历史文化价值

洱源西湖历史文化积淀深厚。西湖是一个少数民族聚居的湿地湖泊，西湖周边分布的以白族为代表的少数民族会为游客带来别样的风情感受，西湖孕育着至真至纯的悠久的民族文化。西湖是一个包容了众多美妙传说和名人咏颂的湿地湖泊，西湖湿地景观不仅表现为山体、湖泊、芦苇、鸟类等客观事物，更为重要的是这些实体都被赋予了美妙神奇的传说，历史文化赋予西湖特有的生命和灵性。

（五）人居环境价值

西湖湿地是一片有人居住的和谐湿地，湖中六村（张家登、清水塘、东登、中登、南登、海塘）七岛构成了村内有湖、湖中有村的天然村湖画境，这是西湖人与自然和谐共处的真实写照。人们在西湖湿地内生产生活，孕育着一代又一代的子孙，多少年来人与自然和谐相处，保持了优良的水质，维护着生态系统，白族世世代代都生活在这片生态和谐的美景内，守卫着这片神奇的美景，同时西湖也给了人们自由畅快生活的权利，体现了较高的人居环境价值。

二、西湖历史文化积淀

（一）历史名人咏西湖

（1）明代徐霞客：大旅行家徐霞客（1587~1641）游至剑川，在浪穹（今洱源县）停留了20多天，泛舟茈碧湖及邓川西湖，称赞高原湖泊的景色有如江南风景，"汀港相间，曲折成趣，深处则旷然展镜，夹出则窅然罨画，翛翛然有江南风景，而外有四山环翠，觉西子湖又反出其下也"。

（2）明代张相侯：进士张相侯曾赋诗赞美洱源西湖曰："图画出天然，人家水镜园。绿垂沿岸柳，清风几村烟。山翠含前浦，渔歌出晚船。桃园何处是，即此是神仙。"

（3）明代杨升庵：杨升庵、李元阳、杨南金等一代名士，曾多次在西湖泛舟唱和，其中四川状元杨升庵泛舟西湖后写下这样的诗句："远梦似曾经此地，游子恍疑归故乡。"

（4）清代杨承淳：邓川举人杨承淳游经洱源西湖时，赋诗赞云："湖光荡漾几回纹，渔父歌声闹水滨，信口舡敲湘汉句，断肠弄笛雁鸿云。三三对白烟蓑合，两两归帆荻岸分，最趁夕阳含缺处，前村沽酒带余醺。"

（5）其他记述：关于西湖名字由来，《浪穹县志》记载："其东为堤，为往来大道，湖在道西，故名西湖。"又"湖虽小，与钱塘者仿佛，故取其名以名之"。关于洱源西湖，在史籍中被反复提及的"烟渚之乡"，远在宋代，渔民就"连芜为畦，植柳为岸，结庐其上，汀巷相间，曲折成趣"。

（二）西湖的历史传说

（1）西湖的起源：远古时代，西湖是由于断陷而形成的平坝淡水湖。唐代中叶，西湖由于水路不畅通，致使涝灾接踵而来，罗时兄弟带领人们开辟了罗时江直通洱海，形成了洱海的源头。元朝时期，现今的江尾、兆邑、大理沙村一带的少数渔民到这里捕鱼拉虾，逐渐定居下来，生息繁衍，形成了现在的西湖村落。

（2）柏节圣妃与本主庙：在唐王朝的南诏时期，当时势力最强大的蒙舍诏为吞并其他五诏，并企图强占美貌贤淑的邓赕诏王妃柏节夫人。誓死忠贞不渝的柏节夫人，拒不从命，于农历七月初一这天跳入西湖随夫而去，顿时湖水清澈透亮，碧澄似镜，形成了奇特的景象。后人为纪念柏节夫人的忠贞节操，将柏节夫人敬为自己的本主，并在西湖修庙祭祀。

（3）仙泉潭的传说：相传唐僧师徒取经路过此地，上山之前，唐僧要悟空准备几壶上山饮用的水，师徒便开始登山，唐僧口渴喝了一口水，顿觉浑身是劲，便问了悟空水的来处，并大声称赞："仙泉、仙泉！"从那以后，人们就把悟空取水的地方称为"仙泉潭"。

（4）旧州三塔：旧州一塔、制风塔、象鼻塔通称为旧州三塔。尽管它们建造年代和建造风格不同，但三座塔于1988年同时被大理州人民政府公布为州级文物保护单位。旧州一塔位于洱源县旧州村北一千米处，为密檐式十一级方形砖塔。制风塔，位于右所乡元井村西山麓，为十二级空心方形砖塔。象鼻塔位于旧州村后的象鼻山上，为八级方形实心砖塔。三塔远观如三足鼎立，登临远眺，则西湖如镜，山色翠微。

（5）本主庙传说：本主崇拜是白族独有的一种宗教信仰，白族人意识中认定的本主的社会功能是：本主就是村社保护神，是掌管本地区、本村寨、居民的生死祸福之神。白族村寨基本建有本主庙。庙内供奉泥塑或木雕的本主神像。

（三）赞西湖美景语句、诗

泽国仙境

烟渚渔村

湿地公园

六村七岛俏西湖

景趣殊盛

桃源何处是，即此是神仙

谁道洱海千胜景，源头此处更澄清

一片琼瑶水，千重翡翠山

湖堤岸柳菱蒲泛泛

小桥流水人家

千根柱子芦苇房

横瓢浇菜园，把酒话桑麻

弥且古堤木萧森

清朝御史扬两依

六诏故国今犹在，忠贞柏节憾人心

天天赶庙会，月月祭本主

良辰佳日吹响奏响热烈的农家乐

弹唱白族大本曲

吹吹腔唱古今事

西湖阿达俏

清澈的湖水

六月的菱花

醉心的云彩

鲜嫩的鲫鱼

静谧的西湖

清丽纤秀似西施

芦荻泛鲜，渔鹰戏水白鸳穿云

波光云影

秀甲天南

渔家村寨说是"登"

三、西湖利益相关者分析

（一）西湖旅游利益相关者界定

结合洱源县西湖高原水乡旅游区自身的发展现状、特点和具体内涵，西湖的旅游利益相关者包括：

（1）当地政府：含乡镇政府、旅游管理部门、水务局、林业局、土地局、环保局等。目前我国实行政府主导型的旅游发展战略，当地政府是西湖高原水乡旅游区的调控者、宣传者和监督者，是旅游区总体利益和长远目标的代言人。

（2）当地社区：含当地社区居民。旅游区内的居民、所有物及其行为构成西湖高原水乡旅游区资源，社区居民既是利益主体，也是构成旅游区社会人文环境的一部分，旅游区的居民为当地政府、旅游企业和外来游客提供了劳动力及其他资源和产品。因此当地社区是非常重要的核心利益相关者。

（3）旅游企业：含开发商、经营商、旅行社、餐饮、交通、旅馆、购物、营销等经营企业。旅游企业是西湖高原水乡旅游区的投资者和执行者，也是旅游区的具体参与者和纳税者，对旅游开发活动的顺利进行起着非常重要的作用。同时，旅游企业员工是旅游服务和旅游产品的直接提供者，旅游企业从业人员的某些旅游服务是旅游产品的核心部分。

（4）旅游者：是旅游活动的主体，旅游者对旅游产品的满意程度，决定着旅游开发成功与否；旅游项目的经济效益能否实现，根本上取决于旅游者的满意度和消费的规模、结构与水平。旅游者的消费是整个旅游业运营与盈利的主要来源，也使之成为旅游目的地利益相关者中的核心成员。

（二）利益相关者的权利与义务

不同的旅游利益相关者有不同的利益诉求，同时有权力就会有义务，各利益主体作为旅游发展中的一部分，在拥有获取旅游利益的同时，要承担一定的义务，为西湖高原水乡旅游区的健康持续发展做出自身应有的贡献，从而达到多利益主体共赢的良好结局。西湖高原水乡旅游区主要的利益相关者的利益诉求和义务分析如下：

（1）当地政府

当地政府的利益诉求：通过旅游开发招商引资，获取经济效益，增加财政收入，促进劳动就业，提高居民生活质量，带动当地经济发展，保证地方的稳定；通过旅游业的发展，保护本地的自然和文化资源，保护本地的生态和环境，实现可持续发展。

当地政府的权利和义务：政府是公平竞争的保障者，发挥宏观调控职能，做到政企分开，避免政出多门，前瞻性引导西湖高原水乡旅游区的发展，科学合理地制定旅游区规划，优化各种资源的配置，监督西湖高原水乡旅游区发展状况。

（2）当地社区

当地社区的利益诉求：通过旅游业发展，保护生态环境、历史文化和社区特点，保证当地社区的旅游吸引力以及旅游业可持续发展。

社区居民的利益诉求：通过参与旅游开发，获得合理的报酬，增加收入，获得良好的基础设施和生活环境，促进生活条件的改善。

当地社区（居民）的权利：旅游发展的知情权、参与权和决策权，有权通过劳动或凭借某种资源而获得旅游收益，有权决定是否参与西湖高原水乡旅游区的建设。

当地社区（居民）的义务：为旅游发展营造良好的氛围，创造安全的社区环境，传承和发扬优秀的民族文化，不反对合理的旅游活动，支持旅游业的持续发展。

（3）旅游企业

旅游企业的利益诉求：通过在资金、管理与技术方面的投入，取得旅游资源开发经营权，通过经营管理享有相应的经济收益。

旅游企业的权利：合法经营、以正当手段进行竞争。

旅游企业的义务：在追求经济效益的同时，注重经营活动的社会效应和环境效应，不伤害其他利益相关者的合法权益。

（4）旅游者

旅游者的利益诉求：在人身财产安全得到保障前提下获得完美的旅游经历，得到高质量的旅游服务，领略当地独特的自然风光和民俗风情等。

旅游者的权利：对旅游产品的知情权，有权力在合同和约定的基础上得到安全、高质量的旅游体验等。

旅游者的义务：遵守旅游合同或合约，不污染环境、不破坏旅游资源，尊重当地民风民俗和宗教信仰，做文明的旅游者。

（三）利益相关者矛盾冲突分析

（1）文化利益冲突：对当地村民来说，文化冲突主要表现为传统文化与现代文化之间的冲突、本地文化与外来文化之间的冲突。西湖地区世居的居民一方面要传承其优秀的传统文化，一方面又受到现代文化、国际文化、汉族文化、其他民族文化的影响。但旅游者前往的目的之一就是要感受原汁原味的白族文化。白族有着独特的民俗风情、宗教信仰和独特的婚丧嫁娶习俗。旅游者、旅游经营者给西湖高原水乡旅游区带来新的商业化气息，使得旅游区的本土文化变得过度商业化，甚至异化。

（2）环境利益冲突：任何空间和地域都有一定的环境承载容量。旅游者的大量涌入势必会给西湖高原水乡旅游区社区带来较大的环境压力，社区居民的生存空间受到挑战。旅游者和旅游经营者的到来，使得西湖高原水乡旅游区的生活垃圾增多，过多的踩踏影响了土壤质量，旅游者和外来经营者的进入抢占了原本属于当地居民的生活空间，还有噪声污染、水污染等。

（3）经济利益冲突：在诸多矛盾冲突中，经济利益冲突是最主要的矛盾。旅游者希望花最少的费用得到最好的服务，经营者希望以最小的成本赢得最大的利润，当地居民希望从旅游业中获得经济利益和就业机会，当地政府希望获得更多的财政税收，其他旅游企业如旅行社希望赚取更多的中介费等。

（4）利益相关者矛盾冲突调适

①建立利益相关者之间的沟通渠道。旅游区的开发经营涉及不同利益相关者的不同利益，倾听和咨询各主要利益相关者的意见和建议，应建立一个良好的沟通机制。

②保证西湖社区居民的优先就业权。西湖首先是当地社区居民的资源，因而应优先保证西湖居民在设施建设、宾馆、餐饮、商店等相关行业经营活动中被优先雇用。

③成立西湖高原水乡旅游区管理委员会。成员由利益各方代表组成，共同商议旅游发展的相关事宜，协调和处理好利益相关者之间的利益矛盾和冲突，促进各方的合作共赢。

④建立合理的利益分配机制。按照旅游区开发贡献大小，确定各方面利益比例，按照贡献分享利益，建立公平合理的利益分配机制，以利益为纽带将各利益相关者与旅游区开发结合起来。

四、湿地观鸟旅游介绍

（一）湿地鸟类保育

观鸟旅游是在不影响鸟类正常活动的前提下，在自然环境中欣赏鸟的自然美。通过观察鸟类的姿态、取食方式、食物构成、繁殖行为、迁徙特点和栖息环境等，可增长知识，愉悦身心，是一种有益身心健康的休闲活动。

（1）鸟类栖息地：尽量减少人为干扰，在林地、水域边缘和岛屿等不同的区域设立鸟类保护区；营造多样的湿地鸟类生活环境，适宜的植被类型为各类野生鸟类提供栖息和觅食场所，招引各种类型的湿地鸟类。沼泽湿地——涉禽类，泥沼环境——游禽类，阔水水面——游禽类等。还可引入一些珍稀鸟类品种，使其在西湖安家落户，从而丰富生物链以保护生物的多样性。

招引方法主要有：安装招鸟录音、装置人工鸟巢、投放媒鸟等，吸引其他更多的鸟类进入湿地栖息地。

（2）鸟类投食区。

（3）观鸟栈道。

（4）观鸟台：在接近湖畔处修建观鸟平台。在观鸟台的内部可以提供大量关于观鸟常识介绍的图文，包括：观鸟入门、鸟类知识、观鸟须知等。为了给公众介绍观鸟装备，观鸟台可设置一个橱窗，将望远镜、鸟类图鉴、笔本文具、迷你衣帽置于其中，给人以生动直观的指导，并对观鸟时间、地点与方式、观鸟守则、如何拍摄野生鸟类等做详尽的说明，充分体现观鸟这项活动所追求的科学性、趣味性和人文性。

（5）观鸟屋：观鸟屋选材要特别环保，不能影响鸟类生活，现在可以在10米以内进行观测。

（二）观鸟旅游活动

（1）开展湿地鸟类观察：到野外观鸟，不仅可以放松身心，还可能意外获得新发现。观鸟的最大意义在于启发人们的爱心，从爱心到爱生命，直至关心一切生灵，关爱大自然。

（2）青少年观鸟夏令营：在鸟类活动和栖息地，在不影响它们正常生活的前提下，欣赏它们健美的体态，缤纷的色彩，飞翔的仪姿，以及觅食、鸣叫、求偶等生活行为，在愉悦性情的同时，把自己融入大自然。青少年可以通过观鸟来认知自然，提高自己的自然保护意识，通过识别鸟类种数获得成就感。

（3）鸟类科学研究：诚邀国内外鸟类专家、学者及爱好者，对一些珍稀水鸟的地理分布、种群数量、生态习性、饲养繁殖、致危因素以及保护策略等方面进行大量研究，探讨并推广湿地鸟类及其栖息地的科学管理模式，从而建立湿地鸟类及其湿地生境监测系统。

（4）鸟类摄影：湿地是迁徙鹤类、鹭类、雁鸭类和鹬类等水禽的乐园。

（5）鸟羽标本制作：通过搜集鸟类自然脱落的羽毛，制作成漂亮的标本及装饰品。

（6）鸟类放生。

（三）观鸟旅游组织

（1）配置望远镜。

（2）设置人工鸟巢、鸟类投食点。

（3）制定"观鸟行为规范"。

（4）成立鸟类保护协会。

（四）观鸟建议

（1）在进行观鸟旅游时，要取得良好的观鸟效果，首先要配备合适的望远镜和携带鸟类图鉴书籍。15~60倍的望远镜适合看水禽，但价格太高，不妨使用7~10倍双筒望远镜。约翰·马敬能、何芬奇等编著的《中国鸟类野外手册》是一本很好的野外鸟类识别手册，推荐作为野外观鸟的参考资料。

（2）在观鸟过程中应注意观察鸟的体形大小与形状（身体形状、腿的长短、嘴型、翅型、尾型等）、体色及斑纹（眉斑、过眼线、胸腹斑块、水鸟的镜斑等）、行为习性（飞行和停歇姿态、尾部运动等）、飞行线路、鸣叫声，根据这些特征参阅鸟类手册，就可确定鸟的种类、科别。为了培养观察能力，应做好观察记录，其内容包含：时间、地点、海拔高度、温度、天候、野鸟名字、鉴别特征、数量等，它可作为下次观察的参考资料。

（3）到野外观鸟，应着素色衣装，并穿着不易打滑的鞋类；注意当地气候，决定是否携带雨具；最好随身携带简便医疗用品，以备不时之需；拍摄野生鸟类，应采自然光，不可使用闪光灯；不要大声叫喊，当野鸟已摆出警戒姿势时，切勿接近；不要随手攀折植物；不要采集鸟蛋、捕捉野鸟，尊重鸟类的生存权。

（4）水鸟日活动变化虽小，但于每日 8：00 后就可观察到水鸟的活动；当中午日照强烈时水鸟会在水边阴凉处作一定的隐蔽休息。观察水鸟的最佳时间是 9：00~10：00 和 14：00~16：00，此期间只要在水鸟数量较多的季节和积聚地都能看到水鸟行踪。林鸟自早晨 7：00 以后逐渐活跃，9：00~10：00 为林鸟活动的第一个高峰期，16：00 后为林鸟活动的另一个高峰期。

（五）国家湿地公园管理办法

第一条　为加强城市湿地公园的保护管理，维护生态平衡，营造优美舒适的人居环境，推动城市可持续发展，根据国家有关的法律法规，制定本办法。

第二条　本办法所称的湿地，是指天然或人工、长期或暂时之沼泽地、泥炭地，带有静止或流动的淡水、半咸水或咸水的水域地带，包括低潮位不超过 6 米的滨岸海域。

本办法所称的城市湿地公园，是指利用纳入城市绿地系统规划的适宜作为公园的天然湿地类型，通过合理的保护利用，形成保护、科普、休闲等功能于一体的公园。

第三条　具备下列条件的湿地，可以申请设立国家城市湿地公园：

1. 能供人们观赏、游览，开展科普教育和进行科学文化活动，并具有较高保护、观赏、文化和科学价值的；

2. 纳入城市绿地系统规划范围的；

3. 占地 500 亩以上能够作为公园的；

4. 具有天然湿地类型的，或具有一定的影响及代表性的。

第四条　国家城市湿地公园的申报，由城市人民政府提出，经省、自治区建设厅审查同意后，报建设部。

直辖市由市园林局组织进行审查，经市政府同意后，报建设部。

第五条　对于跨市、县的国家城市湿地公园的申报，由所在地人民政府协商一致后，由上一级人民政府提出申请。

第六条　申报国家城市湿地公园需提交下列材料：

1. 省、自治区建设行政主管部门或直辖市人民政府关于申报列为国家城市湿地公园的请示；

2. 城市湿地公园的资源调查评价报告；

3. 国家城市湿地公园申报书；

4. 城市湿地公园的位置图、地形图、资源分布图、土地利用现状图等资料；

5. 湿地现状以及重要资源的图纸、照片、影像和其他有关材料。

第七条　建设部接到申请后，组织专家进行实地考察评估；对符合标准的，由建设部批准设立为国家城市湿地公园。

第八条　已批准设立的国家城市湿地公园所在地县级以上人民政府应当组织园林、规划、国土资源等管理部门标明界区，设立界碑、标牌，搞好资源监测。

第九条　已批准设立的国家城市湿地公园所在地县级以上人民政府应当设立专门的管理机构，统一负责国家城市湿地公园的保护、利用和管理工作。

第十条　已批准设立的国家城市湿地公园需在一年内编制完成国家城市湿地公园规划，并划定绿线，严格保护。

国家城市湿地公园规划必须委托有相应资质等级的规划设计企业承担。

国家城市湿地公园规划必须纳入城市总体规划、城市绿地系统规划和城市控制性详细规划，并纳入强制性内容严格管理，任何单位和个人不得擅自变更。

第十一条　国家城市湿地公园应定期向建设部报告湿地资源保护、规划编制及实施等有关情况。

第十二条　国家城市湿地公园保护、利用应以维护湿地系统生态平衡，保护湿地功能和生物多样性，实现人居环境与自然环境的协调发展为目标，坚持"重在保护、生态优先、合理利用、良性发展"的方针，充分发挥城市湿地在改善生态环境、休闲和科普教育等方面的作用。

第十三条　国家城市湿地公园保护、利用应遵循下列原则：

1. 严格遵守国家与湿地有关法律、法规，认真执行国家有关政策；遵守《关于特别是作为水禽栖息地的国际重要湿地公约》的有关规定。

2. 坚持生态效益为主，维护生态平衡，保护湿地区域内生物多样性及湿地生态系统结构与功能的完整性与自然性。

3. 在全面保护的基础上，进行合理开发利用，充分发挥湿地的社会效益。湿地公园的建设以不破坏湿地的自然良性演替为前提。

第十四条　国家城市湿地公园以及保护地带的重要地段，不得设立开发区、度假区，不得出让土地，严禁出租转让湿地资源；禁止建设污染环境、破坏生态的项目和设施。

第十五条　城市湿地公园管理机构和有关部门应采取有力措施，严禁破坏水体，切实保护好动植物的生长条件和生存环境。

第十六条　禁止任何单位和个人在国家城市湿地公园内从事挖湖采沙、围湖造田、开荒取土等改变地貌和破坏环境、景观的活动。

第十七条　对管理和保护不利、造成资源破坏，已不具备国家城市湿地公园条件的，由省、自治区建设厅或直辖市园林局报请建设部撤销其命名，并依法追究有关负责人的责任。

第十八条　本办法自颁布之日起执行。

第三部分：大理洱源休疗度假大景区研究报告

一、规划总则

（一）规划范围

洱源温泉休疗度假旅游大景区位于滇西北大理州洱源县境内，沿 214 国道呈带状分布，包括茈碧湖、邓川、乔后、三营、右所、凤羽、牛街、炼铁、西山九个乡镇，下辖 88 个村委会、2 个社区居委会。东与鹤庆县相连，南与大理市、漾濞县接壤，西与云龙县分界，北与剑川县毗邻，总规划面积 252 平方千米，南北直线距离为 35 千米。整个景区拥有丰富的地热资源，聚集了下山口、九气台、火焰山、炼渡等共计 32 个温泉出露点。

（二）规划年限

规划期为 2015~2025 年，共分为项目启动期和项目发展期。项目启动期，2015~2020 年；项目发展期，2021~2025 年。

（三）规划依据

1. *法律法规*
《中华人民共和国城乡规划法》；
《中华人民共和国旅游法》；
《中华人民共和国森林法》；
《中华人民共和国环境保护法》；
《中华人民共和国土地管理法》；
《中华人民共和国非物质文化遗产法》；
《中华人民共和国水土保持法》；

《中华人民共和国水污染防治法》；
《中华人民共和国自然保护区条例》；
《旅游发展规划管理办法》；
《云南省旅游条例》；
《历史文化名城名镇名村保护条例》；
《云南省环境保护条例》；
《云南省大理白族自治州洱海保护管理条例（修订）》；
《云南省大理白族自治州湿地保护条例》。

2. 技术标准

《旅游规划通则》（GB/T 18971—2003）；
《旅游资源分类、调查与评价》（GB/T 18972—2003）；
《旅游区（点）质量等级的划分与评定》（GB/T 17775—2003）；
《城市用地分类与规划建设用地标准》（GBJ 137—90）；
《村镇规划标准》（GB 50188—93）；
《中华人民共和国环境保护行业标准》；
《旅游厕所等级的划分与评定》；
《城市给水工程规划规范》；
《城市电力工程规划规范》；
《城市排水工程规划规范》。

3. 相关规划

《云南省城镇体系规划 2012—2030》；
《云南省旅游发展总体规划》；
《云南省旅游产业"十二五"发展规划纲要》；
《云南省旅游产业发展和改革规划纲要 2008—2015》；
《云南省洱源县城市总体规划（2012—2030）》；
《洱源县旅游发展总体规划 2007—2020》；
《洱源县文化旅游产业总体策划（2012—2030）》；
《大理州洱源县温泉产业旅游区总体规划 2011—2025》；
《大理州洱源县地热国旅游区总体规划 2007—2015》；
《洱源县西湖文化生态休闲旅游区总体规划（2012—2030）》；
《洱源县右所镇特色小镇规划（2012—2030）》；
《洱源县凤羽砚台开发营销策划（2012—2030）》；
《洱源县下山口温泉旅游小镇概念规划》；

《大理洱源西湖高原水乡旅游区规划2008—2020》；
《大理海西海温泉度假区总体规划2009—2020》；
《洱源县"十二五"规划纲要》。

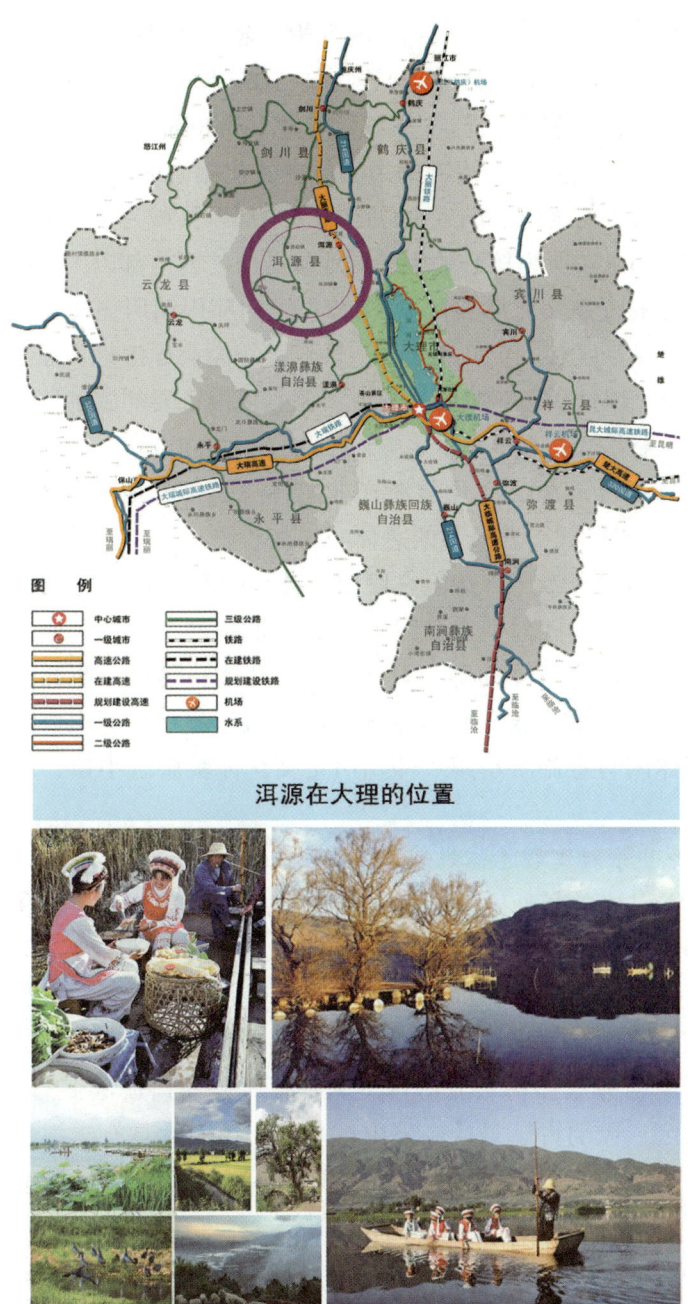

图 3.1.1　旅游区位分析

（四）规划关系

1.《云南省洱源县城市总体规划（2012—2030）》

本规划需与《云南省洱源县城市总体规划（2012—2030）》城市发展布局、旅游核心节点、城市功能规划等内容相符合。该规划将洱源县定位为：云南省著名的温泉休闲疗养度假胜地，国内一流的低碳生态旅游示范区。空间布局为"三线、四区、多节点"。"三线"为东北部的地热温泉旅游线路、东南部的高原水乡旅游线路、西南部的凤羽历史文化旅游线路。"四区"为东北部以历史文化名村牛街为核心的人文旅游区、中部以县城为核心的温泉休闲疗养度假区、东南部以右所为核心的生态湿地旅游区、西南部以国家级历史文化名镇凤羽为核心的古镇文化体验区。"多节点"为邓川镇历史文化遗址，牛街海西海水库自然风景区和历史文化名村，西湖、东湖高原湿地风景区，凤羽国家历史文化名镇，炼铁生态森林等，形成洱源县境内重要的旅游核心节点。

2.《洱源县文化旅游产业总体策划（2012—2030）》

本规划需与《洱源县文化旅游产业总体策划（2012—2030）》中提出的"一心、两带、四集群、五镇"的总体布局相符合。"一心"即围绕茈碧湖镇，整合茈碧湖及周边资源，打造温泉康疗水城；"两带"即贯穿县城南北的亲水休闲带和连接东西片区的生态田园景观带；"四集群"即北部原生态民俗体验集群、中部温泉度假康体集群、南部生态人文体验集群、西部农业观光娱乐集群；"五镇"即茈碧湖温泉康疗水城旅游度假区集镇、下山口医疗养生旅游小镇、西湖休闲写意旅游小镇、邓川历史文化体验旅游小镇、凤羽中国历史文化名镇。

3.《洱源县旅游发展总体规划（2007—2020）》

本规划需根据《洱源县旅游发展总体规划（2007—2020）》中提出的"一个旅游中心、五个功能片区、四大精品景区、三条精品线路"的总体布局结合来建设洱源县旅游产业。即以茈碧湖镇为中心，将全县划分为茈碧湖温泉休闲旅游区、东西湖菏泽水乡旅游区、凤羽古镇文化旅游区、罗坪山森林生态旅游区、海西海康体科考旅游区五大片区，建设洱源县茈碧湖温泉景区、西湖湿地景区、凤羽古镇景区、下山口温泉小镇四大具有支撑性作用的旅游景区。同时重点培育高原水乡旅游线、地热温泉旅游线、历史文化旅游线三条精品旅游线路。

4.《大理州洱源县温泉产业旅游区总体规划（2011—2025）》

本规划是对《大理州洱源县温泉产业旅游区总体规划（2011—2025）》中

温泉旅游项目的深化和细化，同时要强调景区项目落地，并建立招商机制、运营模式等内容。该规划以温泉产业为主题，将整个旅游区建设成"一带（高速公路旅游带）、三片（南部生态温泉聚集片区、中部养生温泉聚集片区、北部民俗温泉聚集片区）、五区（西湖水乡湿地温泉区、下山口温泉旅游小镇、茈碧湖温泉主题社区、三营温泉景观聚集区、牛街民居温泉体验区）"的发展格局。通过多种温泉旅游业态的融合，打造以秀美山水风光和丰厚历史文化为基础的湿地温泉、小镇温泉、社区温泉、景观温泉、民居温泉五大特色旅游产品。

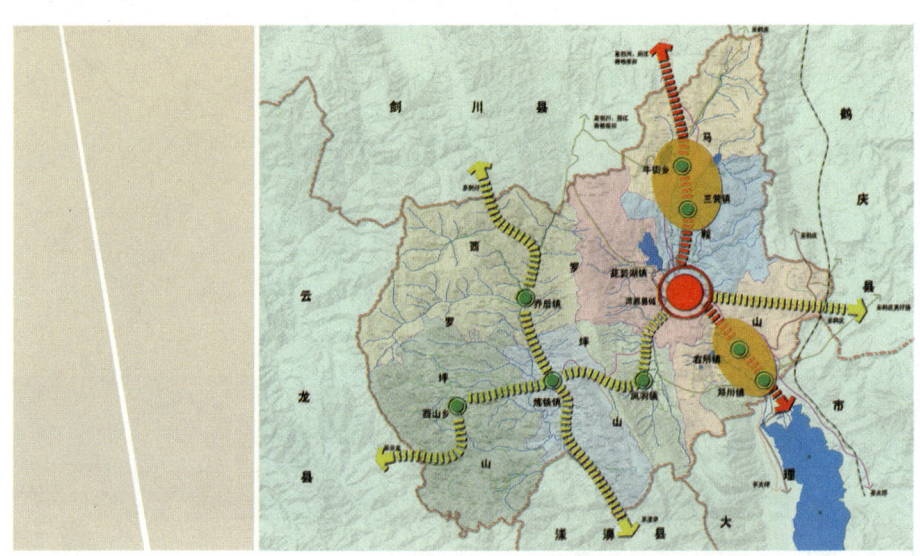

《云南省洱源县城市总体规划（2012—2030）》
提出了"三线、四区、多节点"的空间布局

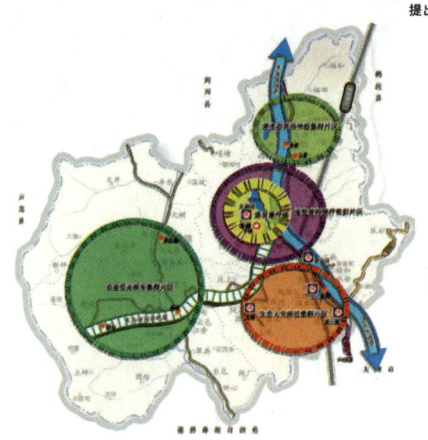

《洱源县文化旅游产业总体策划（2012—2030）》
提出了"一心、两带、四集群、五镇"的总体布局

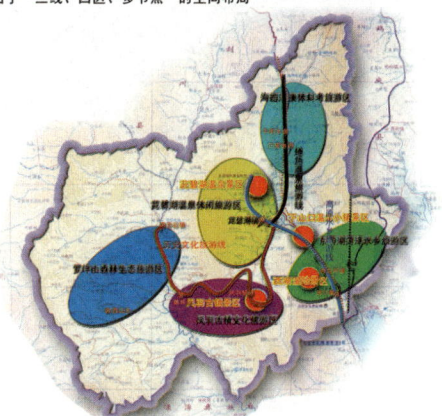

《洱源县旅游发展总体规划（2007—2020）》
提出了"一个旅游中心、五个功能片区、四大精品景区、三条精品线路"的总体布局

图 3.1.2　相关规划衔接分析

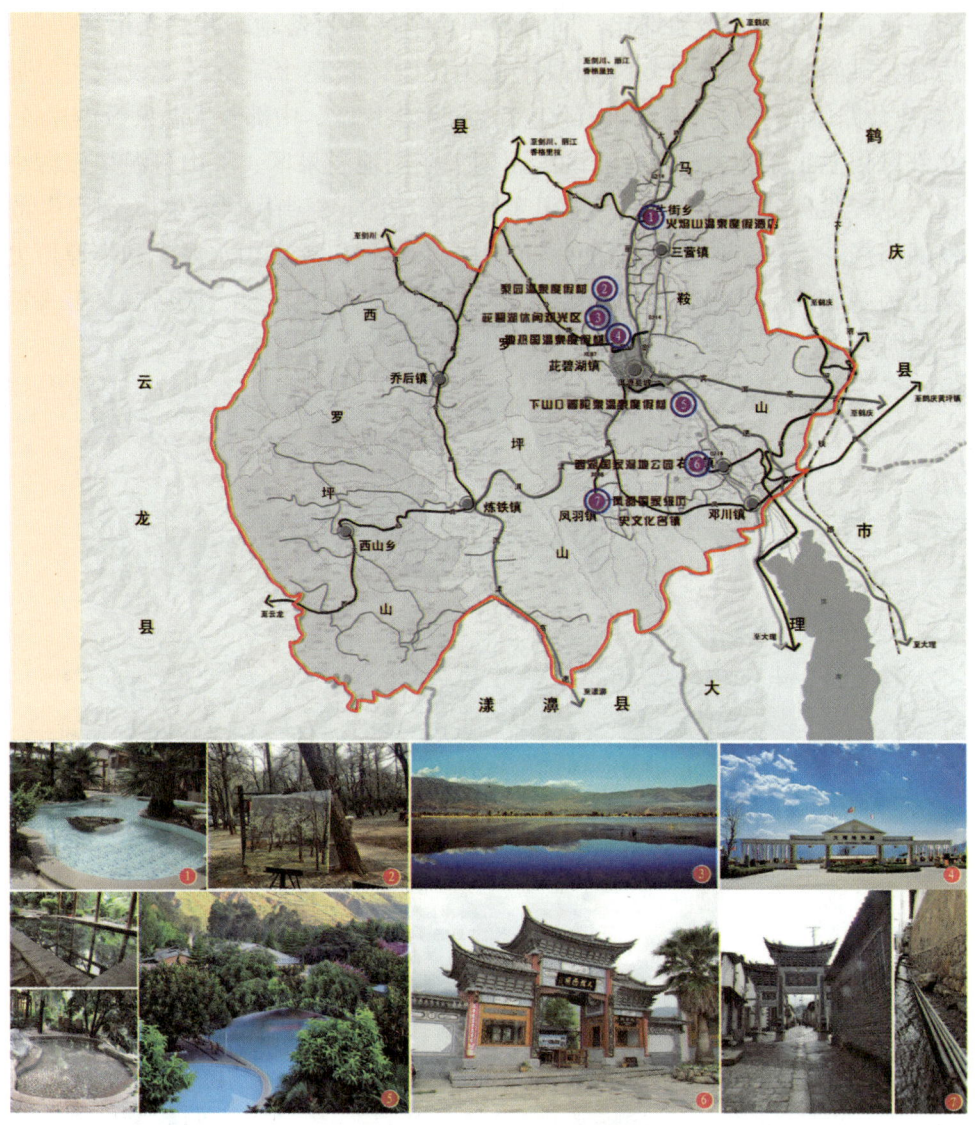

图 3.1.3　旅游发展现状

5.《洱源县关于加快旅游业转型升级实现跨越发展的意见》

本规划是对《洱源县关于加快旅游业转型升级实现跨越发展的意见》提出打造 6 大旅游精品景区（茈碧湖温泉休闲旅游景区、西湖菏泽水乡旅游景区、下山口温泉旅游度假小镇景区、凤羽古镇文化旅游景区、罗坪山森林生态旅游景区、牛街温泉民俗旅游景区）的具体实践。意见中提出要做精温泉休闲理疗旅游线（下山口温泉旅游小镇—大理地热国—牛街民居温泉）、高原水乡观光旅游线（茈碧湖—下山口温泉旅游小镇—西湖国家湿地公园)、森林生态旅游线(茈碧湖梨园村—凤羽清源洞—罗坪鸟吊山)、历史文化旅游线(邓川德源古城—龙潭本主庙—凤羽历史文化名镇)4条旅游线路,做强温泉、文化、生态特色旅游品牌,做深旅游宣传促销,加强旅游行业管理,加快旅游产品开发,加强公共服务建设,并提出了4项保障措施。

二、温泉旅游概述

(一)国外温泉旅游概述

1. 世界温泉分布

世界上著名的温泉主要分布在欧洲、东亚、北美等地,其中欧洲地区以比利时的斯巴温泉、英国的巴斯温泉、德国的巴登巴登、法国的依云等为主;东亚以中国的华清池、珠海御温泉、黄山醉温泉以及日本的箱根温泉、有马温泉等为主;北美以美国的格伦伍德温泉、LALA温泉城以及加拿大的班夫温泉、哈里森温泉等为主。

2. 国外温泉旅游发展简况

温泉旅游是一种传统的度假旅游形式,有着比较悠久的发展历史。早在古罗马帝国时期,罗马就开发了设施简陋的温泉旅游度假地,之后又传播到了北非海岸、希腊、土耳其、德国南部、瑞士以及英国等地。国外温泉旅游的发展总的来说经过了三个大的阶段:

(1)温泉疗养SPA初步兴起:14世纪30年代,温泉疗养SPA初步兴起。1326年,比利时铁骑制造商洛普在列日镇附近开发了欧洲大陆上第一个温泉疗养地,此后列日镇逐步发展成为世界著名的温泉疗养胜地,并改名为"斯巴",SPA也逐渐成为温泉疗养胜地的代名词。早期的温泉疗养地是温泉旅游度假区的雏形,温泉的疗养作用是吸引众多旅游者的主要因素。

(2)温泉旅游度假区快速发展:欧洲文艺复兴以后的17世纪晚期,集治疗休闲、娱乐等功能于一体的温泉旅游度假区快速发展。当时"斯巴"在欧洲大陆(英、法、德、意、西、葡等国)得到了空前的发展,其中,英国伦敦西部著名的温泉度假城"巴斯"当时已发展成了上流社会重要的社会生活中心和高级女子时装设计与制作中心。各种高档的住宿设施、娱乐设施和服务设施,如戏剧院、歌剧院、舞厅、图书馆、娱乐场、赛马场、野营地以及供休闲散步的公园等急剧增加,这时的巴斯已经不仅仅是温泉治疗的场地,已经演化成为集治疗休闲、娱乐等功能于一体的温泉旅游度假区。

3. 温泉主题城市文化作用凸显

20世纪20年代以后,以温泉主题城市为代表的温泉文化作用凸显,现代温泉旅游度假区的旅游者实现了由上层阶级向中产阶级和普通大众的转变。在日本,形式多样的"温泉文化",度假区的规模日渐扩大,旅游功能日趋多样化,并发展成为多功能、综合性的大型旅游度假区。日本温泉资源丰富,迄今已经建起温泉保健所700多家,温泉旅馆1万多个,并利用温泉地质、地貌景观开展旅游活动。美国的温泉旅游侧重于健身、减肥、康体等综合功能,目的在于营造一种舒适惬意的生活方式。

4. 国外温泉旅游开发模式

(1)欧洲以综合功能为核心:西欧对温泉的开发经历了"疗养、洗浴保养、休闲综合温泉度假观光"的历史轨迹。以英国著名的温泉城市巴斯为代表。中欧以德国为代表,强烈的服务意识使得德国温泉具有浓厚的疗养、保养功能,虽然温泉疗养在德国的温泉中是最核心的因素,但随着消费者需求的多样化、个性化,德国的温泉开发也打破了传统的模式,在温泉开发中注入了很多娱乐、休闲因素。东欧在温泉的开发利用方面历史悠久,东欧的温泉也逐渐从社会主义建设时期的单纯洗浴、疗养功能转向综合开发。整个欧洲温泉非常注重温泉衍生产品的开发和推广,充分利用温泉水富含对人体有益的矿物质的特质,生产饮用水、研制药品、化妆品。埃维昂的营销策略值得学习,以埃维昂命名的商品相当多,其中最著名的是畅销世界的"evian"矿泉水。温泉衍生产品不但使人们能够间接地享用温泉,也为温泉品牌的打造、温泉开发模式提供了选择。

(2)亚洲以观光温泉为核心:而亚洲温泉旅游的开发以日本、韩国为代表。日本温泉地经历了从汤治到保养、修养、观光、欢乐的全过程。日本学者山村顺次将日本温泉地划分为疗养型、中间型和观光型3种,其中,观光型温泉地在日本所占比例达到83%,观光型温泉地被认为是日本温泉旅游发展的主流。现代韩国温泉产品以"斯帕比斯"为代表,它号称东方规模最大的保健主题温泉,也是韩国第一座引入"保健"概念,并依据此主题设计建设的全新温泉地。

(二)国内温泉旅游概况

1. 国内温泉旅游发展现状

我国温泉资源十分丰富,开发的潜能很大。据2011年的统计:中国地热资源预测总量有36万平方千米,而近期可开采的温泉资源就达24万平方千米。中国是中低温泉地热大国,约占全球的8.6%。我国地质部门已经探明的温泉布藏3700多处，已开发的有1600多处，中国温泉地热资源丰富的省份依次是：西藏、云南、广东、河北、重庆、湖北、天津、福建、北京、海南、辽宁、湖南等。我国温泉旅游产业从20世纪80年代初期开发到90年代末的大规模商业运作，竞争日益激烈，至今，各种形式、各种规模的温泉旅游企业遍布全国，取得了较好的经济效益和社会效益，中国温泉产业发展的形势和趋势都是好的。

2. 国内温泉旅游开发模式

目前，国内温泉旅游的经典开发模式有六种，如图3.2.1所示：

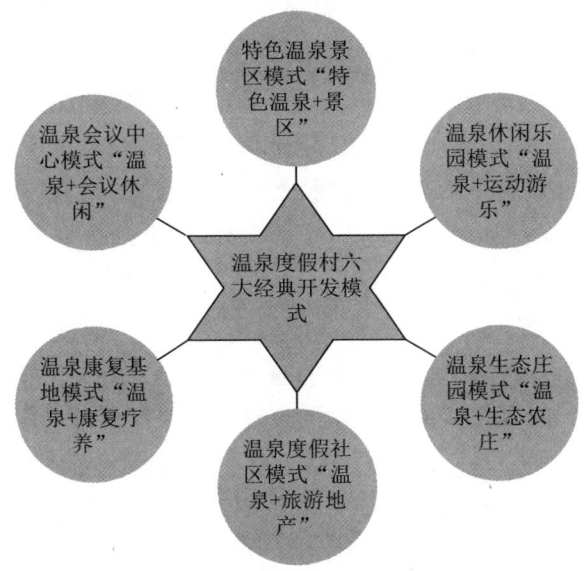

图 3.2.1　温泉旅游的开发模式

（1）特色温泉景区模式——"特色温泉＋景区"："特色温泉景区"模式是以创造独具特色的温泉泡浴景区来赢得市场的模式，是温泉养生开发最根本的模式，主要包括两种类型：第一，面向大众的精品温泉景区，以中国温泉行业的领头羊"御温泉"和"天沐温泉"为代表；第二，面向小众的高端SPA景区，以昆明的柏联SPA为代表。

（2）温泉会议中心模式——"温泉＋会议休闲"："温泉＋会议休闲"模式是温泉养生最普遍也是最容易获得成功的开发模式，分为"温泉＋大型会议"及"温泉＋中小型会议"两种模式。其中，"温泉＋大型会议"模式以北京九华山庄为典型代表。而"温泉＋中小型会议"模式依托于中等城市或省会城市，主要利用温泉的休闲养生价值吸引中小规模的团体会议市场，是我国目前绝大多数温泉养生最基本的开发模式。

（3）温泉休闲乐园模式——"温泉+运动游乐"：温泉与运动休疗的结合，也是温泉养生最常见的开发模式之一。主要有以下四种：

①温泉+水游乐。以北京温都水城的水空间、被称为"中国动感第一泉"的广东恩平锦江温泉、华东最大的温泉——浙江武义清水湾·沁温泉等为代表，通过温泉造浪池、温泉漂流、温泉游泳池、水上滑梯等一系列时尚、动感、刺激的水游乐项目的引入，实现了温泉养生夏季火爆的经营。

②温泉+高尔夫。以上海太阳岛高尔夫温泉养生、北京龙熙温泉高尔夫、广东惠州汤泉高尔夫、广西嘉和城温泉谷、天津宝坻珠江帝景温泉养生为代表，通过高端温泉水疗 SPA 与高尔夫运动充分结合，形成了面向高端市场的高端休闲经典组合产品——温泉高尔夫，是顶级度假村的经典开发模式。

③温泉+滑雪场。以山东青岛即墨天泰温泉滑雪场、辽宁辽阳长岭温泉滑雪场为代表。温泉结合冬季最时尚、最具挑战性的滑雪项目，是养生与运动的美妙结合，形成强大的吸引力与竞争力，"活力冬季"的概念也应运而生，从而有力推动冬季旅游的突破。

④温泉+综合游乐。以广东珠海海泉湾为代表，该度假区以罕有的海洋温泉为核心，由五星级酒店、神秘岛主题乐园、渔人码头、梦幻剧场、体检中心、加勒比海岸、运动俱乐部、拓展训练营、高尔夫项目、休闲垂钓区以及自驾车营地等项目组成，是中国目前功能最齐全、综合配套最完善的超大型旅游休闲度假区，被国家旅游局授予全国首家"国家旅游休闲度假示范区"称号。

（4）温泉康复基地模式——"温泉+康复疗养"：此类模式以全国四大康复理疗中心、亚洲著名温泉——辽宁汤岗子温泉疗养院为代表。温泉市场最核心的本质是健康养生，依托医院、生命科学研究中心等机构，充分发挥医学、生命科学与健康管理的作用，结合现代理疗手法的应用，把温泉的健康养生与日常的体检、医疗、诊断、康复、疗养、健身等一系列手段深度结合，打造温泉康复疗养基地，做大温泉健康养生产业，获得巨大的经济和社会效益。

（5）温泉生态庄园模式——"温泉+生态农庄"：此类模式以北京蟹岛度假村为代表，按照"温泉生态庄园"的模式，将温泉资源与生态农庄开发有机融合，将实现双重目标：一方面是有力发挥温泉资源的延伸利用价值，以地热营造温室，发展高附加值种养殖项目、温泉生态农业项目，有助于推动生态农业从单一的产品经济向服务经济迈进；另一方面，生态农庄的建设有效地改善了温泉养生的休闲环境，更可以利用生态农庄的设施载体，创造出极具特色的温泉泡浴场所。

（6）温泉度假社区模式——"温泉+旅游地产"："温泉+旅游地产"模

温泉资源特点

1. 温泉资源分布广泛,核心资源相对集中
2. 温泉资源互为依托,主题特色泾渭分明
3. 温泉资源带状分布,具备连片开发基础

洱源县主要温泉资源等级评价表

级别	温泉资源	数量
五级	炼渡温泉(14.57)、下三枚温泉(22.09)	2
四级	城西温泉(3.89)、温水村澡堂(5.84)、大宝温水沟(8.04)	3
三级	文庙温泉(2.82)、九气台温泉、江干温泉、蛤蟆嘴(2.88)、土登泉群(2.47)	5
二级	梨园温泉、土官充温泉、牛街菜园热泉(1.97)、汉庄澡堂(1.02)、山羊坪澡堂(1.60)	5
一级	官营温泉(0.08)、炼城温泉(0.55)、石碑村热泉(0.64)、龙寺泉塘(0.66)、火焰山澡堂(0.88)、运亭村温泉、下山口温泉(0.45)、魏晋石澡堂、龙马洞温泉(0.45)、上江村澡堂(0.11)、豹子沟澡堂	11

图例

- ■ 五级温泉资源
- ● 四级温泉资源
- ◆ 三级温泉资源
- □ 二级温泉资源
- ○ 一级温泉资源

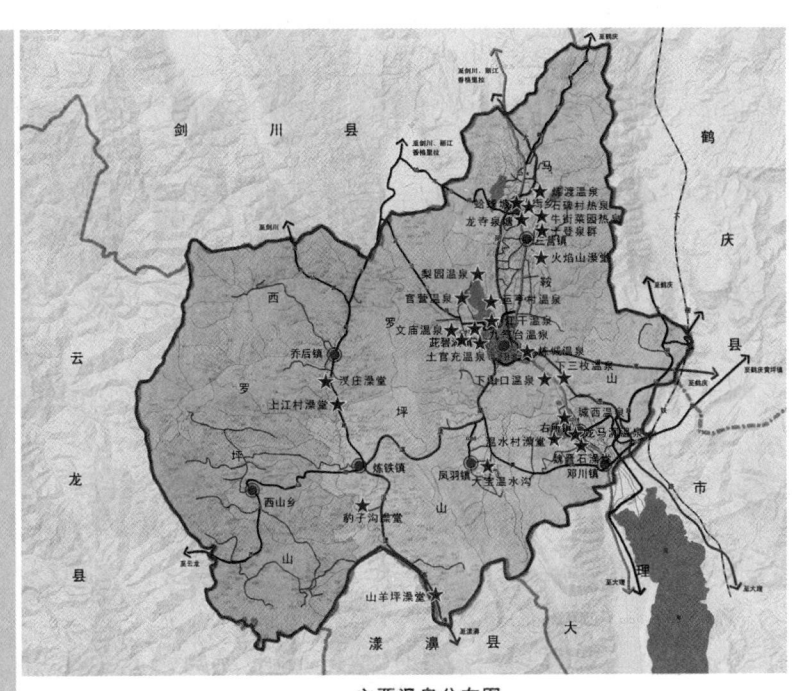

主要温泉分布图

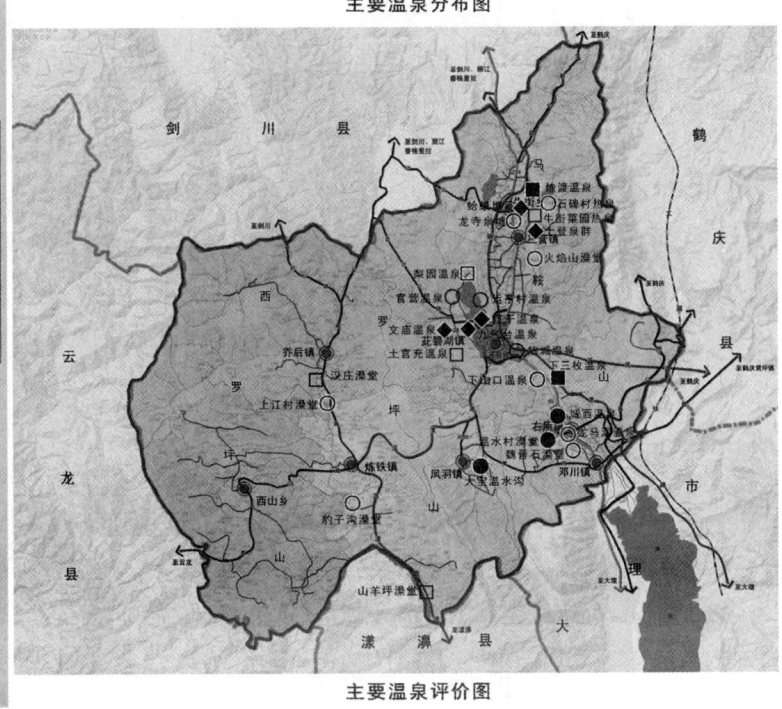

主要温泉评价图

图 3.2.2　主要温泉分布与评价

式是目前全国绝大多数温泉项目开发普遍采用的模式。温泉与旅游地产的结合，形成了一大批大型温泉度假区、温泉小镇、温泉新城（区）等项目，带动了区域的整体开发。天津珠江帝景温泉养生、重庆海兰云天温泉养生等，都是温泉度假社区模式的典型代表。"温泉+旅游地产"的开发模式仍将是未来温泉养生开发最为重要的模式之一。

（三）国内温泉旅游发展趋势

1. 温泉产品从单一走向多样

温泉旅游发展面临着从单一的温泉治疗、休闲娱乐、会议等功能，发展到多种旅游功能综合的趋势。一方面，游客到温泉旅游需要养生、健康产品；另一方面，游客到温泉旅游休闲度假，需要娱乐产品、旅游观光、休闲度假、美食购物等多样化的产品组合。这些产品必须根据温泉旅游的实际情况突出自己的特色。

2. 温泉设计从室内走向室外

温泉旅游的选址，环境是很重要的一个因素。在环境营造上，需要从忽视环境的营造到追求高质量的环境，从室内封闭的沐浴环境转向露天温泉、半室内温泉和温泉洗浴的私密性空间发展。环境主要是指山水环境、空气质量、气候条件等，也包括就餐环境和洗浴环境等。

3. 温泉服务从大众转向个性

市场对设施的要求在发生变化，这对温泉在服务上的设计理念提出了新的要求。比如住宿，对房间的结构提出了要求，游客需要大的露台、大的玻璃窗、大的房间，标间已不再满足个体游客的要求，对度假游客就更没有吸引力。还有家庭的散客，房间的功能和设置也会有所不同。

4. 温泉产业从分散走向聚集

随着旅游业的兴起以及休闲消费的日益增长，国内温泉产业也取得较快的发展，构成单产业、双产业及泛休闲产业发展三个层次。目前大多数进入双产业发展进程，双产业发展在单产业发展的基础上，充分挖掘温泉资源的价值，再融合健身体检等康体疗养产业链，构成特色的休闲项目，形成旅游休闲产业聚集区，最终建成成多元休闲产业聚集的大型区域旅游点。

（四）云南温泉资源概况

据全省温泉资源普查数据，全省温泉区1240余处，约占全国总数的1/3，数量分布居全国之冠。100℃以上的20多处，40℃以上的达500余处。地下钻孔热水近 200 处。作为全国地热活动最强烈、地热资源最丰富的地区之一，且温泉流量大，每年流出热水约 3.6 亿立方米，释放热量相当于 118.7 吨标准煤，仅次于西藏，居全国第二位。云南温泉不仅水量可观，而且水质优良，除常见钙、镁等常量元素外，还含有多种人体必需的微量元素，常常成为达标矿泉水和医疗矿泉水，能满足社会各界的多方面需求。为此，云南被称为"泉水之乡"。从种类上来看，云南的温泉大部分以重碳酸泉为主，其次是碳酸泉及硫黄泉。按水温分，有低温泉（25~40℃）、中温泉（40~60℃）、高温泉（60~80℃）、过热泉（96℃以上）四种类型（表 3.2.1）。

表 3.2.1　全省温泉资源情况

项目	特征
温泉总数	1240 处（未列入人工开采井）
占全国比	32%
分布状况	广泛出露、滇西占三分之二
高温泉区、中低温泉	滇西地区、滇东地区
活动特征	水热爆炸、间歇喷泉、沸喷泉、喷汽泉、冒汽硫、硅华
热海热田	约 18 个 /B 级以上
化学组分	常规离子、微量元素、放射性元素、气体
水质类型	重碳酸钠型、重碳酸钙型、重碳酸钙镁型、重碳酸钙钠型、重碳酸钠镁型、重碳酸硫酸钠钙型

据中国地质调查局水文地质环境地质部 2012 年统计数据显示，我国共有 2710 处温泉。其中温泉资源最多的地区是云南、西藏、四川、广东、福建五省份，占全国总量的 69.6%（图 3.2.2 和表 3.2.2）。

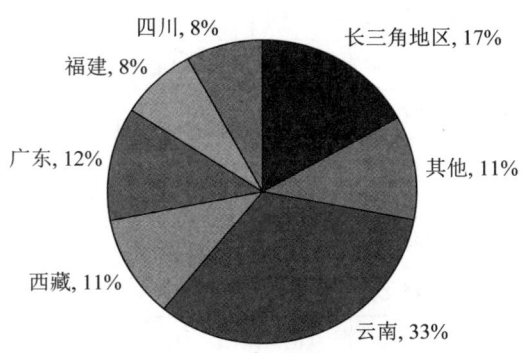

图 3.2.2　温泉资源数量分布图

表 3.2.2　温泉产品地区分布

排名	省区	数量（处）	占比
1	云南	822	
2	西藏	306	
3	四川	305	69.6%
4	广东	282	
5	福建	172	

改革开放以来，对温泉和地热的利用领域不断扩大，促进了旅游事业和多方面产业的发展。

（五）洱源温泉资源概况

1. 洱源温泉资源空间分布

根据云南省地热资源普查，洱源全县各个乡镇均有温泉自然出露点，共计88处，主要地热温泉点26处。出流量0.098立方米/秒，日产38~78℃温水308立方米，洱源也因此享有"十里一汤，五里一泉"的"温泉之乡"的美誉。县城茈碧湖镇是闻名遐迩的"热水城"，下山口自发形成了乡村民间温泉小镇，三营火焰山有蔚为壮观的气雾状喷泉。洱源县是云南省地热温泉资源最为丰富的两个县（洱源、腾冲）之一，且地热温泉大多分布于坝区或交通沿线，具有较大的开发潜力和较明显的交通优势（表3.2.3）。

表 3.2.3　洱源县主要地热温泉点分布一览

泉点	所处位置	水温（℃）	流量（m/s）	状况
汉庄澡堂	炼铁乡汉庄村	54.0	0.7	显示体为二泉塘
上江村澡堂	炼铁乡上江村北	40.0	0.1	显示体为一人工挖成澡堂
豹子沟澡堂	炼铁乡白马阱村	35.0	—	系热水和江水的混合体
山羊坪澡堂	炼铁乡山羊坪村南	45.5	1.3	显示体为河滩二泉塘和山侧小水泉塘
梨园温泉	茈碧湖镇梨园村南	32.2	—	显示体为泵坑温水
官营温泉	茈碧湖镇官营村北	26.5	0.11	显示体为一小泉坑
文庙温泉	茈碧湖镇西端	69.6	1.5	显示体为一人工热水游泳池

续表

泉点	所处位置	水温（℃）	流量（m/s）	状况
土官充温泉	茈碧湖镇县政府东侧	58.0~63.5	—	显示体为250m×200m范围内户户有热水井
九气台温泉	茈碧湖镇九气台村	42.0~76.0	—	显示体为紧邻公路有6个热泉塘
江干温泉	茈碧湖镇江干村内	76.8	—	显示体为一直径10m的温水塘
炼城温泉	茈碧湖镇炼城村内	41.0	0.5	显示体为20m×2m的小澡堂
炼渡温泉	牛街乡炼渡村内	73.0~81.3	7	显示体为村内有多处泉眼
石碑村热泉	牛街乡石碑村内	47.0	0.5	显示体为石砌热水井
牛街菜园热泉	牛街乡南口公路东侧	42.0~69.2	1.3	显示体为3个泉眼
蛤蟆塘	牛街乡菜园南100m公路东侧	71.0~81.5	1.4	显示体为南北两片相距不远的泉群
龙寺泉塘	牛街乡菜园南200m公路东侧	81	0.3	显示体为石砌浅井泉口
士登泉群	三营镇士登村东至公路两沿	47.5~74.3	1.5	显示体为多处泉眼
火焰山澡堂	三营镇火焰山西麓	29.0~78.0	0.6	显示体为多处泉眼
运亨村温泉	三营镇运亨村	25.6	—	显示体为湖底喷泉
下山口温泉	右所镇下山口村西北	81.0~84.0	0.2	显示体为多处泉眼
下三枚温泉	右所镇下三枚村	22.2~50.0	22.7	显示体为多处泉眼
城西温泉	右所镇波头村	33.0~39.6	4.0	显示体为多处泉眼
温泉村澡堂	右所镇温泉水村内	53.4~54.0	4.0	显示体为3个泉眼
魏晋石澡堂	右所镇波头村和波中村之间	30.0~35.0	—	显示体为石砌澡堂
龙马洞温泉	右所镇弥苴河东岸	84.0	0.2	显示体为人工澡堂
大宝温水沟	凤羽镇大宝村北	14.7~19.8	17	显示体为3个泉眼

2.温泉资源特点

（1）温泉资源分布广泛，核心资源相对集中：洱源县温泉资源十分丰富且分布极为广泛，全县所辖6镇3乡均有温泉资源分布，共拥有温泉自然出露点88处，主要地热温泉点26处。总体上看，洱源县温泉资源在空间地域分布上又具有相对集中的特点，形成了温泉资源相对密集的一个由茈碧湖镇、右所镇、牛街乡和三营镇共同构成的带状旅游区。

（2）温泉资源互为依托，主题特色泾渭分明：纵观全境的主要地热温泉点分布区，茈碧湖镇依托县城，可将温泉资源开发与城镇发展、环境提升、土地增值等结合，凸显温泉主题社区特色；右所镇依托西湖国家级湿地公园和普陀泉温泉旅游度假村，可凸显湿地温泉和温泉小镇特色；牛街乡依托民居和海西海，凸显田园温泉和民居温泉特色；三营镇依托火焰山地热温泉奇观，可着力打造温泉景观聚集区。即形成温泉主题社区，以湿地温泉、田园民居温泉、景观温泉为特色的主题旅游区。各类温泉资源相辅相成，互为依托，体现出极高的吸引力和组合性。

（3）温泉资源带状分布，具备连片开发基础：在26处主要地热温泉点中，茈碧湖镇有7处，占全区旅游景点数量总数的26.92%；右所镇有6处，占23.07%；牛街乡有5处，占19.23%；炼铁乡有4处，占15.38%；三营镇有3处，占11.54%；凤羽镇有1处，占3.85%。从主要地热温泉点分布的数量上看，以茈碧湖镇、右所镇、牛街镇的热温泉点分布数量最多，这有利于洱源县温泉资源的集中综合开发，可实施以城镇为中心，采取重点开发，以点连线、以线带面的开发战略思路。

3. 温泉资源开发方向

从市场需求角度来看，旅游者对于温泉的消费需求，已经不局限于"单一泡浴"的层面，而是要求能够满足其对于"保健疗养、运动休疗、商务会议、休闲度假、风情体验"等全方位、多层次、综合性的休闲消费需求，功能单一的温泉度假村将逐步丧失在市场上的竞争力，这也使得温泉资源的开发方向必须从"单一利用"走向"综合开发"，建立以温泉产业为主题的复合型新业态。因此，洱源县温泉资源的开发方向应该是以"温泉+X"为主体的混业经营模式。

4. 洱源温泉旅游竞争力比较

（1）云南各地州温泉资源比较分析。从空间分布上看，云南温泉资源分布总量以保山和大理州市最多，分别为185处和115处，占全省的14.8%和9.2%（见表2.4）。其中，保山温泉主要分布在腾冲县，县境内共有温泉百余处，占全省温泉总量的近10%，占全市温泉总量的60%以上；大理温泉主要分布于洱源县，县境内共有温泉88处，占全省温泉总量的7.1%，全州温泉总量的75.5%。可见，腾冲和洱源是云南省温泉资源最为富集、竞争优势最为明显的两个县。在省内，洱源县的地热温泉资源仅次于腾冲，二者在省内对旅游客源市场形成一定程度的竞争态势（图3.2.4）。

表 3.2.4　云南主要地热资源区温泉分布情况

地区	温泉总数	占全省比例	分布区域
昆明	63	5.0%	安宁、宜良
玉溪	85	6.8%	元江、华宁、新平
红河	93	7.4%	弥勒、个旧
保山	185	14.8%	腾冲、龙陵
德宏	84	6.7%	潞西、梁河、盈江
临沧	76	6.1%	凤庆、永德、云县
大理	115	9.2%	洱源、云龙
西双版纳	79	6.3%	勐海、景洪

（2）洱源与腾冲温泉旅游竞争力比较。从总体上看，洱源地热温泉的规模和数量都不及腾冲，但是，洱源县位于滇川藏大香格里拉旅游圈的交通要道上，是滇西北地区唯一的温泉富集地，对省内和临近省外区域内的近程旅游市场具有比腾冲更大的旅游吸引力。洱源是云南地热温泉资源最丰富的地方之一，地热温泉出水点 88 处，出水口温度为 70℃~90℃，2010 年被国土资源部授予首批"中国温泉之城"称号。腾冲是中国三大地热区之一，境内有沸泉、气泉、喷泉、温泉群 878 处，为国家级地热火山风景名胜区中最重要的景区之一。

表 3.2.5　洱源温泉与腾冲温泉对比

地区\指标	规模数量	观赏形态	资源组合	交通区位	开发程度	市场影响
洱源温泉	88 处	单一	温泉+湖泊	良好	中	低
腾冲温泉	100 余处	多样	温泉+火山	中等	高	高

腾冲地热温泉以其规模、典型性、奇特性上形成特色，但是，洱源温泉资源主题特色、带状分布特色、区位优势等又是腾冲无法比拟的。因此，洱源的温泉开发要走差异化、细分化路线，要强化温泉文化特色，让温泉旅游覆盖更广阔的市场。

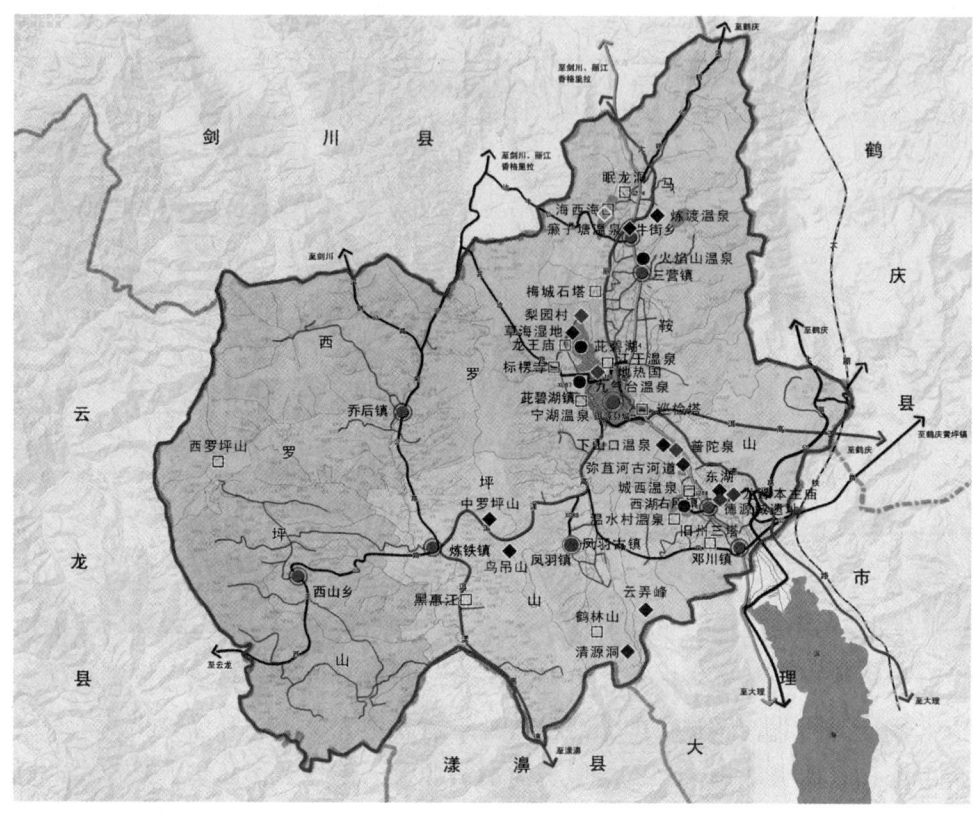

图 3.2.3 旅游资源分布与评价

三、现状评估

（一）旅游资源现状

1. 旅游资源类型

洱源县是国家重点风景名胜区——大理风景名胜区的重要组成部分。洱源县通过申报并颁布的列级旅游资源共有 7 个，其中省级风景名胜区 1 个

（西湖国家湿地公园），省级重点文物保护单位2个（邓赕诏德源城遗址和段信苴宝摩崖碑），州级重点文物保护单位4个。在大理州范围内，洱源县的列级旅游资源数量居第4位，属于大理州的旅游资源富集大县。洱源县的旅游资源主要集中于凤羽镇，其次是三营镇、牛街乡和邓川镇，炼铁镇、西山乡和乔后镇的旅游资源较少。根据《旅游资源分类、调查与评价》（GB/T 18972—2003）中旅游资源的分类分级系统，对洱源县具有代表性的、组合较好、品位较高的旅游资源单体或复合型旅游资源单体进行实地调查与分析，洱源县的主要旅游资源点为278个。在旅游资源类型的8大主类31亚类和155个基本类型中，洱源县旅游资源8大主类齐全，31亚类中旅游区有25亚类，占到了80.6%，在155个基本类型中，旅游区有89个，占57.4%。洱源县旅游资源类型丰富，资源品位较高，从类型方面主要有以下几大类型主体资源：

（1）地热温泉景观——中国温泉城。洱源县境内共有温泉88处，占全省温泉总量的7.1%，占全州温泉总量的75.5%。洱源县的地热温泉资源在云南省内仅次于腾冲，但区位条件却远优于腾冲。洱源县的温泉点分布广泛，规模连片，而且多集中于坝区或交通沿线，具有优越的开发条件，是全国首批和云南唯一的"中国温泉之城"。

（2）高原水乡风貌——地热王国。洱源县地处洱海源头，水资源丰富，湖泊湿地相连，村落河流相依，田野沼泽一体，平畴沃野，湖光山色。北有海西海，中有茈碧湖，南有西湖，弥苴河串联其中，通达南北。此外还有凤羽河、茈碧湖海尾河、罗时江、永安江等"三水、五湖"的水域环境。徐霞客游后发出"翛翛然有江南风景"的赞誉，而杨升庵则有"远梦似曾经此地，游子恍疑回故乡"之感，尤其是东湖西湖片区有"高原泽国仙境"之韵味。

（3）原生文化宝库——白族文化。洱源县丰富多彩的白族原生态民族风俗和节庆活动组成了白族文化的宝库。在口传文学方面有《火烧松明楼》《望夫云》等许多优美动人的传说故事一直流传至今；在民族传统节日方面有白族一年一度的盛大节日"三月街民族节""火把节"等；在建筑方面有"一正两耳""两房一耳""三坊一照壁""四合五天井""六合同春"和"走马转角楼"等传统白族民居。此外，洱源又是著名的白族舞蹈之乡、唢呐之乡，白调、汉调、邓川调、白戏大本曲、霸王鞭、白族对歌等白族民族歌舞文化绚丽多姿。

（4）厚重历史沉淀——书香故里。洱源县历史悠久，境内有众多古塔、遗址和碑碣、牌坊、书院等古文化遗存，这些建筑群体见证和沉淀了从唐宋时代开始一直到明清时期洱源文明的鼎盛和繁荣。同时，洱源人崇尚知识，勤奋好学，是名副其实的名人书香故里，名人辈出，涌现了像马耀、张文勋、杨丽萍等一大批名人。

（5）舌尖上的洱源——饮食文化。洱源县有得天独厚的自然资源，被人们赞誉为"鱼米之乡""梅子之乡""乳牛之乡"。由此做出的食物色香味俱全，如最早在洱源县发现的野生梅变种——刺梅和曲梗梅；唐代南诏时期就开始盛行洱源雕梅；鲜嫩爽口的生皮、饵块；温泉菜系列（温泉蛋也称气磺蛋、滋阴补气延年益寿的温泉鸡、热水藕等）；既可以作为酸辣鱼调味品又是一剂传统中药的炖梅，火烧猪肉；鸡豆凉粉；邓川烤乳扇等。

2. 旅游资源评价

按照《中华人民共和国国家标准：旅游资源分类、调查与评价》（GB/T 18972—2003）中所规定的分类评价体系，对旅游区的旅游资源进行赋分，然后根据所得的分值和等级指标给旅游资源单体确定其等级。评价的主要依据是实地调查的结果，并进行充分论证，对独立型旅游资源单体和集合型旅游资源单体进行综合评价，总结出如下主要旅游资源等级表（表3.3.1）。旅游区共有旅游资源单体208个，其中五级旅游资源有1个，四级旅游资源有5个，三级旅游资源有15个，二级旅游资源有32个，一级旅游资源有67个，未获等级旅游资源有88个，分别占旅游资源总数的0.48%、2.40%、7.21%、15.38%、32.31%、42.31%。

表3.3.1 主要旅游资源等级

级别	旅游资源	数量
五级旅游资源	洱源温泉	1
四级旅游资源	火焰山温泉、茈碧湖、九气台温泉、西湖、凤羽古镇	5
三级旅游资源	炼度温泉、癞子塘温泉、草海湿地、下山口温泉、弥苴河古河道、东湖、石窦香泉、云弄峰、清源洞、中罗坪山、鸟吊山、梨园村、德源城遗址、地热国、普陀泉	15
二级旅游资源	眠龙洞、海西海、江干温泉、宁湖温泉、城西温泉、温水村温泉、鹤林山、白石江瀑布、黑惠江、西罗坪山、梅城石塔、龙王庙、标楞寺、巡检塔、旧州三塔、罗坪山候鸟观测站、罗坪山风电场、凤翔书院、凤羽武庙、渔潭会、洞经音乐、右所东湖龙王庙、本主节、凤羽砚台、制风塔、象鼻塔、段信苴宝摩崖碑、古槐树林、玉湖公园、东湖荷乡度假园、邓赕山庄、茈碧湖度假村	32

续表

级别	旅游资源	数量
一级旅游资源	白沙河瀑布、猿梯瀑布、潭溪瀑布、金玉桥瀑布、巡检村旧石器晚期遗址、佛光寨古战场遗址、火焰山古塔遗址、钟灵寺遗址、潜龙庵遗址、会真寺、鹤林寺、金榜寺、真武阁、灵鹫寺、宁湖大成殿、鸡鸣村清真寺、帝释山寺观群、清静寺、兰若寺、竹林寺、龙马洞温泉、蛤蟆坛、土登泉塘、余金庵自然风景保护区、乔后水土保持森林区、石月扬辉、彩云岗五彩云霞、佛光寨佛光、皮罗阁庙、积庆寺、凤河玉皇阁、河外村本主庙、镇蝗塔、诸宝阁、三爷河、三教宫、文庙、武庙、镇水塔、凤羽白族民居、留佛塔、三枚村清真寺、德源桥、凤鸣村清真寺、阿氏五氏墓表碑、高节坊、上村水库等	67
未获等级旅游资源	火焰山、黄莲木、黄葛榕、苦梅、侧柏、云南樟、滇朴、野生柿树、银杏、金桂、三桷白、含笑花、赵善政墓、火葬墓群、艾自修墓、王崧墓、小南山革命烈士墓、牛街革命烈士墓、标山、帝释山、德源山、灵应山、三台山、大黑山、南无山、马鞍山、西山、凤羽十六峰等	88

3. 温泉资源评价

根据洱源温泉资源现状及其规模和开发价值，可以设计一个公式进行评分。评分公式为：$D=T \times V/37$。式中：D 为得分，T 为平均水温（℃），V 为流量（m/s），37 为适宜温泉平均温度（与人体温度相同）。根据以上公式计算出：最高得分为 22.09，最低得分为 0.08（此外还有一些温泉点因缺乏流量数据而没法评分）。根据评分结果，可将这 26 处温泉资源分为五个等级。其中，分值低于 1 分的为一级资源，1~2 分的为二级资源，2~3 分的为三级资源，3~10 分的为四级资源，10 分以上的为五级资源（对于没有分值的温泉资源点，根据平均水温、开发价值和实际情况分列等级，见表 3.3.2）。

表 3.3.2 洱源县主要温泉资源等级评价

级别	温泉资源	数量
五级	炼渡温泉（14.57）、下三枚温泉（22.09）	2
四级	城西温泉（3.89）、温水村澡堂（5.84）、大宝温水沟（8.04）	3
三级	文庙温泉（2.82）、九气台温泉、江干温泉、蛤蟆塘（2.88）、土登泉群（2.47）	5
二级	梨园温泉、土官充温泉、牛街菜园热泉（1.97）、汉庄澡堂（1.02）、山羊坪澡堂（1.60）	5
一级	官营温泉（0.08）、炼城温泉（0.55）、石碑村热泉（0.64）、龙寺泉塘（0.66）、火焰山澡堂（0.88）、运亨村温泉、下山口温泉（0.45）、魏晋石澡堂、龙马洞温泉（0.45）、上江村澡堂（0.11）、豹子沟澡堂	11

根据评价结果可知，洱源的五级温泉资源有 2 处，四级温泉资源有 3 处，三级温泉资源有 5 处，二级温泉资源有 5 处，一级温泉资源有 11 处。温泉等

级越高，可供开发的规模和价值越大。

（二）旅游区存在问题

1. 旅游业发展水平不高

温泉旅游发展现状与资源地位不相适应。以温泉为核心的大项目投入严重不足，没有高星级酒店、A级景区较少，与腾冲、弥勒相比，资源占优影响力不足，旅游业发展水平不高，大思路、大项目、大亮点项目缺乏。2000~2013年接待海内外旅游者约561万人次，从游客规模来看，总体还是偏小。累计旅游收入达46.89亿元，旅游外汇收入达1027.5万美元。这些指标均远远低于大理州同期的发展水平。洱源县当前的发展目标是成为旅游大县，而旅游业的发展尚处于初级发展阶段。因此，发展旅游业的主要任务是吸引游客和扩大游客规模、适度延长游客停留时间以及提高旅游业的整体服务水平。

2. 旅游大项目投入不足

大项目投入不足导致旅游业态发展单一。单凭"地热国""普陀泉"等项目难以支撑地热王国格局，需要由第一代温泉迅速向第三代温泉发展。第一代温泉是以温泉宾馆为代表的室内温泉，第二代温泉是以温泉度假村为代表的环境温泉，第三代温泉是以温泉SPA为代表的环境温泉，突出观光、度假、休闲、娱乐和保健功能。洱源县旅游基础设施问题主要表现在交通和住宿两个方面。虽然洱源县城的道路路网已较为完善，但洱源县域范围内至景区的交通滞后问题还较为突出，到景区交通的快捷通达性和道路环境的舒适性，尚不能满足旅游业发展的需要。由于投入不足，旅游市场开发、资源开发和配套设施建设都相对滞后。尽管旅游区的旅游资源非常丰富，其中有相当一批资源品位较高，但是没有形成完整的产品。像梨园村、下山口温泉小镇等景区目前还处于开发的初期阶段，牛街热田、三营、火焰山温泉等尚处于未开发状态，基础设施亟待完善。

3. 旅游业特色打造不足

旅游资源丰富但旅游特色打造不充分，与全省旅游业跨越发展的形势不相适应。高原湖泊湿地、温泉、白族文化、古镇等旅游资源发展重心不突出，缺乏代表性的核心项目。因而，开拓高端客源和海外客源市场将是洱源县旅游业未来发展的目标之一。在市场经营主体上，洱源县的旅游企业在规模、结构、数量方面还远远不够，尚未深入拓展到旅游业6大子行业中的旅游交通、旅游商品、旅游娱乐等其他领域；旅游系统的运行效率和经济收益尚待优化，进一步做大、做强旅游企业将是洱源县旅游业未来发展的另一目标。旅游产业是一个综合性很强的产业群，目前旅游区内的旅游企业和旅游资源无论是横向联合或纵向的合并，还是纵向的前向、后向一体化程度都比较低，企业特别是旅行社业基本处于画地为牢的状态，同质化现象严重，被动地进行价格战，不能也没有精力进行产品创新和产业升级。所以，目前旅游区的发展仍然处在初级的无序阶段，形不成合力，缺乏产业核心能力的培育和发展。

4. 旅游业发展机制不全

旅游业对其他产业的影响力稍显落后，产业发展机制、招商政策不突出，投资商对项目前景、投资回报心存担忧，投资信心不足。因此，洱源需要建立吸引大商、大项目带动的发展思路和配套机制。从全省范围来看，洱源主要经济指标处于28~91位，经济整体发展水平处于全省（129个区县）中下游层次。在主要指标中，洱源农林牧渔业总产值和全部工业总产值分别位于等28位和49位；社会消费零售额位于等91位。说明洱源第一产业和第二产业在省域具有一定的发展优势，但是第三产业发展水平较低。洱源旅游业的发展不仅具有资源优势，更具有难得的区位优势。但洱源相对大理其他旅游发达县区来说，处于滇西北旅游区的黄金位置，是通往丽江、迪庆的重要节点，因而要充分利用这一区位优势。

（三）大景区规划思路

1. 高端定位，按照特色规划

实施"中国温泉之城，大理地热王国"的温泉休疗度假旅游大景区战略。当前，旅游开发已全面进入"大旅游时代"，"大景区"规划呼之欲出，其本质是着眼"大旅游"。大景区规划是新时代社会发展使然，更是旅游产业成熟发展的内生需求。大景区规划不是旅游资源和旅游景区简单的叠加拼接，而是要借力"大旅游产业"来盘整山河、贯通产业、振兴文化、实现发展。因此，洱源的温泉旅游发展，应该顺应"大旅游时代"之趋势，立足"大景区"，实施"大整合"，借力"大营销"，瞄准"大市场"，通过"大开发"，推进"大融合"，构建"大产业"，促进"大就业"，实现"大发展"。

2. 以点带面，形成时序开发

建设温泉开发重点项目工程，打造五大温泉旅游主题片区，形成"湖、泉、镇、山"四个旅游产品开发时序。2012年4月，大理州委、州政府提出《关于旅游业转型升级实现跨越式发展的意见》中，将洱源温泉旅游区列为全州重点发展的"六大景区"之一，提出了"以大理地热国、下山口旅游小镇、西湖湿地公园为核心，依托丰富的温泉资源、优美的生态环境和良好的区位优势,打造中国温泉之城和国内一流的温泉休疗度假基地"的旅游建设意见。《意见》中强调的两个抓手为:(1)规划一批高标准温泉度假酒店和温泉度假区;(2)对地热国和西湖景区的配套设施建设、景区提升(4A)。由于洱源旅游资源丰富,除温泉资源外,还有高原湖泊、民族文化、凤羽古镇、森林资源等,规划中应突出重点,按照以点带面、时序开发的方式进行规划,以实现旅游业的可持续发展。

3. 策略推动,坚持四化原则

四化原则是温泉片区主题化、温泉项目具体化、温泉市场全面化、发展时序清晰化,推动策略为"政府引导、企业主体、行业促进、市场推动"。洱源温泉休疗度假旅游大景区是占地面积较大的综合性旅游目的地,旅游区的开发必须依赖于多个投资主体和政府力量来共同推动、投资、建设和发展。为此要打造一个旅游区资本市场运作平台,进行资本市场融资,形成多个投资主体多元化的开发格局。旅游区内五大功能区的资源必须实行主题错位开发,确立湿地温泉、温泉小镇、温泉社区、景观温泉、田园温泉的不同主题,形成区域功能相呼应的有机整体。旅游区所依托的基底是区域内的城镇和乡村,要通过旅游区的开发建设,对当地社会经济发展起到积极的推动作用,给当地居民百姓带来实惠,有力地推动城乡一体化发展。

四、温泉客源市场分析与预测

(一)客源市场现状

1. 国内温泉旅游市场分析

我国温泉旅游消费增长迅猛,温泉度假消费呈现井喷发展之势。近10余年来,温泉开发在全国各地如火如荼,全国温泉消费人数每年增长超过20%。2008~2012年,全国温泉旅游人数从1257万人次迅速增长至2099万人次,温泉旅游收入也从2008年的321.1亿元增长至770.7亿元,旅游人次将近翻了一番,旅游收益增长了一倍以上。位于西南的云南、西藏、四川是我国温泉资源最富集的三个省份,开发的潜力最高,而温泉发展迅猛的两个省份是重庆、广东,湖北、山东、辽宁、陕西、河南、河北等省份近几年也十分重视温泉旅游的开发。温泉旅游已实现产业化发展,很多温泉旅游景区逐步摆脱单一洗浴健身的功能,形成集休闲度假、保健疗养、观光娱乐为一体的综合功能性休闲度假目的地,全国出现了一批温泉休闲度假区、温泉小镇和温泉城市,温泉旅游正处于从康复疗养向大众休闲的过渡发展期。温泉度假与疗养功能结合是未来发展的"热点",温泉旅游产品呈现小体量、个性化、私密化的发展趋势。

2.洱源温泉旅游市场分析

(1)洱源旅游客源市场规模分析:近年来大理州在加快推进旅游二次创业和综合试点工作,以推动大理旅游从观光型向观光、休闲、度假、康体、会展复合型转变。

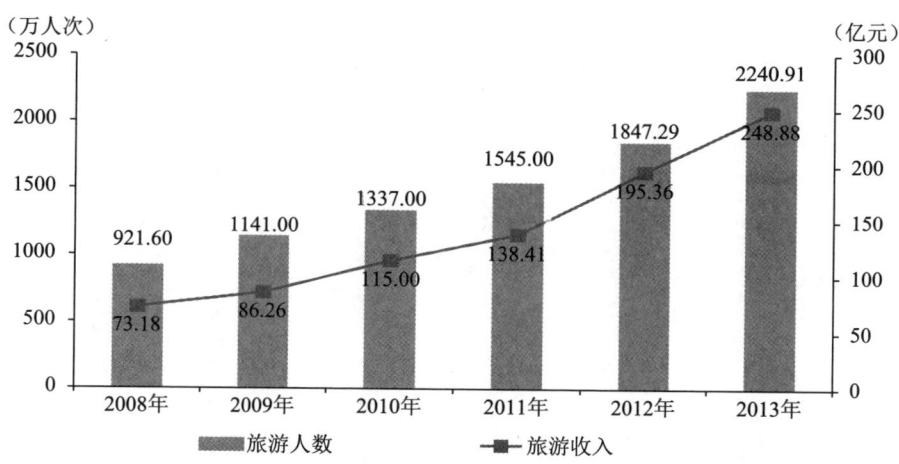

图 3.4.1　大理州 2008~2013 年接待海内外旅游者和旅游收入情况

在大理州整体旅游业迅速发展的大环境下,洱源县的旅游发展也取得了一定的成果。洱源县旅游业经过将近 30 年的发展,客源市场逐渐发展到一定规模,旅游收入逐年增加,2007~2013 年共接待旅游者 331 万人次。

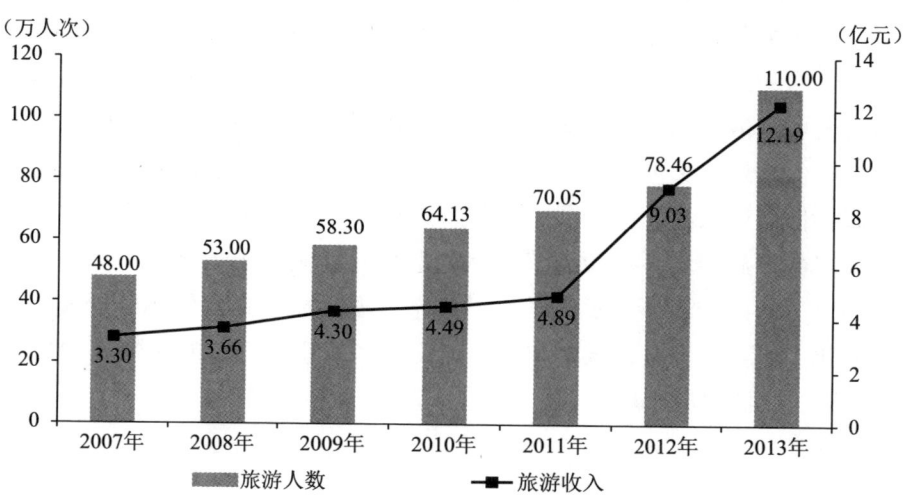

图 3.4.2　洱源县 2007~2013 年接待海内外旅游者和旅游收入情况

洱源县在旅游业不断发展的同时，也存在许多不足。首先，洱源县旅游人数2008年占整个大理旅游人数的5.8%，从2009年开始到2012年，旅游人数占整个大理旅游人数的比重呈下降态势，2013年虽然有所上升但还是只占到大理州的4.9%。其次，洱源县旅游收入占整个大理旅游收入的比重也呈下降态势，2011年甚至只占大理州的3.5%。这些数据说明在洱源县旅游业发展的同时，其他地区的发展速度超过了洱源县。洱源县旅游业正处在"慢进倒退"的尴尬局面。

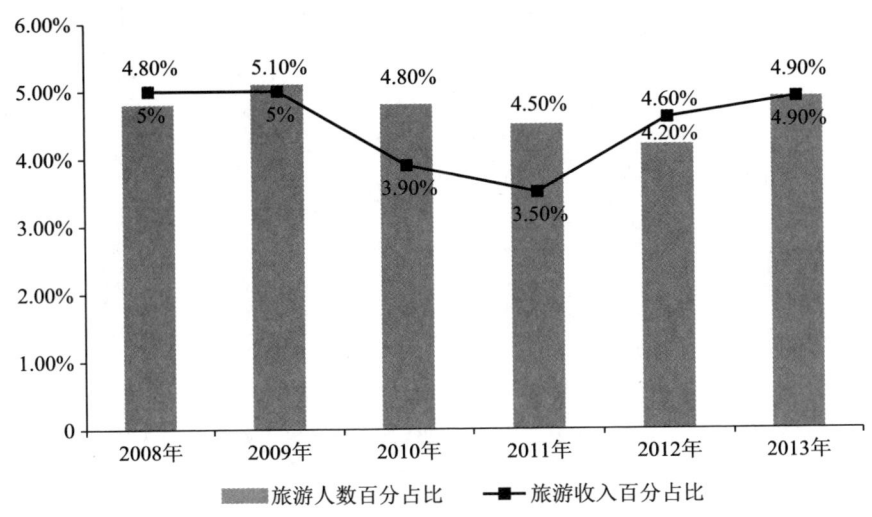

图3.4.3 2008年-2013年洱源县旅游人数、旅游收入占大理州的比重

（2）洱源温泉旅游市场现状分析：从客源市场地域结构来看，洱源县的游客地域分布以国内游客为主，入境游客较少。洱源县旅游产品以西湖湿地、大理地热国为主，吸引区域主要是省内市场，对其他省份或东部发达地区的吸引力较弱。散客是洱源温泉主要的客源市场，旅游者选择旅游团队出游的较少，这也体现出大型景区不足、接待能力不足的弱点。由于温泉旅游的休闲度假特性，所以在出游方式中，选择与朋友结伴而来或者与家人一起前往的占大多数。旅游者在洱源温泉旅游一般所花时间以半天到一天为主，两天及两天以上的旅游者所占比例很小，这是与温泉旅游独特的体验形式有关系的。因此，需要丰富温泉旅游产品，延长游客体验时间，提高游客消费水平，开发更为广泛的客源市场。

(二）客源市场趋势

1. 市场发展的促进性因素

（1）温泉旅游成为旅游发展新热点：温泉旅游因其"休闲、康体、娱乐"的特点成为旅游的新时尚，这类旅游者对环境、服务的要求较高，旅游时间受季节、气候的影响较小，温泉旅游属于消费层次与消费水平较高的旅游形式。大理地热国的产品迎合了当前旅游新潮流，切合了旅游消费的新趋势。

（2）旅游交通可进入性大大改善：洱源县地处大理、丽江、迪庆三大旅游热点地区的交会点上，交通条件改进明显，以大丽高速公路和大丽铁路开通、大理机场扩建等为代表的交通工程的实施，将全面提升洱源县的外部交通通达条件。同时，洱源县将实施一系列重大工程，如214国道改造、电网建设、信息化网络化普及等。特别是在交通道路建设上，形成以"二纵三横"为构架的县域交通布局，这将为全县旅游业发展提供良好的基础设施条件。

（3）大理滇西中心城市地位凸显：洱源作为大理州十分重视、举全州之力发展的重点项目和区域，拥有滇西之门、三江之门的得天独厚的区位优势。云南省人民政府已经正式批准实施《大理滇西中心城市总体规划》，通过大理市、祥云、宾川、洱源、弥渡、巍山、漾濞城市群的开发建设，将会极大地改善旅游基础设施和接待服务条件，促进滇西中心城市向现代化和国际化发展。与此同时，州委、州人民政府明确提出"生态优先、农业稳州、工业强州、文化立州、旅游兴州、和谐安州"的发展战略，牢固确立了旅游业在全州国民经济发展中的重要地位和作用。

2. 市场发展的抑制性因素

（1）温泉旅游产品开发不足：洱源温泉资源丰富，但是以温泉为核心的大项目投入严重不足，没有高星级酒店、A级景区较少，与腾冲、弥勒相比，温泉资源相对占优但影响力不足。腾冲凭借热海景区（国家4A级景区）做响了温泉旅游品牌，弥勒凭借湖泉生态园建立了温泉度假旅游，洱源坐拥丰富的地热资源和区位优势，然而旅游业发展水平不高，大思路、大项目、大亮点项目缺乏。

（2）周边地区旅游屏蔽明显：缺乏独立的旅游目的地形象，尚未形成对游客的独特吸引力。洱源县地处旅游业发展较为发达的滇西北地区，与于同一地域范围的大理市、玉龙县和古城区、香格里拉县相比，洱源县只能算是旅游温冷区。同样处于旅游业发展发达地区，洱源县的知名度受到大理、玉龙、古城、香格里拉等高知名度旅游目的地的屏蔽影响。因此，洱源需要开发独具特色的旅游产品，加大宣传促销，不断引导旅游者，依托旅游发达地区的优势,形成新的旅游热点区。

(3)温泉旅游吸引力不突出:洱源现有的景区景点旅游吸引力不突出,特点特色不突出。洱源县虽然开发了一些旅游产品,但是没有明确的主题定位,缺乏独立的旅游目的地形象,给旅游者带来的旅游目的地形象定位并不明确。因此,需要在大力开发资源和建设服务设施的同时,确立鲜明而统一的旅游目的地形象,以增强洱源的旅游竞争力。

(三)客源市场定位

1. 客源市场区域定位

(1)国内客源市场区域定位:洱源县是县级旅游目的地,主要依托省、州市两级旅游目的地来开发客源市场。洱源县国内客源市场可分为三个层次:①基础市场,以"滇西、滇中和滇西北居民"为核心市场。以200千米为市场半径,包括昆明、大理、丽江、迪庆、楚雄、怒江、玉溪等州市,核心市场所占的游客比重为50%左右。②重点市场,以"滇西北旅游过境游客"为潜在市场。客源主要来自云南(除以上州市)、四川、贵州、重庆、广西、长三角、珠三角、环渤海、华中等地,市场半径约为1000千米,潜在市场所占的游客比重为40%左右。③机会市场,洱源县的机会市场在很大程度上依托大理、丽江、迪庆等客源市场分流而来,所以洱源县发展温泉旅游的市场潜力大(表3.4.1)。

表3.4.1 洱源县国内旅游客源市场定位

市场层级	比重	市场半径(千米)	重点区域
基础市场	50%	200	昆明、大理、丽江、迪庆、楚雄、怒江、玉溪
重点市场	40%	1000	云南、四川、贵州、重庆、广西、长三角、珠三角、环渤海、华中等滇西北旅游过境游客
机会市场	10%	—	其他

(2)海外客源市场区域定位:目前,影响洱源县海外入境客源市场的主要因素包括:①洱源县主体旅游产品为温泉康体休闲,而温泉康体休闲类旅游产品在云南的典型代表有腾冲热海、昆明柏联SPA、弥勒温泉等,上述温泉旅游地吸引了大部分来自境外的温泉康体休闲旅游者;②前来大理州的海外旅游者大多入住大理古城、下关,而较少到大理州其他的县市,因此前来洱源的海外旅游者难以形成规模;③洱源县在海外的旅游目的地形象很弱,旅游产品较为单一,缺乏高端旅游产品和设施条件,因而还很难吸引海外旅

游者。所以，洱源县海外客源市场还主要是依托赴大理州以及滇西北地区的海外旅游者。

上述因素在过去、现在及未来的几年中，都会直接影响洱源县境外市场的格局，洱源县仍然需要积极参与到大理州的宣传促销，共享大理州的海外客源。根据大理州的海外客源市场情况，洱源县海外客源市场定位如表3.4.2。

表3.4.2 洱源县海外旅游客源市场定位

市场层级	比重	区域	重点国家或地区
基础市场	60%	东南亚、东北亚	中国港澳台、泰国、日本、马来西亚、韩国、新加坡、缅甸
重点市场	30%	欧洲、北美、澳洲	美国、法国、德国、英国、瑞士、澳大利亚
机会市场	10%	—	其他

2. 客源市场层次定位

（1）客源类型定位：以温泉为核心，以温泉旅游、湖泊旅游、民俗旅游为基础；以高端疗养市场、康体休闲客源市场、观光游览客源市场为目标；以民族风情客源市场、商务贸易客源市场为辅助；以生态旅游客源市场、科考科普客源市场为补充。

（2）消费层次定位：以中高档客源为主，部分低档消费为辅。高档消费以高端温泉度假、养生休闲游客为主；中档消费以观光游览、休闲度假游客为主；低档消费以本地及周边市场为主。

（3）旅游方式定位：以散客市场为主，团队市场为辅。当前以家庭和好友自助式旅游、自驾车旅游成为主流出行方式，随着大景区的建立，团队旅游份额将不断提高。

（4）旅游者年龄定位：以青年客源为主，老年客源为辅，儿童客源为补充，集中在以温泉康体、休闲度假、风情体验、生态旅游等为主要目的的旅游者。

（5）旅游者职业定位：温泉疗养、休闲度假型游客、商务贸易型游客主要为收入较高的商务人士、白领人士；观光游览、生态旅游、民族风情体验为大众游客；科学考察和探险型游客主要为年轻人、大学院校师生、科研机构人员。

（四）客源市场预测

1. 旅游人次预测

洱源县2007~2013年海外旅游者和国内旅游者总数逐年增加，年平均增长率为 15.3%。伴随着洱源县温泉度假旅游区总体规划项目的规划发展，温泉资源的高端开发以及洱源旅游名气的培育，都会吸引大量的旅游者，实现旅游者人数的逐年增长和突破。对洱源县 2014~2030 年的旅游接待总人次和旅游总收入进行预测，预测结果如图 3.4.4：

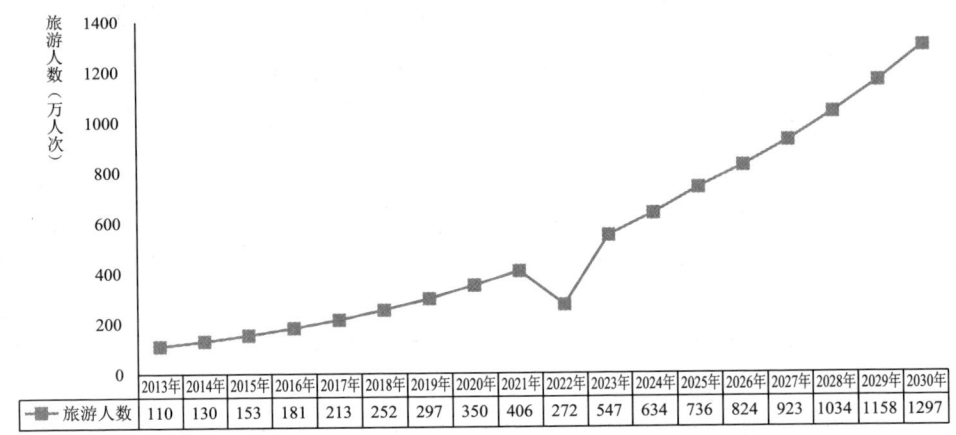

图 3.4.4　2014~2030 年洱源县旅游人数数值预测

2. 旅游收入预测

洱源县 2007~2013 年旅游收入总数逐年增加，实现了年平均 25.5% 的高增长率。伴随着洱源县温泉度假旅游区总体规划项目的规划发展，将全面实现"食、住、行、游、购、娱"环节收入的增长。特别是洱源温泉主要针对的高端疗养方面的游客，经济实力雄厚，洱源旅游业的发展也因此受益颇多。对洱源县 2014~2030 年的旅游接待总人次和旅游总收入进行预测，预测结果如图 3.4.5：

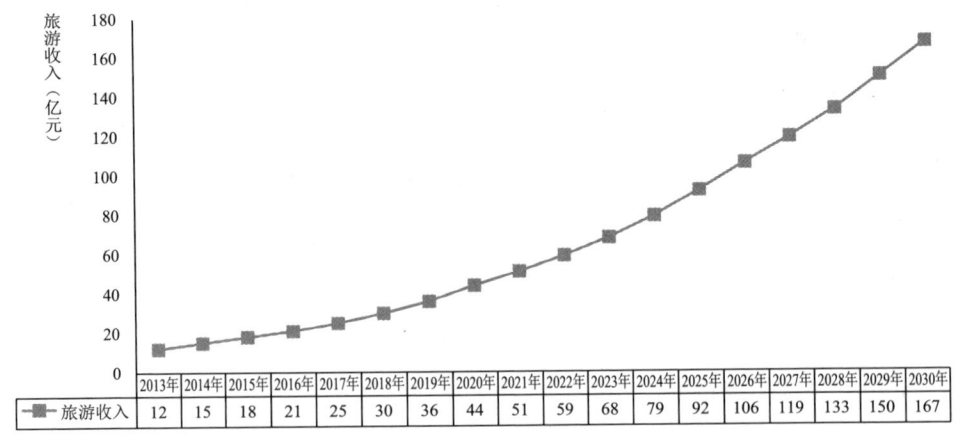

图 3.4.5　2014~2030 年洱源县旅游收入预测

五、温泉大景区发展目标与战略

（一）温泉大景区发展目标

1. 总体目标

将洱源温泉休疗度假旅游大景区建设成为：洱源县现代服务业发展引擎、大理州六大景区中的示范性旅游大景区、滇西地区具有支撑性的大型温泉旅游区、云南省温泉度假旅游的示范区、云南旅游强省建设创新发展示范区、中国温泉旅游的典范式旅游区。

2. 品牌目标

通过规划期的建设和发展，将洱源温泉度假旅游区建设成为大理州旅游提档升级的新抓手、滇西地区温泉度假旅游品牌的一面旗帜、云南省著名的地热温泉旅游区、中国的温泉之城旅游目的地。

3. 经营目标

在"十三五"期间，力争实现"两个倍增""两个跨越"，打造"五个温泉主题区"。2015~2021年，大景区的旅游收入将从每年18亿元增加到每年51亿元，6年累计实现旅游收入189亿元，实现集温泉旅游、湖泊旅游、民俗旅游等为一体的温泉度假旅游区，把洱源建设成为大理温泉旅游示范性旅游区、滇西北地区具有支撑性的大型温泉旅游区、云南省温泉度假旅游的示范区、中国温泉旅游的典范式旅游区。

（二）温泉大景区性质定位

1. 温泉旅游大景区

温泉休疗度假旅游大景区的性质，意味着：（1）需要以温泉+房地产开发为手段，带动小城镇建设和城镇化发展，推进城乡一体化；（2）需要以温泉+X多种业态的发展，带动理疗康复旅游、餐饮美食旅游、生态农业旅游、田园观光旅游等旅游业的发展，树立温泉旅游目的地形象；（3）需要以温泉旅游产品为核心，整合饭店住宿业、景区景点业、旅游线路、节庆活动、休闲娱乐等旅游形式，确立旅游区的旅游品牌。

2. 旅游区性质

以温泉旅游主题片区为核心，以历史文化、白族文化、温泉文化为内涵，建立高原湖泊观光、温泉休闲度假、民族风情体验、旅游文化创意、旅游地产置业等功能，打造集温泉旅游、湖泊旅游、民俗旅游等为一体的大型温泉旅游度假区。

3. 旅游区产品

旅游区产品由温泉旅游核心产品和生态旅游核心产品组成，以秀美山水风光和深厚历史文化为基础，突出开发湿地温泉、小镇温泉、社区温泉、景观温泉、田园温泉五大特色旅游产品，辅助开发观光旅游、生态旅游、古驿道旅游、风情旅游等旅游产品。

（三）温泉大景区发展战略

1. 创新发展战略

创新是形成新的旅游吸引物和旅游区发展的动力所在。温泉休疗度假旅游大景区需要通过创新旅游投资、创新旅游项目、创新旅游经营、创新政策应用等，形成旅游区的创新机制和体制，通过旅游区的科技创新、文化创新提高旅游区附加值，推动旅游区不断创新升级，实现旅游区的品质化和效益化发展。

2. 品牌发展战略

温泉休疗度假旅游大景区应以温泉旅游为主导品牌，形成高原湖泊、高原湿地、民族文化、休闲度假等辅助和配套系列产品，并由产品系列进一步形成品牌系列，依托品牌体系，强化整体服务品牌，形成强大的市场吸引力和号召力，以品牌铸造旅游区强大的无形资产。

3. 资本推动战略

温泉休疗度假旅游大景区是占地面积较大的综合性旅游目的地，旅游区的开发必须依赖于多个投资主体和政府力量来共同推动、投资、建设和发展。为此要打造一个旅游区资本市场运作平台，进行资本市场融资，形成多个投资主体和多元化合作的开发格局，并最终形成旅游项目招商、项目融资、项目建设、项目经营的良性发展格局。

4. 循环发展战略

温泉休疗度假旅游大景区地处地热温泉资源富集区、高原生态湖泊聚集区、民族文化和森林生态资源富集区，旅游区的开发应构建低碳节能、循环发展的理念，应用新能源、新技术、新材料、新工艺等，以此建立循环经济开发模式，形成低能耗、低排放经营方式，合理地使用洱源县的地热资源、温泉资源、湖泊湿地、森林资源等。

5. 融合发展战略

温泉旅游产业的发展需要与多个产业进行融合发展，形成旅游业与中心城镇发展融合，旅游与大健康产业的发展融合，旅游业与旅游小镇建设融合，旅游业与生态湿地保护融合，旅游业与观光农业融合，旅游业与生态农业融合，旅游业与基础设施建设融合的发展战略。

（四）温泉大景区发展原则

1. 主题差异化原则

温泉旅游区内的资源按主题功能进行差异化发展，建设温泉开发重点项目工程，打造五大温泉旅游主题片区。在区域功能定位和重点项目建设上，实行主题错位开发，确立湿地温泉、休疗温泉、景观温泉、田园温泉的不同主题，使温泉资源形成与区域功能相呼应的有机整体。

2. 时序开发原则

按照"湖、泉、镇、山"四个旅游产品开发时序进行开发。湖指的是高原湖泊，即西湖、茈碧湖、海西海等高原湖泊群，泉指的是温泉群，镇指的是文化古镇，山指的是罗坪山、鸟吊山等。洱源的旅游产业发展要坚持突出特色、突出重点的原则，依托特色旅游资源，构建布局合理、结构优化、时序开发的旅游产业体系。结合实际，按"湖、泉、镇、山"四个旅游产品开发时序进行开发。

3. 生态环保原则

由于旅游区地处洱海之源，因此其旅游项目、旅游活动、旅游线路、旅游产品的设计均要以生态环保为前提，将旅游区开发与生态湿地、高原湖泊、溪水河流、地热温泉资源等保护有机结合，实现旅游区发展与生态环境保护的相互促进。

4. 创新机制原则

按照"政府引导、企业主体、行业促进、市场推动"的发展模式，创新体制机制，明晰政企职能，提高旅游企业自主经营的积极性和创造性。正确处理好旅游者、经营者和本地居民之间的关系，切实维护人民群众的根本利益，实现旅游业的科学发展、和谐发展。

六、温泉大景区形象策划

（一）温泉大景区形象策划

1. 温泉大景区形象特征

旅游形象是旅游者和社会公众对某一地区旅游的总体印象和综合评价。它既是客观存在的，又可通过各种方式和途径来塑造。旅游形象包括地区旅游形象、旅游产品形象和旅游产业贡献形象三个层面，它们共同构成了一个完整的旅游形象系统。旅游形象一般具有以下特征：（1）综合性，地区旅游形象是由多种要素构成的，旅游者一般是从评价旅游产品及其社会与生态环境的角度来认识一个地区的旅游形象，而社区居民往往是从旅游业的社会贡献、服务水平、管理水平等方面来认识区域旅游形象；（2）稳定性，区域旅游形象一旦形成，便会在旅游者心目中留下深刻印象，并具有相对的稳定性；（3）可塑性，人们对旅游目的地的认识往往是通过各种信息的传递而形成的，这种信息传递作用既有稳定性的一面，同时也具有无形性和易变性。对旅游者来说，目的地的旅游形象随着时间的推移，在游客心目中的形象会发生变化。因而，就需要不断地丰富旅游形象的内涵，重塑目的地的旅游形象。

2. 温泉大景区旅游形象策划原则

（1）客观、准确、全面原则：温泉大景区主题形象概括要客观、准确、全面地表现出旅游区的性质特征。主题形象是旅游区的名字，要能够客观、准确、全面地概括出旅游区的主要性质特征。

（2）符合消费需求原则：旅游目的地的主题形象是要吸引人前去旅游的，因此，温泉大景区主题形象的概括要充分考虑目标市场状况及其需求偏好。旅游目的地、旅游区的主题形象及其宣传展示，必须对目标市场的潜在旅游者"投其所好"，符合游客消费心理。

（3）简练、易懂、易记原则：温泉大景区主题形象必须鲜明才能引起人们的注意，进而也才可能产生吸引力，因此，在主题形象概括、表述上就必须有特色、有新意。温泉大景区主题形象宣传口号要简练、易懂、易记，不能晦涩、深奥。

（4）美好联想原则：温泉大景区主题形象的文字表述一定要有美感并能够产生美好的联想，要注意用词的感情色彩。这是由宣传的目的及其实现所要求的。如果旅游区、旅游目的地的主题宣传口号让人一听就很美，并很容易对实际情景、可能获得的感受、收获产生美好的联想，潜在游客就可能产生实际的旅游行动。

（二）温泉大景区形象分析

1. 温泉大景区形象生成策略

（1）凸显洱源的个性魅力：旅游地形象构成要素的个性，是吸引旅游者最有魅力的因素，个性化是旅游形象的灵魂。按照洱源县旅游资源的特色，其形象要素包括"温泉之城""地热王国""洱海之源""高原水乡""白族风情"等。其中"洱海之源"是洱源县的地理方位；"高原水乡"是洱源县的自然环境;"白族风情"是整个大理州所共有的;只有"温泉之城"是洱源县最具个性魅力的特征,为第一形象要素。

(2)塑造洱源的审美意境:旅游资源的价值形态中审美价值具有"第一印象"效应,旅游形象的美感意境是保持旅游形象的可持续性和决定传播影响的关键。洱源县给人的第一印象是"地热王国"。作为温泉之城,"地热王国"是洱源县自然环境特征的写照,且在省内外具有一定的知名度和美誉度。因此,"地热王国"是洱源县的第二形象要素。

(3)抢先注册和借鸡生蛋:因为腾冲在温泉品牌方面和大理在洱海品牌方面都与洱源县存在强烈的竞争关系,故洱源县要利用和强化自身固有的优势,在温泉方面定位"中国温泉之城",在地热方面定位"大理地热王国",将这两大品牌抢先纳入旅游形象中来,并进行相关注册。而在"白族文化"和"高原水乡"两大品牌方面,洱源县必须依赖大理市,实现"借鸡生蛋"的效果。

2. 温泉大景区形象分析

洱源县的旅游资源数量丰富、类型齐全,自然旅游资源以水域风光类为主体特色,人文旅游资源以古迹建筑类和民俗风情类为主体特征,是一个集温泉、湖泊、历史、文化、民俗为一体的生态人文休闲型旅游地,其中,以温泉旅游资源最为出色。综合对洱源温泉大景区的地脉、文脉、经脉、媒体关注度和市场感应分析,洱源温泉大景区的旅游形象应该体现以下内容:

(1)地热温泉景观——温泉旅游。温泉是洱源县的核心资源,规模连片,开发条件优越,并且具有一定的知名度。其形象要素包括"温泉之城""地热王国""温泉水乡""温泉浪漫地"等。

(2)高原水乡风貌——湖泊旅游。洱源县地处洱海源头,自然旅游资源以水域风光类为主体特色,水资源丰富,湖泊湿地相连,村落河流相依,田野沼泽一体,平畴沃野,湖光山色。其形象要素包括"高原水乡""洱海之源"等。

(3)原生态白族文化——民俗旅游。洱源县历史悠久,境内有众多古塔、遗址和碑碣、牌坊、书院等古文化遗存,丰富多彩的白族原生态民族风俗和节庆活动组成了白族文化的宝库。其形象要素为"白族文化""白族风情园"等。

(三)温泉大景区形象定位

洱源县是中国首批温泉之城,洱源温泉出露点多、出水量大、类型多样,可看、可饮、可浴,性价比高。通过上述旅游形象策划原则以及温泉大景区形象分析,对旅游区的形象可概括定位为:

"中国温泉之城,大理地热王国"

以温泉为核心卖点,以昆—大—丽旅游线游客为主要目标市场,将洱源县定位为"国内一流温泉度假型旅游地——中国温泉之城",作为滇西北由观光向度假升级的明星级旅游目的地,打造"中国温泉之城、大理地热王国"旅游目的地品牌。通过规划开发,将洱源温泉度假旅游区建设成为大理州旅游提档升级的新抓手、滇西北地区温泉度假旅游品牌的一面旗帜、云南省温泉度假旅游的示范区、中国的温泉之城旅游目的地。此外,还可归纳以下形象口号供参考和选择:

"洱海之源、温泉水乡"——中国温泉之城

地热之国、休闲之都、度假之城、白族之乡

温泉浪漫地、高原水文化、白族风情园

各功能分区形象定位:

茈碧湖欢乐温泉:身心归居、温泉社区

下山口休疗温泉:风情浪漫、休疗温泉

东西湖湿地温泉:高端精品,私密温泉

三营特色景观温泉:温泉大观,景观温泉

牛街田园温泉:回归自然,田园温泉

高原湖泊旅游区:生态湿地,高原水乡

邓川—凤羽古镇文化旅游区:古镇文化,庭院旅游

(四)旅游形象塑造

1. 旅游形象塑造

(1)第一印象区:昆明市城区为云南省旅游交通枢纽,是进入洱源的重要通道,昆明机场、火车站、汽车站以及进入昆明的主要路口为重点考虑的"第一印象区"。

(2)光环效应区:洱源旅游以温泉休疗为主,应当逐步树立温泉旅游、养生度假在游客心中的核心地位,在电视网络、报纸媒体、广告宣传、景区路口等新旧媒体上强化养生旅游的主题。

(3)视觉通道区:主要指通往洱源县交通干道、景观廊道、视野风景线等,设置指示牌、路标、导游图等,吸引游客的注意力,改善游客的旅游体验质量。

(4)旅游标徽设计:旅游标徽的设计需按照主题形象策划方案加以形象化地提炼创意,并结合洱源县旅游资源特色和历史文化内涵进行高度的概括,

同时也应便于公众识别，使旅游者有较强的认同感。

2. 旅游形象推广

旅游形象的推广，是全县旅游宣传促销的中心环节。必须充分利用各种形象传播方式，广泛开辟公共关系途径，精心策划旅游形象推广活动，有效运用市场促销手段。

（1）大众媒体宣传：目前国际、国内的大众传播媒体很多，应选择相关的、有权威的主要媒体组织形象传播攻势。在方法上，注意文字媒体与声像媒体的结合，形成立体效果；在手段上，利用现代传媒手段，进行网络促销、电话促销，并注意硬性商业广告与软性新闻宣传的结合，产生整体形象传播效应。

①有效利用中央权威媒体。一是邀请中央电视台相关频道拍摄播出旅游专题节目；二是与中央人民广播电台联合开办洱源旅游宣传专题；三是与《人民日报》《中国日报》《经济日报》《中国经营报》《中国旅游报告》联系组织旅游专版；四是邀请中央各大新闻媒体赴洱源采访。

②充分利用省内主要新闻媒体。借助《云南日报》《昆明日报》等宣传旅游产业形象，每月发1~2篇头版新闻、局长专访、县长旅游访谈或深度报道文章；利用《云南日报》《昆明日报》《生活新报》等报纸开办旅游专版，介绍旅游信息，面向公众展开宣传。

③开展海外新闻媒体宣传。借助东南亚区域性电视台扩大宣传，主要以新加坡、泰国、马来西亚等主要客源国的电视台为重点，播出洱源旅游产品的信息。

④借助户外媒体进行宣传。由县委宣传部、县文化局、县旅游局组织，在昆明、大理窗口行业联合开展旅游宣传活动。重点在机场、火车、汽车站等游客集中地展示洱源旅游风采。

（2）旅游节庆活动：在地区旅游形象的塑造中，主题节庆活动往往和形象塑造紧密结合，这是因为一个鲜明、统一的主题往往能在人们心目中构造一个积极的形象。洱源县应充分利用节、会、展、演、赛等活动的优势，重点办好"洱源温泉文化节"。积极争办国家级、省级各种专业型、综合型节、会、展、演、赛等。

①把洱源宣传成一个充满独特吸引力的地方，树立洱源友好热情、文化多元、民族风情绚丽、扣人心弦的形象主题。

②通过高速公路、大丽铁路等重大项目的机遇，举行大型会议、展览等焦点事件来吸引公众传播媒介，产生光环效应，把洱源宣传成一个令人向往的地方。

③每年举办几大旅游节庆活动，使这些活动成为旅游目的地永久性、制度化的旅游识别标志，同时配以一系列小的事件来吸引各种志趣的游客。

（3）公共关系传播

①"五一""十一""春节"前连续在国内主要客源地组织面向公众的旅游形象推广活动。

②选择一批特殊公众，不定期地向他们寄送宣传资料和最新信息，充分发挥他们的口头宣传作用，以树立洱源旅游业的良好口碑。

③每年组织一次洱源旅游知识大奖赛活动，加深社会公众对洱源旅游业的认识和了解；与有关媒体合作，不定期地组织旅游栏目的热心观众、读者座谈、联谊，听取其意见。

④借助各行业协会的力量，每季度或每半年组织旅行社、饭店、车船公司、景区、旅游商品生产厂家等专业门类企业，分别召开市场分析通报会，加强业内交流。

（4）市场促销活动：市场促销是推广洱源旅游整体形象的重要手段，与媒体的宣传密不可分。为了有效地开展洱源县旅游形象的市场促销活动，需要从以下几个方面开展工作：

①根据不同客源市场的消费取向，重点宣传推广单个旅游产品的分体形象，由分体形象充实和提升整体形象。

②组织赴省外、州外的大型联合促销活动，有针对性地参加国外、国内及区域性的旅游展销会、交易会、博览会，整体展示洱源旅游形象。

③制作多品种、多语种的旅游声像制品，以不同的媒介传递各种形象信息；完善已有的洱源旅游网站，充分利用互联网宣传旅游整体形象，不断更新、充实，扩大覆盖面。

④聘请文艺界著名人士担任洱源旅游形象大使，借助他（她）的人格魅力和艺术才华宣传与传播洱源旅游形象。

⑤采取旅游专列、专车巡回散发旅游宣传品、演出和展览等方式宣传洱源的旅游形象。

七、温泉大景区空间布局

（一）总体布局

根据旅游区旅游资源分布、交通条件状况和市场发展趋势，以温泉旅游为核心，构建"一核·两区·四带·四点"的总体空间布局，形成一核带四点、四带连两区的发展格局（图 3.7.1 和表 3.7.1）。

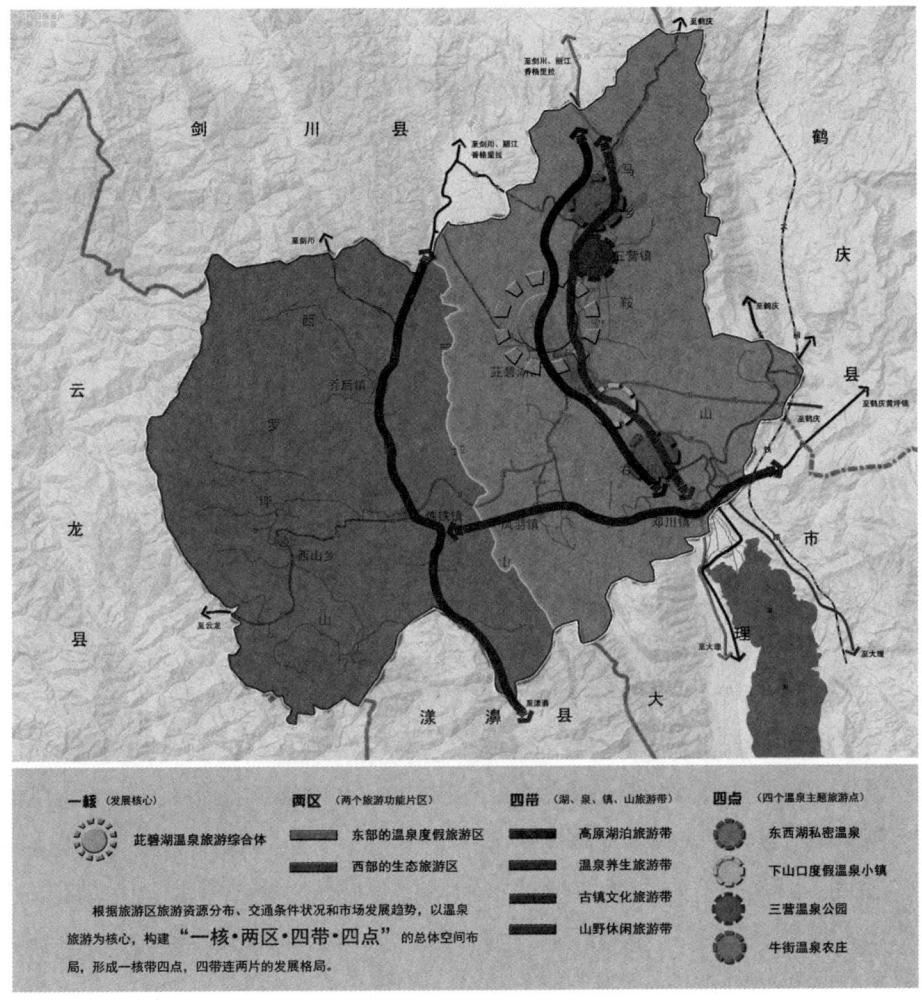

图 3.7.1　总体布局与功能分区图

表 3.7.1　温泉大景区总体布局

布局	名称	主题	开发方向
一核	茈碧湖温泉新城	欢乐温泉	温泉+旅游综合体
四点	东西湖湿地温泉	私密温泉	温泉+精品 SPA
	下山口温泉小镇	休疗温泉	温泉+运动休疗
	三营景观温泉	博览温泉	温泉+景区+温泉庄园
	牛街田园温泉	民居温泉	温泉+生态农业

续表

布局	名称	主题	开发方向
两区	东部温泉旅游度假区	温泉旅游	温泉旅游聚集区
	西部生态旅游度假区	生态旅游	生态旅游聚集区
四带	西湖—茈碧湖—海西海旅游带	湖	高原湖泊旅游
	牛街乡—大理地热国—九气台—下山口旅游带	泉	温泉养生旅游
	邓川—凤羽旅游带	镇	古镇文化旅游
	罗坪山—鸟吊山旅游带	山	山野休闲旅游

一核（一个发展核心——茈碧湖温泉旅游综合体）：打造温泉新城，温泉主题为"欢乐温泉"，是集欢乐温泉+商务会议+民俗文化为一体的温泉度假集散中心，将茈碧湖镇打造成为洱源温泉休疗度假旅游区的综合发展服务中心，建设旅游集散中心、旅游接待基地，是全县旅游业发展的辐射中心。

四点（四个温泉主题旅游点）：是四个温泉主题旅游点，东西湖私密温泉（湿地温泉），下山口度假温泉小镇（休疗温泉），三营温泉公园（博览温泉），牛街温泉农庄（田园温泉）。按"一泉一品"模式打造。

两区（两个旅游功能片区）：东部的温泉旅游度假区和西部的生态旅游区。

四带（湖、泉、镇、山旅游带）：以西湖—茈碧湖—海西海为主体的高原湖泊旅游带，以牛街乡—大理地热国—九气台—下山口温泉为主体的温泉养生旅游带，以邓川—凤羽为主体的古镇文化旅游带，以罗坪山—鸟吊山为主体的山野休闲旅游带，通过"泉、湖、镇、山"主题线路，实现全县乡镇区域联动和县域统筹发展。

（二）功能分区

按照旅游区发展主题和各个地块的特点，根据功能配置、开发方向、支撑项目，将温泉休疗度假旅游大景区划分为东部的温泉旅游度假区和西部的生态旅游区。从行政区域上来看，东部的温泉旅游度假区包括邓川镇、右所镇、茈碧湖镇、三营镇和牛街乡，西部的生态旅游区包括凤羽镇、乔后镇、炼铁乡和西山乡。东部的温泉旅游度假区是温泉资源富集区，以开发温泉度假功能产品为主，西部的生态旅游区的核心旅游资源是凤羽古镇、海西海、鸟吊山和罗坪山，以开发生态旅游功能产品为主。

（三）项目结构

温泉旅游区开发项目实施"六个一工程"：一座温泉新城（旅游业与中心城镇发展融合），一个温泉小镇（旅游业与旅游小镇建设融合），一座超星级湿地温泉精品酒店（旅游业与生态湿地保护融合），一座温泉特色景观公园（旅游业与观光农业融合），一片温泉生态农庄（旅游业与生态农业融合），一条温泉景观走廊，沿214国道打造"中华第一温泉走廊"（旅游业与基础设施建设融合）。生态旅游区开发项目为罗坪山森林公园、海西海湖泊旅游区、邓川—凤羽古镇文化旅游区（图3.7.2和表3.7.2）。

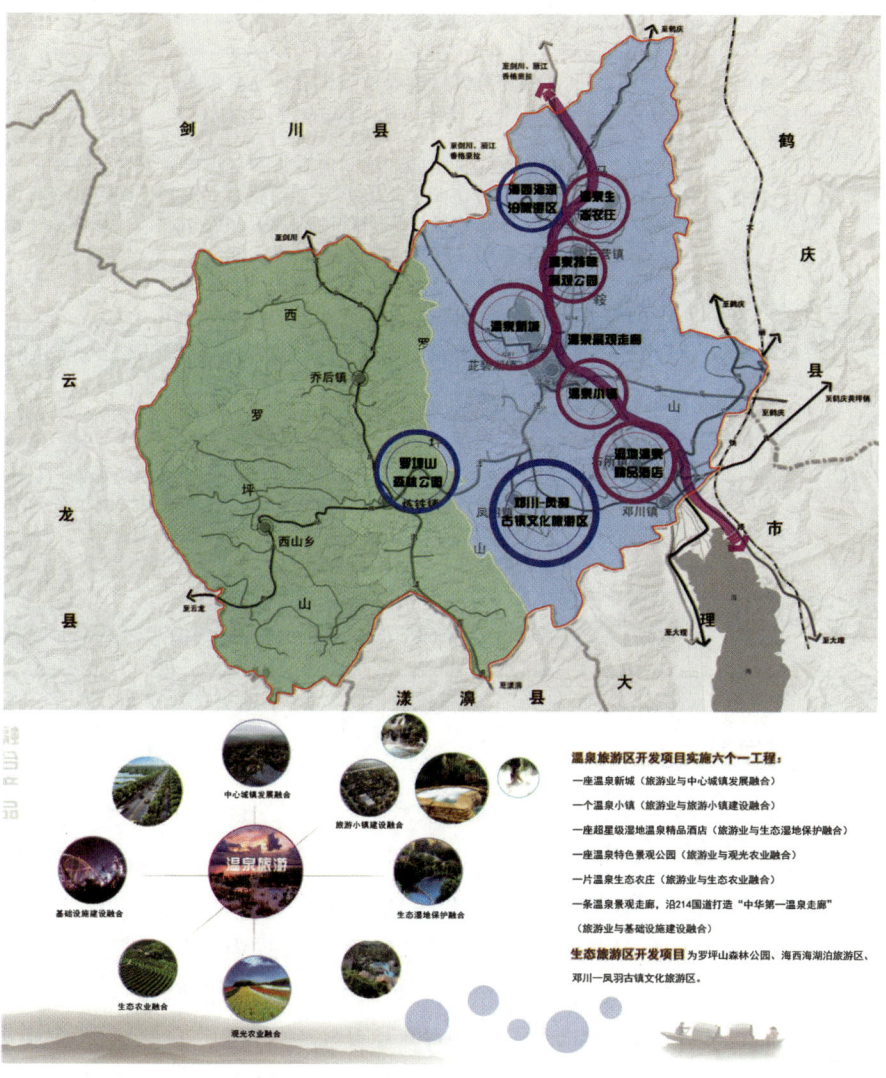

图 3.7.2　温泉旅游大景区项目结构

表 3.7.2 温泉大景区规划项目结构

一级 （功能区）	二级 （重点项目）	三级 （子项目）
温泉旅游区	茈碧湖温泉新城"欢乐温泉"	温泉度假酒店、大理地热国、欢乐温泉水上运动馆、茈碧湖低碳温泉社区、温泉旅游购物城、三大主题街区、温泉美食城、养生医疗园、梨园生态村等
	下山口温泉小镇"休疗温泉"	温泉小镇服务区、温泉水街、温泉民居客栈、主题休闲街区、温泉休疗馆、时尚康体园、普陀温泉养生基地、弥苴河漂流、四季游泳馆等
	东西湖湿地温泉"湿地温泉"	超星级湿地温泉精品酒店、水上 SPA 屋、湖景 SPA 屋、湿地 SPA 屋、观鸟栈道
	三营温泉公园"景观温泉"	温泉博览园、世界地热奇观园、温泉文化展示园、地热科普展览园、3D 火山视听区、洱源温泉历史区、温泉主题庄园等
	牛街温泉农庄"田园温泉"	温泉农业种植园、温泉农业加工区、温泉农业研发中心、温泉农业博览园、采摘园、七彩温泉大地、田园客栈、田园热炕屋、藏式民居温泉旅馆、藏式 SPA 馆、风情表演园、藏家温泉木屋、海西海度假区等
	温泉景观走廊"中华第一温泉走廊"	依托 214 国道改造升级，从南至北途经邓川—右所—茈碧湖—三营—牛街五个乡镇，打造全国第一温泉走廊（40 千米）
生态旅游区	罗坪山森林公园	罗坪山森林公园、鸟吊山观鸟基地、生态服务站、户外露营基地
	海西海湖泊旅游区	汽车营地、房车营地、帐篷营地、烧烤基地、体育公园（高尔夫练习场）、划船、垂钓、环湖自行车、海西海旅游区、小蝴蝶泉鱼庄
	邓川—凤羽古镇文化旅游区	凤羽古镇风貌保护区、凤羽历史文化博物馆、清源洞游览区

（四）开发模式

1. "温泉＋旅游综合体"旅游新城模式

针对新城建设、城市改造需求，通过景城一体化、产城一体化建设大景区。以土地综合开发为导向，以养生居住（休闲养生、度假物业、特色商业）、会议酒店、特色休闲为核心，以温泉生活方式为目标，打造"温泉新城""温泉会都"。以温泉社区建设为线索，城镇发展为落脚点，聚合旅游文化产业，打造文化旅游氛围独特浓郁的温泉旅游综合体。明确旅游在城市发展中的积极作用，树立旅游整合理念，推动城市旅游发展，把旅游发展融于城市建设全过程、全方位，做到城市即景区，景区即城市。

2. "温泉＋运动休疗"休疗温泉开发模式

针对体验内容相对较弱、旅游承载力较强的区域，通过对游憩方式的极致设计和全方位构建建设核心景区。依托资源本底创意游憩体验方式，以游憩丰富旅游内容，以体验提升景区品质，构建集观光、游憩、体验、感悟多层次旅游体验为一体的旅游目的地。通过对原有资源的整合和提升，建造一条集主题休闲、酒吧客栈、温泉客栈、餐饮美食等为一体的温泉水街以及以亲水为主的温泉休疗馆、四季游泳馆、弥苴河漂流项目等，引温泉水贯穿整个区域，营造景观，让游客能够从多角度对水有一种不同的体验。

3. "温泉＋湿地休闲"私密温泉开发模式

对湿地生态保护区进行适度开发，以高端精品 SPA 温泉为核心，建设生态湿地温泉酒店，将温泉与 SPA、养生文化内涵紧密结合，提供高档次、专业化的服务项目，以"精致型、小型化、私密性"的方式经营，打造高端精品温泉和 SPA 的建设，将东方养生文化、佛禅文化和温泉、SPA 相结合，突出舒适、秘密、高雅的湿地温泉特色。

4. "温泉＋文化景区"温泉公园开发模式

引入温泉景观公园理念，建设一座展示温泉文化的景区公园，通过温泉＋文化展示的开发模式，打造云南唯一、全国领先的温泉度假公园。文化是景区的灵魂，也是温泉公园的重要旅游吸引要素。温泉文化由地域特色文化、人工建筑文化、沐浴文化和服务文化共同组成。建设别具特色的温泉疗养博物馆、世界地热奇观园、温泉文化展示园、地热科普展览园、火焰山温泉度假公园、九气台景观、赖子塘温泉（传说元朝士兵在此沐浴去除癞子病）。

5. "温泉＋生态农庄"温泉农庄开发模式

温泉与农业融合发展模式，利用温泉地热水资源种植农作物，养殖水产；进行农作物的深加工，开发温泉果汁、温泉酒、果饼、果脯等系列产品。利用温泉资源的延伸利用价值，以地热营造温室，发展高附加值种养殖项目，有助于推动生态农业从单一的产品经济向服务经济迈进。同时，可利用生态农庄的设施载体，创造出极具特色的民居温泉泡浴场所。牛街的许多菜园、农田都是使用冷却后的温泉水灌溉。其农产品长势好、口感佳、营养价值高，与其他地区相比，独特性显著。

6. "温泉＋湖泉镇山"时序发展模式

针对温泉资源优势突出，辐射带动力强的温泉片区打造温泉大景区，通过"泉、湖、镇、山"主题线路实现全县乡镇区域联动和县域统筹发展。对已有的西湖景区、大理地热国景区、茈碧湖景区进行提升改造，对其内部项目进行业态升级，提高大景区吸引接待力，外部拓展延伸生态旅游开发区，借力核心景区带动区域发展，构建多元产业模式，形成内外联动、内外兼修的品质旅游目的地。

八、温泉大景区项目体系

（一）温泉旅游区核心项目

1. 茈碧湖温泉新城

区位：洱源县城与茈碧湖之间的城市扩展区。

温泉资源：五级温泉资源，32.2~78.6℃。

项目定位：温泉新城——度假社区、欢乐温泉、会都温泉（温泉社区、温泉酒店群、温泉主题街、欢乐温泉水上运动、温泉旅游购物城）。

开发模式："温泉+旅游综合体"。以土地综合开发为导向，以养生居住（休闲养生、度假物业、特色商业、购物集镇）、会议酒店、特色休闲为核心，以温泉生活方式为目标，打造"温泉新城""温泉会都"。

核心项目：两个5星级温泉度假酒店，三个以上4星级温泉度假酒店，一个5A级旅游景区，一座温泉养生社区，一座温泉旅游购物城，三大主题商业街区（美食、购物、休闲）。

（1）茈碧湖温泉新城：在改造提升大理地热国、茈碧湖景区、梨园生态村建设基础上，以温泉新城建设理念，对整个茈碧湖景区进行再开发建设。一是增加新的建设项目，如会议设施、体育设施、疗养设施等；二是建设旅游区景观小品，优化旅游区环境。项目建设目标是整个片区联合申报国家5A级景区。

①高星级温泉度假酒店：引入绿色酒店管理方式，按五星级（绿色）酒店标准建造，功能包括大堂、客房、会议、商务、购物、餐厅、娱乐等，配套棋牌室、游泳池等设施，面向高端游客市场。借助自然采光，酒店内种植有益人体健康的绿色植物，提供绿色餐饮。

②茈碧湖低碳温泉社区：该社区通过对建筑维护结构的创新处理，使维护结构本身就是建筑采光、采暖和制冷系统的一部分。密闭良好的建筑维护结构有利于控制温度和湿度，减少消耗。同时，通过对社区雨水、中水、太阳能、风能以及地热资源的利用，充分体现生态、绿色的理念，创造低碳生活模式。该社区包括以下子项目：温泉美食城、欢乐温泉水上运

动馆。

（2）养生医疗园：以医疗旅游为主题，建设具备国际水准的医疗养生的综合服务平台，将其定位为国际一流并具有中国特色的医疗园区，利用高水平的医疗设施、科研资源，构建集医学、教育、科研、健康等为一体的医疗高科技创新基地。使医疗过程成为游憩过程，赋予医疗以旅游的内涵，使旅游具有更丰富的健康内容。

①养生博物馆：以人体生理结构和器官作为主题而建立的博物馆，通过这种形象生动的人体内部旅游，人体器官及人体疾病展览，使人们能够对身体内部构造和器官功能有直观的了解，对生病机制有所了解，从而善待自己的身体。

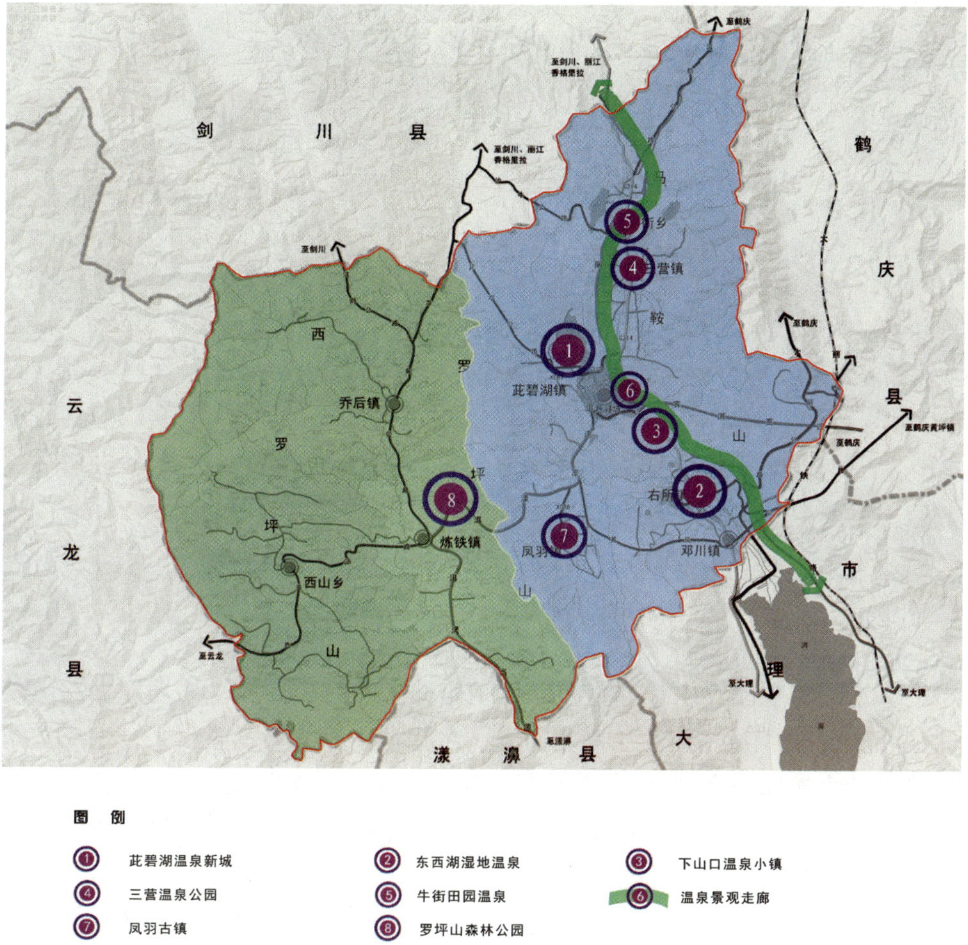

图 3.8.1 核心项目布局

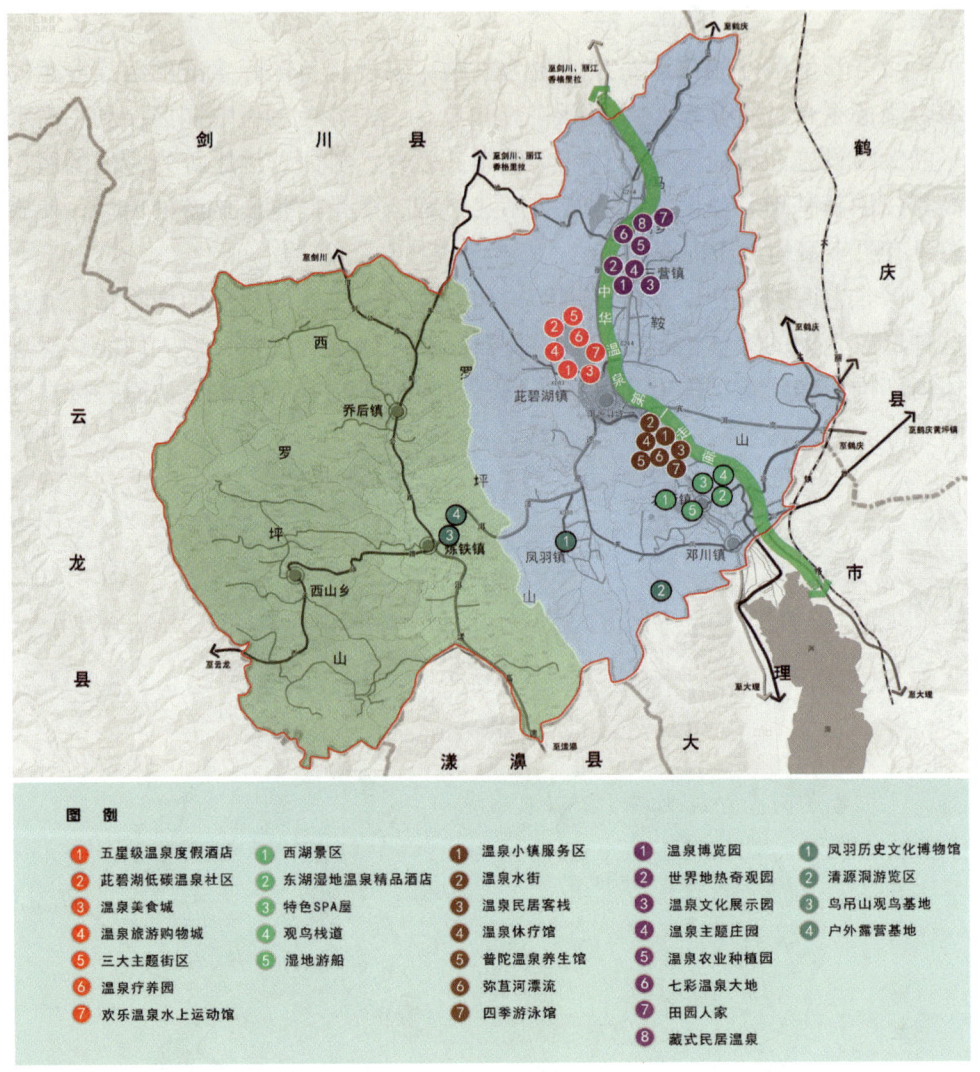

图 3.8.2 重大项目布局

②水疗养生园：水疗养生园以休闲康体、美容美体为主要功能，它由游泳池和 SPA 池组成，定位于高端市场。水疗池由漩涡泉、喷射泉、水疗按摩泉等多种水按摩设备所组成，另设石板温泉浴、冲浪按摩、冰浴、石疗等水疗项目，并配备国际一流技术和设备的专业盐疗护理中心（提供矿物浴盐的专业护理）及相关理疗设施等。

③中医养生馆：中国传统的中医如针灸、刮痧、推拿等已被西方接受，并在西方流行开来。中医养生馆旨在把最好的中医养生之道展示出来，推广中医养生，使游客在享受中医治疗、消除疲惫的同时也清除身体的亚健康因素。

（3）温泉旅游购物城：依托洱源丰富的温泉资源、民俗文化资源、高原湖泊资源，并解决洱源目前的旅游购物点不成规模的问题，规划在洱源县城建设一个集温泉文化、民俗文化和民族手工艺品生产加工为一体的温泉购物城，形成大丽路上的又一个"新华村"，集旅游购物、观光游览、民间集市、餐饮美食功能于一体的旅游购物城，打造成洱源乃至大理州的旅游购物中心，并成为洱源县地接旅游景点之一。

（4）三大主题街区

①游憩商业街：是一个集食、住、行、休闲、娱乐、文化、购物于一体的游憩商业区，在现有设施的基础上，增强旅游服务功能，突出地方特色。

②迷你酒吧街：整合县城各类酒吧，形成一条酒吧街，以温泉、水乡、白族文化等为主题，融入诗歌、书画、民乐、影视等表现手法，营造主题氛围。同时，兼有茶馆、KTV、棋牌室、游戏厅、电影院（包括水幕电影）等休闲娱乐项目。

③特色餐饮街：打造一条餐饮街，分本地、外地餐饮依次排开，本地餐饮突出洱源地方特色菜色，外地餐饮根据游客市场偏好重点经营川菜、湘菜、西餐及云南其他地方的菜系。

> **参考案例：重庆北碚十里温泉城**
>
> 温泉旅游综合体（城市经营模式）：与规模小、资金弱、功能单一、设施落后的一大批温泉不同的是，温泉旅游综合体以规模化、综合性、复合型的方式成为温泉休闲市场的主流模式。"温泉综合体"主要包括"温泉休闲中心、会议度假酒店、休闲商业街区、运动游乐项目和温泉养生地产"五大核心功能板块，是以温泉为核心带动商业地产、度假地产、居住地产开发的模式。
>
> 重庆十里温泉城，位于重庆市"都市花园"——北碚，作为重庆市政府打造"温泉之都"的首批重点温泉旅游项目，十里温泉城投入巨资完成了规划范围内基础设施配套建设，构建了优惠政策体系，完善了服务机制，以北温泉柏联SPA和颐尚温泉项目为突破，以运河核心区及嘉陵江温塘峡沿线开发为重点。现规划面积10平方千米，远期规划面积30平方千米，重点发展以温泉、文化为特色的都市生态养生休闲旅游产业，提升旅游产业整体形象和综合竞争力，打造西部温泉养生休闲胜地。

2. 下山口温泉小镇

区位：下山口镇。

温泉资源：五级温泉资源，22.2~84.0 ℃。

项目定位：温泉小镇——亲水运动，休疗温泉。

开发模式："温泉＋运动休疗"。下山口温泉小镇以"亲水、戏水、休疗"为主题，以温泉水、弥苴河水为依托，通过对原有资源的整合和提升，建造一条集主题休闲、酒吧客栈、温泉客栈、餐饮美食等为一体的温泉休疗水街以及以亲水为主的四季游泳馆、弥苴河漂流项目等，引温泉水贯穿整个区域，营造景观，让游客能够从多角度对水有一种不同的体验。

核心项目：一条温泉风情水街（美食、酒吧），一个温泉休疗馆，一个5星级度假酒店，三个以上4星级温泉度假酒店，20~30户温泉特色客栈。

（1）温泉水街：为了能够让人们对洱源县的温泉历史、温泉文化、温泉资源有充分的了解，可在温泉小镇服务区旁边规划修建一条温泉水街。温泉水街地面采用鹅卵石或大理石铺面，周围配上各种温泉小品和雕塑小品来提升温泉文化主题，在温泉景观大道周围修建长廊供游客休息，同时引入地下温泉营造水景，温泉水街可供参考的子项目有：

①动感酒吧区：在下山口小镇内集中开发一个逍遥酒吧区，布局不同类型的休闲吧，包括茶吧、泉吧、酒吧、书吧、氧吧、美食吧等，特别是注重街区的夜间灯光营造，使该街成为整个小镇的著名娱乐街区，体现小镇的乐活、休闲理念。

②魅力美食区：除了酒吧区外，配套开发一条美食休闲区，除设立具有洱源特色、大理州特色的小吃店外，同时将云南省各个地方的特色美食汇聚在此，使游客能在该美食休闲街品尝到全云南的特色美食。

③休闲商业区：除以上两条主题休闲街区以外，在小镇内开发一条休闲商业街区，用于旅游纪念品的销售，突出地方特色，使该街成为小镇的旅游购物区。

（2）温泉休疗馆：设置多功能水疗池，有高温水疗池、冷水疗池，还有红酒池、人参池等美容养颜池，另外，设置动感水疗池，像漩涡池、按摩池、涌泉池等，给游客带来不同的身心体验。池的外观都用统一的造型，增加美感和对游客的吸引力。

（3）温泉小镇服务区：在下山口温泉小镇建设一个功能齐全、规模适度的游客服务中心，作为整个小镇的"第一印象"区，运用造型独特的大门、欧式建筑风格的游客服务中心、环境优美的生态停车场和一个间歇性喷发的景观喷泉，组合在一起构成温泉小镇的第一个功能区。承担整个区域主要的游客集散、咨询、休息、中转等服务功能，配置有展览厅、信息服务台、商品部、放映厅、办公用房等设施和设备。

（4）温泉民居客栈区：下山口温泉小镇可大力开发针对中低端温泉游客的民居客栈群，对现有下山口村的民居进行规划改造，按照不同的主题开发成为温泉民居客栈，实现"一居一题"，如小憩居、雅园舍、梅子屋等，不同主题的民居客栈其内部装饰风格也不同。

（5）普陀温泉养生馆：该基地是以普陀温泉为依托，以健康养生为理念，应用高水平的医疗、养生、美容设备设施，打造普陀泉养生馆。内容包括：

①健康管理中心：为一家健康管理、推广健康产业和普及健康知识的管理机构，其将预防医学、临床医学与康复医学有机结合，以"创中国健康管理著名品牌"为战略，倡导"无病养生、未病先防、已病治本、益寿延年"的健康理念，提供多元化健康管理服务，打造健康产业的旗舰。

②普陀温泉馆：该温泉馆充分利用普陀温泉的地热资源，设立专门针对儿童的童趣池、针对女性群体的俏佳人、针对中老年游客的蓝色SPA和五行泡池。

③养生美食城：引进各地养生美食，按照益寿、延年、美体、美容等专题，并配之以当地特色小吃，营造丰富的养生美食盛宴和特色食品小吃，提高游客的养生体验质量。

（6）四季游泳馆：为室内游泳场所，要求冬暖夏凉。用温泉水和凉水混合，设定温度为38℃（冬季偏高，夏季偏低），一年四季皆适合。游泳馆分为大众馆和贵宾馆。大众游泳馆分为成人区、儿童区和练习区；贵宾馆为单元式游泳包间，具有相对封闭和独立性，私密性强，服务质量高。

（7）弥苴河漂流：弥苴河作为洱海的母亲河，蜿蜒曲折的河流、河堤两旁古老而高大的树木让其有种神奇、原始、质朴的美。由于弥苴河自身的资源优势以及常年适度且较稳定的水流量，弥苴河上是有条件可以设计自然漂流和操控漂流两类休闲漂流活动的，当然还需要配备专业船具、器材、装备、服装等。

> **参考案例：德国埃尔丁温泉、中国珠海海泉湾度假城**
>
> ①德国埃尔丁温泉，欧洲最大的温泉水上娱乐乐园。埃尔丁温泉是欧洲最大的温泉水疗中心，这个玻璃圆顶的综合疗养地位于慕尼黑郊外的农田上，如同温泉中的迪士尼乐园，拥有精选主题泳池、桑拿浴室、日光浴室和配有一个人造热带棕榈花园及池畔酒吧的休息室。埃尔丁温泉水疗中心分为两部分——家庭型和经济型，每个部分都涵盖了欧洲大陆的景点，

从带有当地北极光秀的芬兰桑拿浴到具有奥斯曼风格的休闲室,再到能进行热带雨林淋浴的人工石窟。还有其他令人兴奋的景点,如为孩子们准备的冬季温泉水上滑梯、为成人举办的深夜泳池派对以及一些很棒的餐厅来满足一整天的娱乐需求。

②中国珠海海泉湾度假城。海泉湾共由八部分组成,分别为海洋温泉、海泉湾大酒店、神秘岛、渔人码头、梦幻剧场、健康体检中心、拓展训练营以及运动俱乐部(含高尔夫训练场)。是中国目前综合配套最完善的大型旅游休闲度假胜地。海泉湾维景大酒店由两座五星级度假、会议酒店(海王星酒店、天王星酒店)、12栋22套地中海温泉别墅和5套湖畔套房组成;海泉湾神秘岛主题乐园融参与性、观赏性、娱乐性、趣味性于一体,园内分幸运大道区、冒险丛林区、神秘岛区、海盗城堡区、美人鱼湖区、加勒比海岸区六个主题区域,神秘岛主题乐园拥有世界最新、亚洲第一的"惊涛骇浪""E型战车";中国第一座"疯狂逃生船""云霄飞车""垂直极限"等高科技的大型游乐设施,配合多项中小型游乐项目和近10种充满异国风情的表演。

3. 东西湖湿地温泉

区位:东西湖湿地。

温泉资源:四级温泉资源,22.2~54.0 ℃。

项目定位:私密温泉度假区——高端精品,SPA温泉。

开发模式:"温泉+精品SPA"(医疗旅游)。西湖景区目前为省级风景名胜区、国家3A级景区,现有的洱源西湖风景区主要是观光型景区,旅游业态以水上游船为主,配套一些其他景观小品和旅游商品,规划对景区进行提升改造后,可与东湖湿地景区联合申报国家4A级景区。在东湖湿地建设一座湿地温泉精品酒店,将温泉与SPA、养生文化内涵紧密结合,提供高档次、专业化的服务项目,以"精致型、小型化、私密性"的方式经营,打造高端精品温泉和SPA的建设,将东方养生文化、佛禅文化和温泉、SPA相结合,突出舒适、秘密、高雅的湿地温泉特色,建设别具特色的水上SPA屋、湖景SPA屋和湿地SPA屋。

核心项目:一个4A级旅游景区,一座湿地温泉精品酒店,两个养生别墅社区。

(1)西湖景区:围绕景区主题,将按照"一岛一特色"的发展模式对湖中的七个岛屿(包括六个村子)进行主题化打造,配以白族风格的精品住宿和民族民间演艺,建设成为西南地区的"爱情岛"。突出浪漫爱情、蜜月圣地的特色，用山水、村树、云雾、岛影、渔船、花卉、白族民居和服饰营造人间仙境。建设项目：景观桥梁、旅游码头、游客接待中心、亲水栈道、烟水鱼庄、观鸟（垂钓）台等。

（2）东西湖湿地温泉：东湖位于右所镇东部，与西湖相隔214国道相对。四营三村错落其间，自然构成了湖中有村、村中有湖的高原荷湖水乡风光。东湖是洱源县的"荷花之乡"，形成了荷花伴村、村依荷花的自然景观，呈现出"万朵莲花开海市，一天星斗下人间"的壮丽景致。东湖龙潭水色清清，附近有庙宇亭阁，四周苍松翠柏，形成了东湖独具特色的"湖中湖"景观。建设项目：温泉精品酒店、观鸟栈道、特色SPA屋、湿地游船、水生绿色农业基地（生产海菜、莲藕、莲蓬、菱角、芦笋、高笋等）等。

①湿地温泉精品酒店：根据东湖用地特征以及资源特色，建设一座湿地温泉SPA精品酒店，将温泉与SPA、养生文化内涵紧密结合，提供高档次、专业化的服务项目，以"精致型、小型化、私密性"的方式经营，提供高档次的疗养、住宿、餐饮服务。

②特色SPA屋：利用东湖菏泽水乡的天然优势，再加上湿地地热温泉资源，使其形成类型多样的特色SPA屋温泉产品，通过建造水上SPA、湖景SPA屋、湿地SPA屋等水疗馆，将温泉水疗产品展现给顾客，可提供药疗、香薰SPA、泥浴、沙疗等活动。温泉水疗产品的设计全面考虑地热国的客源市场需求，不同的建筑、温泉泡池的造型要以舒适、生态为主。

③观鸟栈道：建设包括生态栈道、瞭望台、观鸟小屋等观鸟设施。生态栈道以木质为主，适度悬空以减少对湿地和湖区生态的破坏，主要用于步游交通；瞭望台位置较高，主要为楼阁形式，配望远镜，可以登高望远，也可以作为茶室等休闲场所；观鸟屋以当地芦苇等植物为材料，形成较隐蔽的茅草屋，既可以观鸟，也可以作为摄影和写生基地。

④湿地游船：为了丰富东湖水上游览交通工具类型，增加游客的选择尺度和游览欲望，需要提供一些湿地游船，包括竹排、灯船、香蕉船等湿地生态环保游览船。

参考案例：柏联SPA温泉、柏联精品酒店

柏联集团开发建设的柏联SPA温泉和柏联精品酒店，开创性地将温泉SPA与精品酒店结合，推出了柏联精品酒店、柏联SPA温泉、柏联普洱茶庄园等休闲度假品牌。柏联SPA温泉把真正意义上SPA理念系统性地引进中国，倡导全新的养生度假生活理念，在原始生态的区域内建设柏联 SPA 温泉，成为亚洲第一 SPA 温泉。柏联精品酒店以健康、养生为主题，彰显深厚的中国文化，注重融合地域文化的特色，凝聚独特的品位和创意，致力于提供非常奢华的服务和高层次的文化附加值，柏联精品酒店已经发展成为中国酒店民族品牌。其旗舰酒店是重庆柏联温泉精品酒店，坐落于历史悠久的北温泉公园内，面向嘉陵江、背依缙云山，是重庆市政府建设"五方十泉"、打造"温泉之都"的重点项目之一。荣获"中国最佳设计酒店大奖·最佳度假类大奖""《新旅行》年度最佳度假酒店""年度中国最具风格温泉水疗度假村""年度中国水疗环保绿色先锋""年度中国最营养美味水疗美食""2010酒店魅力排行榜·最佳新酒店"等奖项。

4. 三营景观温泉

区位：三营镇。

温泉资源：五级温泉资源，29.0~78.0 ℃。

项目定位：温泉公园——文化展示，景观温泉。

开发模式："温泉＋文化景区＋温泉庄园"。引入温泉景观公园理念，建设一座展示温泉文化的景区公园，通过温泉＋文化展示的开发模式，打造云南唯一、全国领先的温泉度假公园。建设别具特色的温泉疗养博物馆、世界地热奇观园、温泉文化展示园、地热科普展览园、旅游购物集镇、九气台景观、癞子塘温泉（传说元朝士兵在此沐浴去除癞子病）。同时规划建设一个集温泉文化展示、历史文化展示，酒店、餐饮于一体的温泉主题庄园。

核心项目：一个温泉博览园、一个温泉文化展示园、一个温泉主题庄园。

（1）温泉博览园：温泉博览园将集科普性、趣味性、观赏性、互动体验性于一体，普及温泉养生文化，发掘温泉文化深层底蕴，主打文化品牌，形成特色；集中展示世界各地特色温泉，带给游客无比的震撼感及现场体验感。是了解与普及地热知识的园区，包括地热奇观展示厅、地热资源利用展示厅、地热资源分布演示厅，通过多种手段与形式让游客对地热综合知识有一个全方位的了解，为普及地热科普知识提供了一个全方位展示的平台。

（2）世界地热奇观园：充分利用三营镇地热资源，打造世界知名的地热温泉微缩景观，打造汇集世界地热温泉景观（世界七大著名地热温泉）的大型博览场所，集中展示具有各国特色的温泉景观。如日本的地狱温泉、美国的大棱镜温泉和猛犸温泉、新西兰的间歇性喷泉、冰岛的蓝湖地热温泉等，呈现给游览者一场规模宏大的视听盛宴。

①地热奇观展示厅：全面展示世界范围内的各种地热奇观，如间歇泉、

沸泥塘、火山熔岩台地、地热冰塔、各种地热田等地热奇观，主要利用图片、各种数字模拟放映设施图文并茂地展示，同时，设置一个地热奇观解说系统，当游客参观某个地热奇观时，该解说系统就会对此奇观进行相应的解说。

②地热资源应用模拟厅：地热资源应用模拟厅主要向游客展示世界上对地热资源的各种利用情况，并进行真实场景的模拟，使游客在此了解到地热资源除了用于浴疗、洗浴以外，还有各种各样的应用，在此将各种可能的利用方式（除了温泉沐浴、医疗）进行全面的真实模拟展示。地热发电：世界上许多发达国家及发展中国家在积极利用地热发电以弥补能源的不足，因此，在此展厅专门进行地热发电场景的模拟，使游客了解到整个地热发电的原理及过程。地热采暖：利用地热水采暖不烧煤、无污染，更是符合当前低碳理念，日本、冰岛、法国、新西兰等大量利用地热采暖，而新西兰的首都已全部实现"地热化"，誉为"无烟城"。因此，可将雷克雅未克地热采暖的流程进行模拟，将地热采暖逐步推广。地热能温室：地热能温室主要是地热资源在农业方面的利用，通过地热资源控制整个室内的温度，从而在温室内种植各种反季节蔬菜、名贵花卉等。地热养殖水面：地热养殖水面是地热资源在渔业方面的利用，如新西兰的地热虾场、河北的地热越冬鱼场等，都是利用地热的水温来进行水产品的养殖。地热美食烹制：地热美食主要用于模拟用地热资源烹制美食的场景，如新西兰毛利餐厅就利用当地独特的地热资源，在地下炉灶将烤热的石块和食物放在一起，把食物蒸熟。

③地热资源分布演示厅：世界上的地热资源主要分布于5个地热带，包括环太平洋地热带、地中海—喜马拉雅地热带、大西洋中脊地热带、红海—亚丁湾—东非大裂谷地热带及其他地热带。利用高科技的触摸屏显示世界地热资源分布，游客点击某个地热带时，就会在一个较大的显示屏上展现这些地热资源，使游客对地热分布有直观认识。

（3）温泉文化展示园：该区域将通过文字、图像、多媒体、现场讲解等方式向游客集中展示温泉礼节、温泉种类、温泉养生文化、温泉饮食文化等温泉文化。参观者除了可以领略世界各地的温泉文化外，还能学会各种泡温泉的小知识，让游客感受温泉无所不在的魅力。主要分为温泉历史文化、洗浴文化和地域文化三个展示主题。

①花样洗浴文化：世界各地的洗浴花样五花八门、层出不穷，如沙土浴、石油浴、泥浆浴、牛奶浴、花瓣浴等。

②温泉地域文化：分为中国温泉地域文化和世界温泉地域文化两个板块，以国内外著名温泉旅游地为重点，介绍其历史文化、地方特色。国内温泉可

分为以西安华清池为代表的西北温泉区，以北京小汤山为代表的华北温泉区等；世界温泉可分为以德国、匈牙利为代表的欧洲温泉地，以日本、中国为代表的亚洲温泉地等。

③3D火山视听区：游客在此区域将通过3D技术向游客展示这些温泉喷发时的真实场景。在纵览世界温泉全貌、享受视听的同时，感受到温泉的雾气、火山地热乃至地震的震动，将带给游客无比的震撼感及现场体验感。

④温泉展示长廊：运用精美的图片加文字简要介绍温泉的形成、分类、疗养效果、人类与温泉的渊源等。再介绍世界著名的温泉，特别是经过地震、火山喷发之后形成的温泉、喷泉、喷气泉等。

⑤火山喷发3D模拟室：运用3D技术加声音效果构造火山喷发模拟室，包括火山喷发的各种类型及其全过程，相关的权威性理论介绍、火山喷发后对整个人类、土地、城市、大气的影响等。最后运用视频、音效等真实材料展示世界著名火山的喷发全过程，从而让游客在震撼中对火山喷发有全面深刻的认识。

⑥温泉喷发3D模拟室：运用3D技术加声音效果构造温泉喷发模拟室，包括温泉喷发的原因、类型，世界著名的喷泉、喷气泉以及温泉喷发与火山喷发的关系等。让游客在模拟室里就可以真实体验到喷泉的震撼、独特魅力。

⑦洱源温泉历史区：历史区把洱源的温泉发展过程、重大的历史事件，及当地的特殊景象（比如，少数民族）做一个展现，让游客进一步了解洱源温泉的特性及发源，做一趟深度知性之旅。

（4）温泉主题庄园：历经过城市的喧嚣与浮华，现代人们更渴望得到的是自然的洗涤，"结庐在人境，而无车马喧"的生活方式再次被人们捡拾和重新诠释。有一隅属于自己的"后花园""小菜园"，成了都市人梦寐以求的奢望。抓住现代人的这个心理，依托周围优美的自然风景、山溪河流，在三营建一个温泉主题庄园，在庄园里，游客可以观赏花红叶绿，收获春华秋实，美化生活的同时放松心情和锻炼身体，安享天伦之乐、健康之乐。这里还是招待亲友、接见客户的绝佳去处。

> **参考案例：捷克卡罗维瓦里、新西兰罗托鲁瓦，边走边看的温泉**
>
> ①捷克卡罗维瓦里（Karlovy Vary）：中世纪以来，欧洲有钱有闲人就热衷于接受矿泉治疗，捷克当然也不例外。其中最著名的温泉胜地是卡罗维瓦里，号称是全捷克最大的温泉乡。卡罗维瓦里是14世纪时罗马皇帝查理士四世在打猎时所发现。后来随着和平与战争的更迭，卡罗维瓦里也

经历着兴盛与衰败的曲折，但是城里能够饮用、沐浴、治病的12眼温泉水，一直是欧洲权贵和名流关注的地方，平均水温达到72℃，世界上的许多名人，如彼得大帝、贝多芬、果戈理等都来过这里。17世纪时已有1万人次来此接受温泉治疗，成为当时首屈一指的温泉疗养中心。发掘该城12处饮用温泉的最佳方式莫过于沿着泰培拉河两岸的人行步道行走，边走边喝，不但可浏览两岸独特的建筑风格，更可达到养生目的。此地盛产的温泉酒 Becherovka——主要成分是药草加上温泉水的利口酒，当地人戏称为第13种治疗温泉，此酒已有200年的历史。目前在新城部分尚有一间温泉酒博物馆，展示酒的制作过程与历史发展。

②新西兰罗托鲁瓦（rotorua）温泉，是新西兰北岛中北部一座工业城市。位于罗托鲁阿湖南畔，距奥克兰（Auckland）市221千米，多天然温泉，是毛利人聚居区和著名的旅游胜地，人口54700人。旅客在此可目睹间歇喷泉、沸腾的潭水和硅石阶地。其中，"浦湖渡"间歇喷泉是几处喷泉中最大的一处，每天喷发10~25次，喷发高度通常为16~20米，有时可高达30米。

5. 牛街田园温泉

区位：牛街镇。

温泉资源：五级温泉资源，47.5~81.5℃。

项目定位：温泉农庄——生态农庄，田园温泉。

开发模式："温泉+生态农庄"。温泉与农业融合发展模式，利用温泉地热水资源种植农作物，养殖水产；进行农作物的深加工，开发温泉果汁、温泉酒、果饼、果脯等系列产品。利用温泉资源的延伸利用价值，以地热营造温室，发展高附加值种养殖项目，这些举措有助于推动生态农业从单一的产品经济向服务经济迈进。同时，可利用生态农庄的设施载体，创造出极具特色的民居温泉泡浴场所。牛街的许多菜园、农田都是使用冷却后的温泉水灌溉。其农产品长势好、口感佳、营养价值高，与其他地区相比，独特性显著。

核心项目：温泉农业种植园，温泉农业加工区，温泉农业研发中心，温泉农业博览园、采摘园、七彩温泉大地、田园客栈、田园热炕屋、藏式民居温泉旅馆、藏式SPA馆、风情表演园、藏家温泉木屋等。

（1）温泉农业种植园：温泉与农业的结合是将乡村旅游、农业休闲、农业养生、植物景观与温泉休闲度假相结合的综合旅游开发形式，该类项目突出温泉在农业中的特殊应用，创新温泉的生态化开发模式，进而达到延伸温泉、农业产业链，提高项目的综合效益。温泉农业种植园区主要包括果蔬种植区、果蔬采摘体验区、特色果蔬观赏区、温泉景观区等组成部分，设置采摘体验及观赏的核心区域。

（2）七彩温泉大地：七彩温泉是整个田园温泉项目组的主题产品，该项目应用红、橙、黄、绿、青、蓝、紫七种颜色绚丽的植物打造一个色彩斑斓的田园温泉蒸腾区，每个温泉区有一个主打颜色，使该项目从远处看就像是一个巨大的艺术家调色板，从视觉上给游客带来一种异样的体验。

①鲜花之路：在田园温泉区，采用火山浮石修建一条鲜花大道，一方面作为田园温泉区的游览主道，另一方面与整个环境氛围相协调，体现彩色大地的主题。

②田园客栈：在七彩温泉大地中点缀若干田园客栈，田园客栈所有的建筑都是用木头建成，木的屋顶、木的墙壁、木的柱子、木的地板、木柜子、木制的吧台，使人与原野、山色和温泉美妙地融合，就连茶座也是用原木根雕刻而成的，里里外外透着一种质朴、一种原始的但让人感到极为亲切与舒适的感觉。

③田园声响：田园声响是七彩温泉大地的音乐背景，使游客在牛街优美的温泉田园环境中，尽情聆听美妙的音乐。

④田园热炕屋：在七彩温泉大地中布局若干"田园热炕屋"。躺在热炕上不仅可消乏解困，还对治愈腰肌劳损、风湿、关节炎等疾病有很好的疗效。在田园中建几个田园热炕屋，在热炕上游客既能休息片刻，又能缓解疲劳。

（3）田园人家：餐饮住宿+民俗体验，主要承担食宿和民俗文化体验的功能，以提供餐饮为主的特色农家乐和以提供住宿为主的主题型客栈为主要形式。建设特色农家乐（民族手工业、刺绣、鱼庄、药膳、果蔬）、民居客栈、小桥流水、本主庙等项目，以凸显特色、生态美食为主。

①特色农家乐：选取若干户家庭庭院建设成为分别以民族手工艺、鱼庄、药膳等为特色的农家乐，突破传统农家乐仅提供餐饮的局限，赋予农家乐文化属性，按照"一户一品"的思路，使每一户兼具展示、旅游、购物的多元功能。

②刺绣农家乐：挖掘洱源的刺绣文化，在传统的白族院落内，以刺绣为亮点，建设分别突出绣画、服饰、技艺的"女红楼""丝织坊""刺绣传习馆"等，所展示的刺绣品均为限量版，具有唯一性，游客可根据自己喜好现场购买。丝织坊——在三坊一照壁的白族民居建筑中展示白族的传统服饰文化。以实物、壁画、场景、高分子仿真雕塑等多元形式展示白族人民纺织生活场

面。而庭院里则为游客互动区。通过模特和游客身着白族服饰，互动的T台走秀方式，体验白族服饰文化。刺绣传习馆——传习馆是弘扬、传承白族刺绣工艺的地方。在传习馆内刺绣民间艺人带着学徒学习白族刺绣传统工艺，设计制作刺绣精品，进一步提升白族刺绣的知名度和影响力。

③洱源鱼庄：是餐饮街内的特色餐厅。洱源为洱海之源，白族传统的烹饪鱼的方式较为独特。通过传统烹饪鱼的各种做法，开发"洱海鱼宴"特色美食产品。目标市场针对中高端客户群，并以大理鱼、洱源鱼为招牌菜。

④药膳农家乐：按照当代人养生食疗的需求，建设一个以药膳滋补为特色的农家乐，积极开发具有食疗保健作用的药膳菜肴、点心、小吃等。

（4）藏式民居温泉

①天浴坑温泉中心：在牛街区内打造一个天浴坑温泉中心，区内只设置两个野性十足的露天温泉大池，一个供男士泡浴，另一个供女士泡浴，在温泉池内随时都可听到藏式音乐，另在天浴坑周围摆放许多木桶式浴池，可进行纯自然沐浴及儿童戏浴。

②藏式民居温泉旅馆：在现有牛街乡内改造20余户藏式建筑，每个藏式建筑都是民居温泉旅馆，旅馆内的温泉泡池造型、室内布置、美食特色都要体现藏式风格，旅馆内面积不大，规模为3~5间客房即可，建筑体量为两层或三层，每幢的底层为公用温泉浴池，二层和三层为客房，内部设施要满足度假型游客的需求，旅馆周围可以栽种红叶和其他常青景观植物。

③藏式SPA馆：在牛街乡核心区域修建一个藏式大众SPA馆，主要供整个民居温泉片区的游客体验藏式养生之道的风情SPA，游客可以在各式藏传经典美容养生药池中浸泡，并设有藏灵芝、挂面苔藓等出售，然后享受独特的藏式按摩和藏式美容。

④风情表演园：主要表演藏族民间歌舞、说唱音乐、戏曲音乐等，也可让游客参与体验藏族风情，同时出售各种藏式乐器，每年在旅游旺季再聘请西藏自治区歌舞团、西藏藏剧团、青海省民族歌舞团等来此演出，即可扩大整个旅游区的影响力，也丰富了游客的旅游体验。

⑤藏家温泉木屋：选牛街乡的空旷区域修建藏家温泉木屋，为高端的家庭型及结伴型温泉度假游客专门设计的集温泉、养生、聚会为一体的高级别墅，规模约为十幢，每幢只限于一个家庭或伙伴游客。建筑物外表是纯朴的藏式两层木屋风格，室内充满着温馨的藏家气氛，底层为养生温泉池和聚会场所，二层为住宿房间，为游客提供养生、洗浴、私人SPA等，游客可以在此共享家庭的快乐和朋友之间的友情。

> **参考案例：日本别府温泉**
>
> 日本别府温泉，位于日本别府县境内。别府素以"别府八汤"而闻名。所谓的"八汤"就是别府、明矾、铁轮、堀天、柴石、观海寺、龟川、滨协的合称。每个温泉都有其特色。例如，曾经是妓艺馆集中区的滨协温泉，古老的传统旅馆引发人们的思古幽情；铁轮温泉则是以疗浴闻名的热闹温泉，泉水含有明矾成分，对于慢性病、皮肤病很有疗效，铁轮的蒸气泉也颇负盛名。明矾温泉因有明矾成分而使泉水呈白色，它的最大特点就是以独特奇怪的稻草为屋顶的"温泉花小屋"；柴石温泉则位于幽静的溪谷，其泉水自山间的岩缝涌出。柴石温泉风景宜人，可尽情陶醉于美景中，感受醉翁之意不在酒的最高境界！

6. 温泉景观走廊

区位：214国道洱源段。

温泉资源：沿线温泉资源富集。

项目定位：40千米"中华第一温泉走廊"。

开发模式："温泉+景观大道"。

核心项目：依托214国道改造升级，从南至北途经邓川—右所—茈碧湖—三营—牛街五个乡镇，打造全国第一温泉走廊。将穿镇而过的214国道建设成为温泉景观大道，对其进行环境优化和灯光设计，在道路沿线两边合理地布置标识牌、指示系统和景区宣传栏及宣传标语，将其改造成下山口小镇的一条温泉景观大道，同时具有旅游通道和小镇宣传的作用。

> **参考案例：大连金州温泉正在打造"温泉走廊"第一极**
>
> 大连温泉资源丰富，水质优良、出水量大，主要分布在黄渤海沿岸，国家地质部门和联合国地热专家曾高度评价大连温泉质量。目前，金州新区建成的具有代表性的温泉旅游项目有两个，分别是凯伦温泉和金石滩唐风温泉会馆。去年，这两家企业共接待游客57万余人次，旅游综合收入1.4亿元。其中，凯伦温泉接待游客21.3万人次，旅游综合收入4032万元；唐风温泉接待游客36.1万人次，旅游综合收入9986万元。目前，投资15亿元的唐风温泉二期项目正在运作当中。在唐风温泉和凯伦温泉的基础上，金州新区目前还有七个在建及待建的温泉旅游项目，这九大温泉将形成集聚效应，形成了一条风光无限的"温泉走廊"第一极。温泉旅游已经成为

该区旅游的一大亮点，目前以金石滩省级温泉旅游度假区为核心，九大温泉项目将聚集金州新区，并将着力打造成辽宁省"温泉走廊"的第一极。

（二）生态旅游区核心产品

1. 罗坪山森林公园

区位：罗坪山以及炼铁镇。

旅游资源：罗坪山生物资源、鸟吊山候鸟迁徙、炼铁温泉。罗坪山位于洱源县城以西15千米处，森林植被茂密，生态资源丰富，气候宜人。山体为南北走向，将洱源县分为东、西两部分。主要树种为云南松，有高山杜鹃、风力发电场、鸟吊山等旅游资源。

项目定位：通过生态保护和游憩体系建设，打造罗坪山省级国家森林公园。

开发模式：通过保护性开发，建设游憩设施，形成游憩体系，为自驾游、徒步游、山地自行车等游客提供基础支持和周到服务。

核心项目：罗坪山森林公园、鸟吊山观鸟基地、生态服务站。

（1）罗坪山森林公园

①项目概况：罗坪山位于洱源县城以西15千米处，森林植被茂密，生态资源丰富，气候宜人。山体南北走向，将洱源县分为东、西两部分。主要树种为云南松，有高山杜鹃、风力发电场、鸟吊山等旅游资源。

②主题定位：以"森林公园"为主题，通过生态保护和游憩体系建设，打造罗坪山省级国家森林公园。

③发展思路：通过保护性开发，建设游憩设施，形成游憩体系，为登山游、徒步游、山地自行车等游客提供基础支持和周到服务。

（2）鸟吊山观鸟基地

①项目概况：鸟吊山位于洱源县凤羽坝子的西部，云岭山脉罗坪山的主峰，海拔1550~3465米。地处候鸟迁徙线上，属罗坪山候鸟自然保护区。每年农历八九月份，有大量鸟类飞到这里，这些鸟中有灰鹤、野鸭、鹭鸶、老鹰、麦鸡、燕雀、海鸥、柳莺、斑鸠、鹦鹉等，形成著名的"百鸟朝凤"景观。

②主题定位：以"观鸟天堂"为主题，通过观鸟屋、鸟类保护站、鸟类博物馆等形式打造知名鸟类观测点。

③发展思路：计划将鸟吊山开发成生态观鸟基地。建设观鸟设施系统，包括观鸟木屋、观鸟台、观鸟器材等；设立生态游客服务站，在为游客提供旅游服务和管理的同时也作为候鸟管理和监测中心，观测候鸟迁徙规律和迁徙路线；成立鸟类保护协会，建设候鸟展览馆，进行科普科考活动；挖掘"百鸟朝凤"

传说的文化价值,将现实候鸟景观和历史传说结合起来进行深层次开发。

④建设项目:生态服务站、观鸟基地。

2. 海西海湖泊旅游区

区位:海西海、小蝴蝶泉。

旅游资源:高原湖泊、生态湿地、水乡文化。海西海位于牛街乡龙门坝,距离县城24千米,为断陷溶蚀洼地形成的天然淡水湖泊。湖泊面积2.6平方千米,南北长3.6千米,东西最大宽度1.5千米,湖岸线长10千米,平均水深10米,最大水深16米,总库容2227万立方米。海西海三面临山,山中竹树成林,一面连坝,明清时期是鹤庆府的八大名景之一。由于连年干旱,如今的海西海湖面退化严重,有大量裸露地表。海西海周边有眠龙洞、皮罗阁庙等景点。

项目定位:以"滨湖型自驾车营地"为主题,打造成为湖泊旅游户外休闲基地。

开发模式:借鉴国外综合性自驾车营地的开发模式,将海西海游览区统一外包给一家企业建设、经营、管理,作为自驾游客户休闲娱乐的场所。

(1)海西海:露营地、房车营地、帐篷营地、烧烤基地、体育公园(高尔夫练习场)、划船、垂钓、环湖自行车等。

(2)小蝴蝶泉鱼庄:小蝴蝶泉,又名上站龙潭,位于洱源县牛街乡境内的214国道旁。流水淙淙,清澈见底,风景优美,现在经过开发,已经初步具备一定的旅游接待功能,旁边正在进行景观化打造。建设一个以"现吃现捞"为特色的半自助型精品渔家乐。

开发思路:利用现有泉潭进行冷水鱼养殖,凭借临路的交通区位,打造精品鱼庄。借鉴省内外成功的农家乐经验,提供餐饮、休闲、娱乐一条龙服务。

(3)邓川—凤羽古镇

规划范围:凤羽镇集镇以及境内清源洞、大宝村等。

依托资源:凤羽古镇、清源洞、清源洞庙会、大宝村温泉、白族文化。

上位规划:《洱源县凤羽砚开发营销策划(2012—2030)》中将凤羽砚定位为"云南名砚,大理名品",将凤羽砚产品定位为旅游纪念品、文化消费品和收藏品,并开发建材产品(传统民居建筑板材、墙体地面装修等)、观赏用品(雕刻饰品、适合园林景观小品的雕塑、造景等产品)和生活实用品(花盆、石桌、石凳等)等衍生产品,形成复合型旅游产品体系。

3. 凤羽古镇风貌保护区

(1)项目概况:位于洱源县西南部,风景秀丽,气候适宜,2000年被列为省级历史文化名镇。2010年,获住房和城乡建设部、国家文物局授予第五批"中国历史文化名镇"荣誉称号。古镇现今保留了具有浓郁白族特色的古民居建筑上千栋。

（2）主题定位：古镇文化旅游，国家级历史文化名镇，重在建筑的恢复和保护以及文化的传承和发扬。

（3）发展思路：凤羽古镇庭院旅游，将凤羽古镇建设成为白族建筑的天然博物馆和白族文化的传承基地。

（4）建设项目：庭院旅游区、古镇标志大门、历史文化街、马帮店铺、文庙与戏台、特产作坊、典型建筑游览点、名人故居游览点、古镇景观小品等。

4. 凤羽历史文化博物馆

（1）项目概况：凤羽民族文化资源丰富，首先青石板铺就的古驿道至今保存完整，白族传统民居建筑、青石板古道、清澈的流水、古塔都具有较好的建筑艺术和历史价值；其次是富有情趣的民俗活动，有闹春王正月、田家乐、白族秋千会、清源洞会、黑龙王会、栽秧会、霸王鞭、白族服饰等极富地域特色的众多的民族风情。另外，凤羽物华天宝，物产丰富，拥有诸多的土特产，如凤羽小白糖、玉翠茶、凤羽砚台、凤羽菜籽油、杨梅酱、豆腐等。

（2）主题定位：涵盖茶马古道文化、名人文化、凤羽砚台、文学艺术、民俗等知名乡镇博物馆。

（3）发展思路：收集和整理凤羽民间文物和非物质文化资源，以博物馆的形式进行分类陈列，将博物馆作为凤羽文化的活化、传承和展示窗口。

5. 清源洞游览区

（1）项目概况：清源洞位于凤羽镇天马山的南端，距县城23千米，三面环山，为古代凤羽湖泄后流露的岩溶洞，是凤羽河的源头，也是洱海的源头。洞内分上、中、下三层，其内均有错综复杂的若干小洞，各个洞中的石笋、石兽、石幔、石林奇形怪状，千姿百态，极为壮观。清源洞于20世纪90年代就被列为"西湖省级风景名胜区景点"，并在清源洞附近建立了"清源洞保护站"。

（2）主题定位：以"洱海正源"为主题，进行保护性开发，大力宣传环境保护教育。

（3）发展思路：以"洱海正源"为招牌，通过保护性开发，突出其在洱海流域中的地位，吸引游客前来探源。组织相关活动，如夏令营、一年一度的农历六月二十三的清源洞庙会等。

（4）建设项目：洱海源标志石、生态停车场、夏令营基地、清源洞碑林、洞中石林、洞穴探秘等。

6. 凤羽新村

（1）项目概况：由于要完整保护凤羽古镇风貌，避免现代建筑风格的破坏，本规划建议在古镇附近建一座凤羽新村，以解决现代文化生活方式与传统文化维护之间的矛盾。

（2）主题定位：用于承接风貌保护区移民安置的现代化新农村。

（3）发展思路：通过建立小区、学校、政府、医院等城镇设施，集中安置由于历史文化名镇风貌保护区的建立而需要现代化设施提高生活舒适度的安置移民。新村位于通往古镇的大道旁，未来不仅可以用于移民安置，还可以作为古镇风貌保护区旅游的辅助接待基地、产品供应基地和废物处理基地。

（三）旅游服务基础设施

1. 游客中心

根据旅游区的设施布局、线路组织和游览需要，将游客服务中心体系分为以下三级：

（1）一级游客服务中心：在旅游发展核心茈碧湖温泉旅游综合中心建设多功能综合性游客服务中心。游客服务中心按国家标准《旅游区质量等级的划分与评定》要求，设置相关的设施设备（如影视厅、触摸屏、引导标志、游览宣传材料、导游解说、信息咨询、投诉服务、紧急救援、防盗保安等设施），建设内容包括管理中心、展览厅、信息服务台、商品部、放映厅、儿童活动室、办公用房等。总建筑面积约为4000平方米。

（2）二级游客服务站：在其他四个温泉旅游功能区各建1个游客服务站。游客服务站包括电瓶车站、导游解说牌、商品小卖部、公用电话亭、旅游公厕等设施，满足游客购买商品、食品饮料、休闲观光、娱乐摄影、信息咨询等需求。各游客服务站建筑面积约为1000平方米。

（3）三级游客休息点：在西部的生态旅游区以及在游览路线沿线适当位置设置若干游客休息点。游客休息点一般不设置建筑物，只设置若干观景平台、摄影平台、石凳、木凳、电话亭、垃圾箱等，满足游客驻足、休息、观景、摄影等的需求。

表 3.8.1 旅游区游客服务中心/站建设规模

服务设施	档次	标准	规模（m²）	容量（人次/日）
茈碧湖温泉旅游综合服务中心	一级	5A	4000	2000
下山口温泉小镇旅游区游客服务站	二级	4A	1000	500

续表

服务设施	档次	标准	规模（m²）	容量（人次/日）
东西湖湿地温泉旅游区游客服务站	二级	3A	1000	500
三营温泉公园旅游区游客服务站	二级	3A	1000	500
牛街田园温泉旅游区游客服务站	二级	3A	1000	500
罗坪山森林公园旅游区游客服务站	三级	1A	200	100
高原湖泊旅游区游客服务站	三级	1A	200	100
邓川—凤羽古镇文化旅游区游客服务站	三级	1A	200	100
合计			8600	4300

2. 住宿餐饮

（1）住宿设施：根据旅游区客源市场分析，游客规模按照近期（2015~2020年）200万/年、中期（2021~2025年）500万/年、远期（2026~2030年）1000万/年；床位数=（全年住宿游客总人数×人均住宿天数）/（全年可游览天数×客房出租率）；全年住宿游客人数占50%；人均停留天数为近期1天、中期1.5天、远期2天；全年可游览天数按300天计算；客房出租率按80%计算，则住宿设施规模为：规划住宿设施规模为项目启动期（2015~2020年）床位12625张；项目发展期（2021~2025年）床位30165张（表3.8.2）。

表3.8.2 床位需求规模预测

设施档次	启动期	发展期
高（20%）	2525	6033
中（50%）	6312	15082
低（30%）	3788	9050
合计	12625	30165

（2）餐饮设施：旅游区的餐饮服务设施主要布局在茈碧湖温泉旅游综合服务中心、下山口温泉小镇旅游区、东西湖湿地温泉旅游区、三营温泉公园旅游区、牛街田园温泉旅游区、罗坪山森林公园旅游区游客服务站、高原湖泊旅游区游客服务站、邓川—凤羽古镇文化旅游区游客服务站，根据住宿设施规模和游客聚集状况，按照旅游人次50%的就餐比例，再除以300天，得到各旅游功能区餐厅规模如表3.8.3。

表 3.8.3　旅游区餐饮设施预测

服务设施	中期（人）	远期（人）
茈碧湖温泉旅游综合服务中心（40%）	33340	66800
下山口温泉小镇旅游区（20%）	16800	33400
东西湖湿地温泉旅游区（10%）	8400	16700
三营温泉公园旅游区（10%）	8400	16700
牛街田园温泉旅游区（10%）	8400	16700
罗坪山森林公园旅游区游客服务站（2%）	1680	3340
高原湖泊旅游区游客服务站（3%）	2520	5010
邓川－凤羽古镇文化旅游区游客服务站（5%）	4200	8350
合计	83740	167000

（3）导游解说：依托各个功能区游客服务中心，全面负责旅游区的导游服务工作。导游服务以解说项目设施的使用为主，注意安全事项为辅，需要对各个功能区的员工进行相关导游培训，专门导游应该以汉语和英语语种为主。旅游区的旅游解说系统以通过导游人员对游客进行向导式解说为主，以向游客发放各种解说材料和树立旅游区标牌、标志进行自导式解说为辅。在各旅游功能区的主要入口位置设旅游区标牌，包括指示性、规定性、说明性、解释性、宣传性五类。

（4）旅游标识系统：用中、英、日、韩四种语言，在各个旅游区入口、沿线路上设立旅游标识，利用云端云服务、智能通信设备建立全面的旅游信息服务系统，为旅游者提供方便、快捷、准确的旅游资讯服务。此外，积极推广旅游新线路，按照不同层次的旅游消费需求，在巩固现有观光旅游线路的基础上，组合推出独具特色的洱源温泉旅游线路。

（5）智慧景区建设：智慧旅游，也被称为智能旅游。就是利用云计算、物联网等新技术，通过互联网/移动互联网，借助便携的终端上网设备，主动感知旅游资源、旅游经济、旅游活动、旅游者等方面的信息，及时发布，让人们能够及时了解这些信息，及时安排和调整工作与旅游计划，从而达到对各类旅游信息的智能感知、方便利用的效果。在温泉旅游大景区可建设和使用的智慧旅游落地项目包括客流统计智能一体机、手机旅游 App 定制平台、游客集散中心数字展项以及电子导游系统等。

①客流统计智能一体机：可实现景区客流分析、景区游客分布、非密闭

区域客流统计、景区禁区闯入、景区停车场管理等功能。在景区各出入口上方或侧面安装客流统计智能一体机，可准确统计出入游客数量。

②手机旅游 App 定制平台：将旅游城市（景区）的各种旅游资讯做精心收集和分类，如旅游资源、风景美图、商家信息、地图等集成于一个智能手机应用软件，通过这个应用软件为游客提供一站式、智能化旅游综合服务。主要包含景区游玩路线推荐、地图导航、真人语音景区讲解、旅游行程制定、旅游体验分享、周边商家（酒店、餐饮、特产、娱乐）智能化搜索、旅游咨询投诉等功能，方便游客在旅游过程中快速地获取自己想要的旅游信息，所见即所得。

③游客集散中心数字展项：游客咨询服务中心（常称为：游客中心、游人中心）是一个城市（或景区）旅游体系中必备的为游客特别是自助旅游者提供相关咨询、服务的基本项目，也是展示该地旅游业发展水平的窗口。在游客咨询服务中心设置自助式服务设施或互动科技展项，不仅为游客带来了便利，也增强了游客互动参与的主动性，有助于多形式、多角度展现旅游景区，提升了景区服务质量，也提高了旅游目的地的形象。

④电子导游系统：电子导游系统可以把景区景点的讲解内容录入其中，把陈列展示的内容声情并茂地表现出来，使陈列延伸得更加生动，观众在边看边听中游览。该系统先在服务器端建立和本次展览相关的导览场景的文字、图片、语音以及视频介绍数据库，再下载到移动手持终端设备，最大限度地满足了不同语言、不同层次参观者的需求。使用者携带移动终端设备，通过其 RFID 感应功能，在进入每个展览区前获取到展区附带标签的 EPC 编码信息后，即可在移动手持终端设备上自动播放该展区内藏品的音频或视频信息。

九、旅游线路规划

本规划中的旅游线路规划主要依托大理州提出的打造六大旅游景区任务的专项规划发展前景以及洱源县温泉休疗度假旅游大景区将来将要形成的景区景点、度假酒店、休闲设施、景观走廊等。根据规划思路，线路规划主要分为规划建设洱源县与大理州其他五大旅游区的旅游线路与洱源县内旅游线路。

（一）大理州层面的旅游线路规划

按照目前的实际情况，规划六大景区的旅游线路，即从洱源出发分别到苍山洱海、剑川、鹤庆、宾川、巍山五大景区的线路：洱源—大理旅游线，洱源—苍山洱海旅游线，洱源—巍山旅游线，洱源—鹤庆旅游线，洱源—剑川旅游线，洱源—宾川旅游线等旅游线路。

1. 主要景点

大理古城、崇圣寺、喜洲、苍山、洱海、石宝山、沙溪、寺登街、新华村、鸡足山、巍山古城、魏宝山。

2. 线路走向

洱源—大理古城—崇圣寺—苍山—喜洲—环洱海（双廊）—洱源；

洱源—石宝山—沙溪寺登街—洱源；

洱源—新华村—洱源；

洱源—巍山古城—魏宝山—洱源；

洱源—鸡足山—洱源。

（二）洱源县内旅游线路规划

1. 温泉旅游线路

依据规划，洱源温泉内将形成温泉旅游线路和生态旅游线路两个主题旅游线路。其中，温泉主题线路有四种旅游线路走向：第一种是由大理向丽江方向，具体走向为：大理—湿地温泉—休疗温泉—洱源县城—欢乐温泉—景观温泉—田园温泉—丽江。第二种是由丽江向大理方向，具体走向为：丽江—田园温泉—景观温泉—欢乐温泉—洱源县城—休疗温泉—湿地温泉—大理。第三、第四种是以县城为中心分别向南北两个方向延展，具体走向分别为：洱源县城—休疗温泉—湿地温泉—洱源县城，洱源县城—欢乐温泉—景观温泉—田园温泉—洱源县城。生态主题旅游游线按顺时针游线和逆时针游线分别为：洱源县城—邓川—凤羽—罗坪山—洱源县城，洱源县城—罗坪山—凤羽—邓川—洱源县城。

2. 欢乐温泉旅游线路

（1）主要景点：茈碧湖景区、温泉美食城、五星级温泉度假酒店、三大主题街区、茈碧湖低碳温泉社区、温泉旅游购物城、温泉疗养园。

（2）线路走向

①顺时针游线：洱源县城—温泉美食城—五星级温泉度假酒店—温泉旅游购物城—三大主题街区—茈碧湖低碳温泉社区—温泉疗养园—洱源县城。

②逆时针游线：洱源县城—温泉疗养园—茈碧湖低碳温泉社区—三大主题街区—温泉旅游购物城—五星级温泉度假酒店—温泉美食城—洱源县城。

（3）休疗温泉旅游线路

①主要景点

温泉水街、普陀泉主题庄园、普陀温泉养生馆、温泉民居客栈区、温泉休疗馆、温泉小镇服务区、弥苴河漂流、四季游泳馆。

②线路走向

顺时针游线：洱源县城—温泉水街—普陀泉主题庄园—普陀温泉养生馆—温泉民居客栈区—温泉休疗馆—温泉小镇服务区—弥苴河漂流—四季游泳馆—洱源县城。

逆时针游线：洱源县城—四季游泳馆—弥苴河漂流—温泉小镇服务区—温泉休疗馆—温泉民居客栈区—普陀温泉养生馆—普陀泉主题庄园—温泉水街—洱源县城。

3. 湿地温泉旅游线路

（1）主要景点：特色SPA屋、观鸟栈道、东湖湿地温泉精品酒店、漂浮湿地、湿地游船、西湖景区。

（2）线路走向

①顺时针游线：洱源县城—特色SPA屋—观鸟栈道—东湖湿地温泉精品酒店—漂浮湿地—湿地游船—西湖景区—洱源县城。

②逆时针游线：洱源县城—西湖景区—湿地游船—漂浮湿地—东湖湿地温泉精品酒店—观鸟栈道—特色SPA屋—洱源县城。

4. 景观温泉旅游线路

（1）主要景点：温泉博览园、世界地热奇观园、三营旅游购物集镇、温泉文化展示园、温泉主题庄园。

（2）线路走向

①顺时针游线：洱源县城—温泉博览园—世界地热奇观园—三营旅游购物集镇—温泉文化展示园—温泉主题庄园—洱源县城。

②逆时针游线：洱源县城—温泉主题庄园—温泉文化展示园—三营旅游购物集镇—世界地热奇观园—温泉博览园—洱源县城。

5. 田园温泉旅游线路

（1）主要景点：温泉农业种植园、七彩温泉大地、藏式民居温泉、田园人家。

（2）线路走向

洱源县城—温泉农业种植园—七彩温泉大地—藏式民居温泉—田园人家—洱源县城。

6. 生态旅游线路

（1）罗坪山森林公园旅游线路

①主要景点：户外露营基地、鸟吊山观鸟基地。

②线路走向

顺时针游线：洱源县城—鸟吊山观鸟基地—户外露营基地—洱源县城。

逆时针游线：洱源县城—户外露营基地—鸟吊山观鸟基地—洱源县城。

（2）海西海湖泊旅游线路

①主要景点：海西海、小蝴蝶泉。

②线路走向

洱源县城—海西海—小蝴蝶泉—洱源县城。

7. 邓川—凤羽古镇旅游线路

①主要景点：川德源古城、川德源古城、凤羽历史文化博物馆、凤羽新村、大宝温泉度假村、清源洞游览区。

②线路走向

顺时针游线：洱源县城—大宝温泉度假村—凤羽历史文化博物馆—凤羽新村—清源洞游览区—龙潭本主庙—川德源古城—洱源县城。

逆时针游线：洱源县城—川德源古城—龙潭本主庙—清源洞游览区—凤羽新村—凤羽历史文化博物馆—大宝温泉度假村—洱源县城。

十、专项保障规划

（一）交通设施

1. 交通设施现状

洱源县紧邻州府大理市，目前已初步形成相对完善的交通网络系统。航空方面，洱源县城距大理机场仅73千米；国道214线穿境而过；大丽高速（大理、洱源、剑川、丽江）2013年年底已建成开通，从大理经洱源至丽江仅两个多小时；目前洱源投入3000多万元建成了滨宾河路、苤碧湖路2条旅游公路。县乡公路四通八达，已将各景区（点）连为一片，旅游区已具有良好的交通通达条件。

2. 交通设施目标

交通设施是发展旅游的前提条件，按照"完善公路客运体系、发展交通配套服务"总体思路，洱源县要构建开放型的旅游交通体系，建成完善高效的旅游交通立体网络。

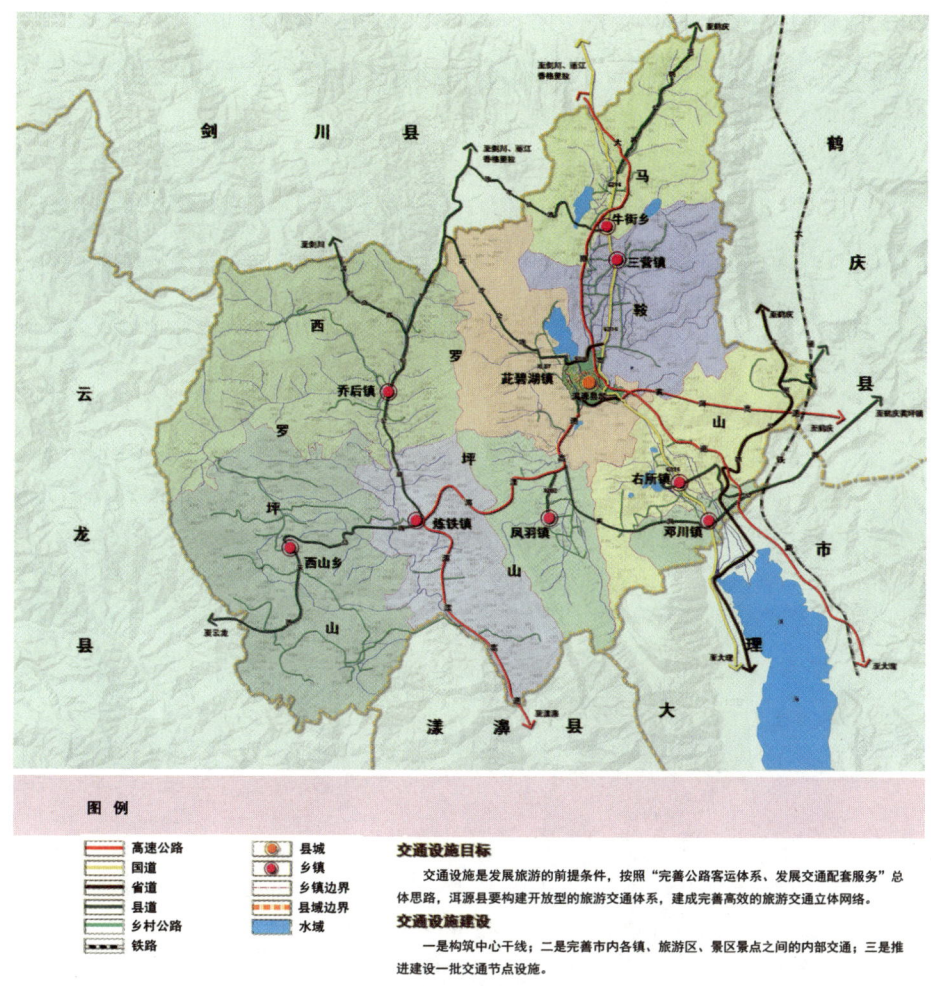

图 3.10.1 旅游交通规划

3. 交通设施建设

一是构筑中心干线；二是完善市内各镇、旅游区、景区景点之间的内部交通；三是推进建设一批交通节点设施。

（1）外部交通：积极配合大丽高速公路的开通，拓宽进入通道，完善标识系统等交通服务设施，提高便利性；改造和提升214国道，使之达到一级公路标准；争取大丽铁路在境内建立停留站点，增加进入渠道。

（2）内部交通：建设旅游区交通体系，将旅游区各个景区串联起来，打造旅游区高品位的游览线路，在各个景区设置内部交通站点，全面提升旅游区的游览交通系统。

（3）游览步道：各景区结合自身实际逐步完善游览步道。采用卵石、栈道及生态廊道等做法，构建个性化、人本化的生态景观道。

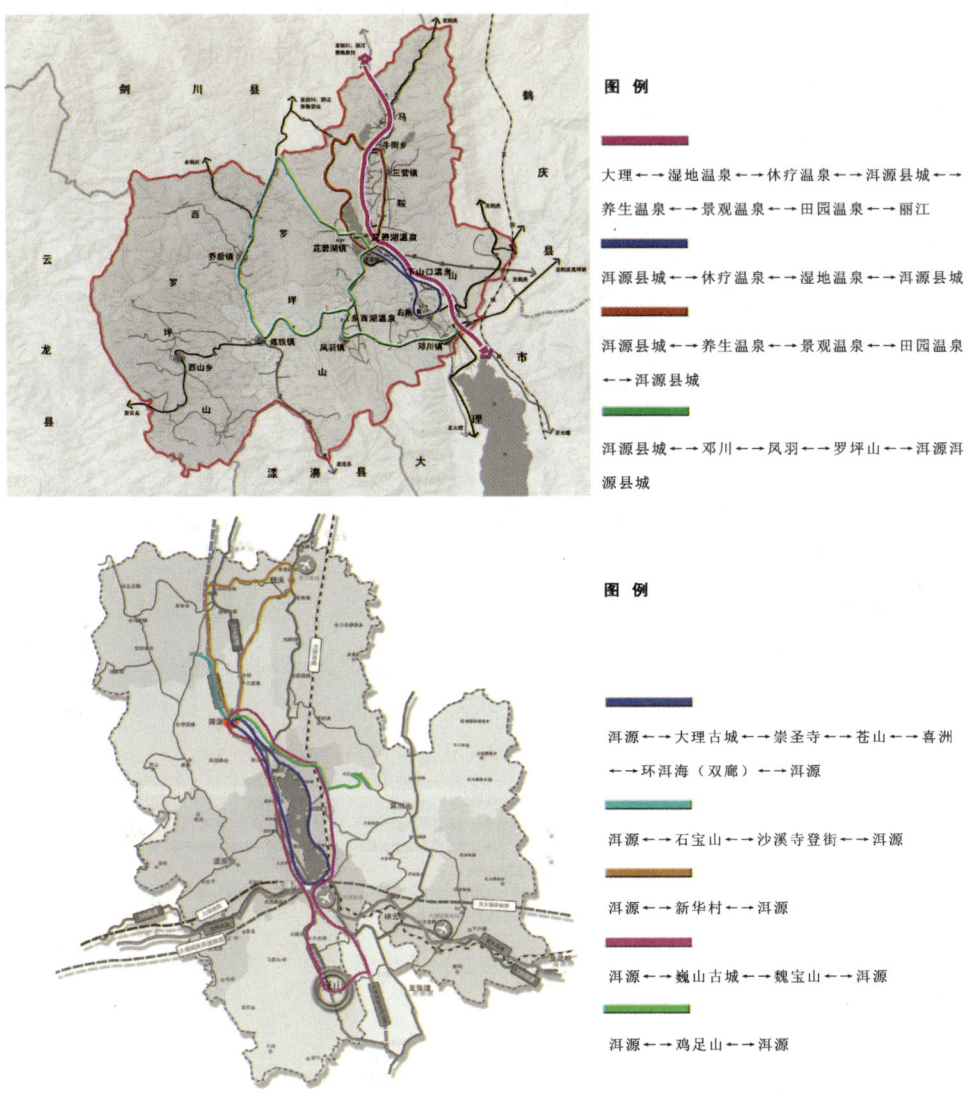

图 3.10.2　旅游线路规划

（二）给水工程

（1）给水设施现状：大景区内水资源丰富，各主题游览区和功能区都有用水设施，然而供水比较落后，设施老化，水质不能满足现代旅游发展的需求。

（2）给水设施目标：充分利用现状工程设施，统一规划供水系统，按照大景区高起点、高标准发展要求，合理选取用水标准及水源，针对取水、输水、净水、配水等给水系统要素，实施完善的改造，使整个系统安全、合理、经济。

（3）给水设施建设：根据洱源县实际情况，规划用水标准如表3.10.1。

表 3.10.1　洱源县旅游用水标准规划

项目	单位	用水标准	备注
游客	升/人·日	500	度假游客为主

各旅游区分散供水，分片建小型水厂或蓄水池，确保水源地的水质符合国家标准有关要求。严格保护和管理水源地水质，在取水点一定范围内不允许开发旅游项目。水源的水质可采用简单净化工艺，流程如下：水源—取水水泵—过滤—消毒—输水管道—用户；远期规划中，由于旅游业的开展和旅游规模的扩大，水源会受到一定程度的污染。为保证水质，可考虑采用以下工艺净化流程：水源—取水—混凝水泵—沉淀—过滤—消毒—输水管道—用户。

（三）排水工程

1. 排水设施现状

大景区排水现状为雨污合流制排放系统，部分排水甚至利用农业灌溉设施，由于沟道、管渠不畅，常在城区造成排水受阻，特别在雨季，很容易造成大面积滞水，形成内涝。

2. 排水设施目标

在统筹安排、因地制宜、分期实施的原则下，根据自然条件和排水工程现状，合理确定排水体制；积极治理城市污水，最大限度地减少污水对受纳水体的污染；综合考虑污水系统总体布局，合理确定污水处理厂位置和出水口位置要求，用较少的投资达到较好的环境优美效果。

3. 排水设施建设

（1）通过近、远期的结合，逐步改造现有排水系统的原则，排水由现在的雨污水合流制的单一排水体制向雨污合流制、雨污分流制、截流式合流制等兼容复合的排水设施过渡。

（2）综合考虑旅游区的发展方向、自然地形等因素，优先考虑污水疏排系统的安装和完善工作，在人口众多、污水产生量大的地区优先考虑二级污水处理厂的建设。

（3）结合各景区旅游资源及环境保护的要求，配合相应的污水处理设施，提高景区的污水处理能力，使污水净化达标后再放行，控制和减少景区的水污染。

（四）电信通信

1. 电信通讯现状

洱源县将通信事业放在优先发展的位置，全县已建成程控电话交换网、移动通信网、无线寻呼网等通信网络以及会议电视、数据通信、分组交换等现代化通信设施，通信总体水平处于较先进的地位。存在的问题有邮电网点数偏少、邮政设施不配套、本地电话网不完善、网络可靠性差等。

2. 电信通讯目标

按照"统一规划、统一建设、邮电专用"原则，率先推行"三网融合"工程。继续保持邮电通信在国民经济中的重要基础产业地位，不断提高通信能力和技术水平；综合协调邮电通信设施与其他设施建设，避免其他设施对通信网络的干扰，保证通信线路安全畅通。

3. 电信通讯建设

（1）以建立高起点、高速度、高效能的电话网、互联网、闭路电视网"三网融合"为基础，建成一个通信能力强、业务类别多、运行效率高，安全可靠、质量优良的现代化综合网络。

（2）在规划区内全方位开通国内、国际长途电话，其中宾馆采用总机形式，别墅和游览区、管理处等采用直拨形式。各级服务区设立公用电话亭。

（3）清除旅游景区内移动通信的盲区，增加其可靠性。

（4）在重要旅游景区内设邮电所或代办处。

（五）土地利用

1. 旅游用地政策

土地是旅游产业发展的基础性资源。在2009年《国务院关于加快旅游业发展的意见》（41号文件）中，关于用地问题的政策是，"年度土地供应要适当增加旅游业发展用地。积极支持利用荒地、荒坡、荒滩、垃圾场、废弃矿山、边远海岛和可以开发利用的石漠化土地等开发旅游项目。支持企事业单位利用存量房产、土地资源兴办旅游业"。在2014年《国务院关于促进旅游业改革发展的若干意见》（31号文件）中，关于用地问题的政策是，"把旅游用地供给作为土地利用和城乡规划体系的重要内容；在符合规划和用途管制的前提下，鼓励农村集体经济组织依法以集体经营性建设用地使用权入股、联营等形式与其他单位、个人共同开办旅游企业"。

2. 土地利用指标

在洱源县旅游业转型升级的关键时期，要利用好国家关于"旅游用地"的相关政策，在坚持集约用地、保障耕地用地、合理建设用地的前提下，年度土地供应需适当增加旅游业发展用地，为旅游业快速、健康、可持续发展提供保障。

表 3.10.2　土地利用控制指标

用地类别	用地面积（公顷）	百分比（%）
旅游设施用地	17.64	7
村镇建设用地	40.32	16
交通设施用地	12.60	5
农业用地	138.60	55
水域（河流、池塘、湿地）	17.64	7
滞留用地	25.20	10
规划区总用地	252	100

（六）土地利用规划

大景区土地利用所涉及的项目包括：
（1）旅游设施用地：游客服务中心、码头、游娱设施、购物商贸设施等。
（2）村镇建设用地：村庄、农村配套设施、绿化等。
（3）交通设施用地：停车场、游览道路、公路、游憩带、道路绿化等。
（4）农业用地：农田、农业设施等。
（5）水域：水面、湿地、滨水栈道等。
（6）发展滞留用地。

表 3.10.3　土地利用规划

规划用地类型	规划用地（公顷）
一、旅游设施用地	17.64
旅游点建设用地（游客服务中心）	1.76
游娱文体用地	7.06
购物商贸用地	8.82
二、村镇建设用地	40.32
村庄用地	20.16
配套设施用地	8.06

续表

规划用地类型	规划用地（公顷）
环境绿化	12.10
三、交通设施用地	11.60
内外交通道路用地（停车场、游览道路、公路等）	7.56
环境工程用地（湿地游憩带、绿化用地）	4.04
四、农业用地	138.60
农田	110.88
农业设施	27.72
五、水域（河流、池塘、湿地）	17.64
河流水域	11.42
湿地	6.22
六、滞留用地	25.20
合计	251

（七）社区调控

1. 调控基本原则

（1）控制人口规模：旅游区内居民点人口发展过快会影响到自然环境，甚至会对良好的自然条件造成破坏，故应严格控制人口规模。

（2）合理布局居民点：布局应兼顾到环境保护和旅游发展需要，在现有居民点适当保留前提下，逐步减少旅游区常住人口数量。

（3）引导产业转型和劳动力合理转向：居民点的产业结构与旅游区发展紧密相关，通过旅游开发引导产业由生产型向服务型转型。

2. 调控主要类型

（1）搬迁拆除型：散布在道路两侧、水体边缘等较敏感地块的民居建筑，没有形成较合理的村庄机制，若影响了旅游区整体景观效果，可统一拆除，向规划外围保护地带的村庄或城镇搬迁。

（2）搬迁改造型：对于处在敏感地区居民点，居民迁出，人口向城镇转移，居民产业由生产型向服务型转变。留下居民建筑或场地作为旅游服务、科普教育等建筑场馆加以改造利用。

（3）保留控制型：村落较为集中地区，考虑居民长期生活于此，搬迁成本巨大，因此不对其实施大量搬迁，保留居民原有生活模式。同时实行"内挖外堵"和"内聚外迁"相结合的人口和建设政策，严禁区外人口流入。

（4）保留利用型：旅游区游览内容中增加具有参与特色的活动，形成与当地居民生产生活模式、民风民情相关的游览项目，应根据项目决定是否保留其周边居民点现有的生活方式，同时使居民点向旅游服务业逐步转型。

（5）保留迁入型：旅游区内分布的村庄，布局已成规模，自然环境优越，既可满足当地居民的生活要求，又不会对环境造成危害性影响，是理想的村落发展聚集地，可保留原有村落风貌，经过统一规划后作为今后拆迁人口的迁入地。

3. 主要社区调控

（1）完善和优化城乡居民点体系：根据旅游乡村居民点现状以及未来经济发展趋势，建议将旅游区乡村居民点按照以集聚为主的原则，通过搬迁来合并一部分规模太小的乡村居民点。

（2）严格控制人口数量：根据旅游区的状况划定无居民区、居民衰减区和居民控制区。无居民区内不准常住人口落户；居民衰减区分阶段逐步减少常住人口数量；居民控制区分阶段、分区域定出允许居民数量的控制指标。

（3）分区分类实施居民社会调控：旅游区内村庄建设应满足居民社区规划和相关村镇规划，将不同类型的村庄民居景观风貌建设按照保护、控制、改造、搬迁四种方法进行建设，并提出建设对策。具体见表3.10.4。

表 3.10.4　社区居民分类调控

村庄调控类型	保护	控制	改造	搬迁
方法与要求	属于文物保护单位或历史文化名村，按照相关文物保护规定、要求执行	建筑面积不宜在现有规模的基础上增长	按照Ⅰ、Ⅱ类民居景观类型特征进行改造	依据国家及地方相关政策及村镇规划，居民社会调控规划要求执行
	不属于上述条件的执行以下保护方法：登记建档；不应随意改变具备传统风貌景观特征的建筑外观、格局；将建筑外观、格局中非传统风貌部分恢复为传统风貌；建筑修缮维护时，应该按照原来的风貌结合地方传统工艺来进行	民居外观、格局可保持现状或按现状特点进行建设	对于红机砖的清水砖墙可使用外表喷涂青色涂料的方法进行改造，加勾缝做法	

（4）革新与健全社会组织：建议在旅游区内建立和完善乡村社区，作为旅游区内的基本社会组织单位，需要从事保护、治理、开发等有关方面的社

会服务活动。各级行政组织应通过有效的基层社会组织进行广泛宣传，不断提高广大居民的环保意识和法制观念，有计划、有组织地开展各项社会事业活动。

（八）生态环保

1. 温泉保护规划

（1）温泉保护原则

①符合《中华人民共和国矿产资源法》《中华人民共和国水法》《矿产资源开采登记管理办法》《云南省矿产资源管理条例》，以及《土地管理法》《环境保护法》《地质遗迹保护法》等法律、法规的准入原则；

②符合与《云南省洱源县城市总体规划（2012—2030）》等相关规划相衔接的原则；

③遵循矿产资源"在保护中开发，在开发中保护"的总原则，以及与相关产业发展效益比较原则和生态环境保护相协调的可持续发展原则；

④遵循自然规律和经济规律的原则，实现经济效益、社会效益与生态环境效益最优化。

（2）温泉开发区划：根据全县境内地热资源开发情况，本次地热资源开发利用区划主要分为鼓励开发区、允许开发区、限制开发区，各分区定义和区划如下表3.10.5。

表3.10.5 洱源县温泉保护区划

温泉保护等级	温泉保护区划
鼓励开发区	茈碧湖、下山口、东西湖、牛街、三营温泉旅游区
允许开发区	炼铁、凤羽两个温泉旅游区
限制开发区	其他地区

（3）温泉井口保护：设立地热资源开发利用三级保护区。

①Ⅰ级保护区：一般以井为中心15~30米范围，严禁一切与开发地热资源无关的各种活动。

②Ⅱ级保护区：一般以井为中心100~200米范围，区内只能建设与开发利用地热资源有关的设施，禁止可能破坏地热资源的人类生活和经一工程活动。

③Ⅲ级保护区：必须与划定的矿区范围一致。区内只允许对地热资源开

发和保护没有危害的人类经济—工程活动，只能施工备用井（必须报批），不得施工新的地热开采井。

2. 水环境保护规划

（1）现状与问题。洱源县水环境质量继续恶化。虽然工业废水污染得到基本控制，但企业偷排、漏排现象仍有发生，加上生活污水排入及上游来水水质较差，仍导致弥苴河水质超过国家V类标准。城区由于生活用水、工业用水过量开采，部分地区已开始明显出现地表水位下降，表层土质干化，具有局部地段下沉的可能。

（2）水环境功能区划及水质标准。地表水环境功能区分为五类：Ⅰ类主要适用于源头水、国家自然保护区；Ⅱ类主要适用于集中式生活饮用水地表水源地一级保护区、珍稀水生生物栖息地、鱼虾类产卵场、索饵场等；Ⅲ类主要适用于集中式生活饮用水地表水源地二级保护区、鱼虾类越冬场、洄游通道、水产养殖区等渔业水域及游泳区；Ⅳ类主要适用于一般工业用水区及人体非直接接触的娱乐用水区；V类主要适用于农业用水区及一般景观要求水域。

依据《地表水环境质量标准》（GB 3838—2002）对地表水按功能进行区划，将凤羽河、海尾河、弥苴河设定为Ⅲ类水功能区。对洱源县旅游开发涉及的水体、水域，如茈碧湖、东西湖湿地、海西海等，要通过严格的管理确保水体不污染、水域不退化，保护水体景观，完成保护洱海使命。

（3）水污染控制与水环境保护措施

①加强水源地保护。根据《饮用水水源保护区污染防治管理规定》，饮用水水源保护区的水质均应达到国家规定的《生活饮用水卫生标准》（GB 5749—2006）的要求。

②防治水土流失，实行流域综合整治。

③对水环境敏感区实行保护性开发。

④淘汰不符合产业政策的水污染严重的企业和落后的生产能力、工艺、设备和产品，对水污染物不能稳定达标的企业实行停产治理，对水污染物排放量超过总量指标的企业限期治理，对污染负荷过高以及存在严重污染隐患的企业依法实行清洁生产审核。

⑤改造和完善配套污水收集管网的建设，污水处理厂污染物排放浓度必须达到《城镇污水处理厂污染物排放标准》（GB 18918—2002）的要求，污水处理设施建设与再生利用统筹考虑。城镇污水处理率达到100%，污水再生利用率达到50%。

3.温泉水循环利用规划

（1）水循环利用现状：目前云南温泉资源旅游开发利用主要以疗养观光旅游型为主，兼有疗养保健型。温泉旅游资源开发目前还处于初级开发阶段，温泉水资源盲目过量开采，造成水量水温的下降，影响着温泉旅游业的持续发展。目前温泉主要是用来洗浴，在洗浴后排放的温泉水中仍然留有大量的热能和有益的矿物质成分，这些热能的损失，无疑会造成温泉水资源的极大浪费。

（2）水循环利用的目标：在"规范开发与保护并重，开源与节流并重"的原则下，全力引进温泉水循环系统，提高温泉水资源的利用效率，充分利用温泉水资源的价值；进一步完善管理体制和机制，禁止滥用乱开发，鼓励科学合理地利用温泉水，实现温泉旅游业的可持续发展；切实加强组织领导，进一步打造高端的温泉旅游集聚区，提高服务水平和档次。

（3）水循环利用的建设

①采用热泵和回灌的技术，充分提取地热尾水中的热能，使得温泉水循环起来，不断增加地热资源的利用率，同时，地热尾水的阶梯利用和循环利用，也可以带动相关产业的发展。

②进行温泉水资源的集中分配和管理制度。具体做法类似于集中供水装置，在地势较高的地方设置储存桶，各个泉源的温泉集中于储存桶内，设置自动监视装置，根据泉源的涌量、温度进行调节。通过管道采用循环流动方式输向各个温泉旅馆和浴场，各温泉旅馆和浴场按照使用量交使用费。管道长度、排放温度都经过科学测算以保证供给温泉的温度保持不变。集中管理实施后，温泉水供给得到了均一化、公平化，温泉使用效率提高、业务管理趋于合理化，扩大了温泉供应能力，为温泉水资源的循环利用和再开发提供了可能性。

③温泉泡池换掉的水用于浇灌果蔬。具体做法是对温泉池换掉的温泉水进行冷却和净化、消毒等科学处理，使其达到居民二类水排放标准，对相关环保数据检测合格后用于温泉景区的绿化灌溉和农业园各类果蔬的种植。温泉种植在日本、澳大利亚和中国台湾地区已发展成为庞大的绿色产业，"温泉"灌溉标记的食品价格高出同类产品30%~50%，经济效益显著。

4.其他资源环境保护规划

严格保护核心景观和资源，应重点保护的旅游资源有牛街温泉、茈碧湖温泉、下山口温泉、海西海、茈碧湖、西湖、东湖、罗坪山和凤羽古镇等。在旅游开发的过程中要保护基本农田和耕地，不得占用耕地开发建设，保护农田景观的规模和完整性；对于具有历史文化价值的民居、庙宇、牌坊等建筑主体要予以严格保护，对私人民居的保护要通过合理的补贴（财务补贴、技术指导）等方式达到更好的保护效果。

（1）环境空气质量功能区划：一类环境空气质量功能区指自然保护区、风景名胜区和其他需要特殊保护的地区。二类环境空气质量功能区指城镇规划中确定的居住区、商业交通居民混合区、文化区、一般工业区和农村地区，以及一类、三类区不包括的地区。三类环境空气质量功能区指特定工业区。

根据气象要素特征将规划范围设定为二类区。

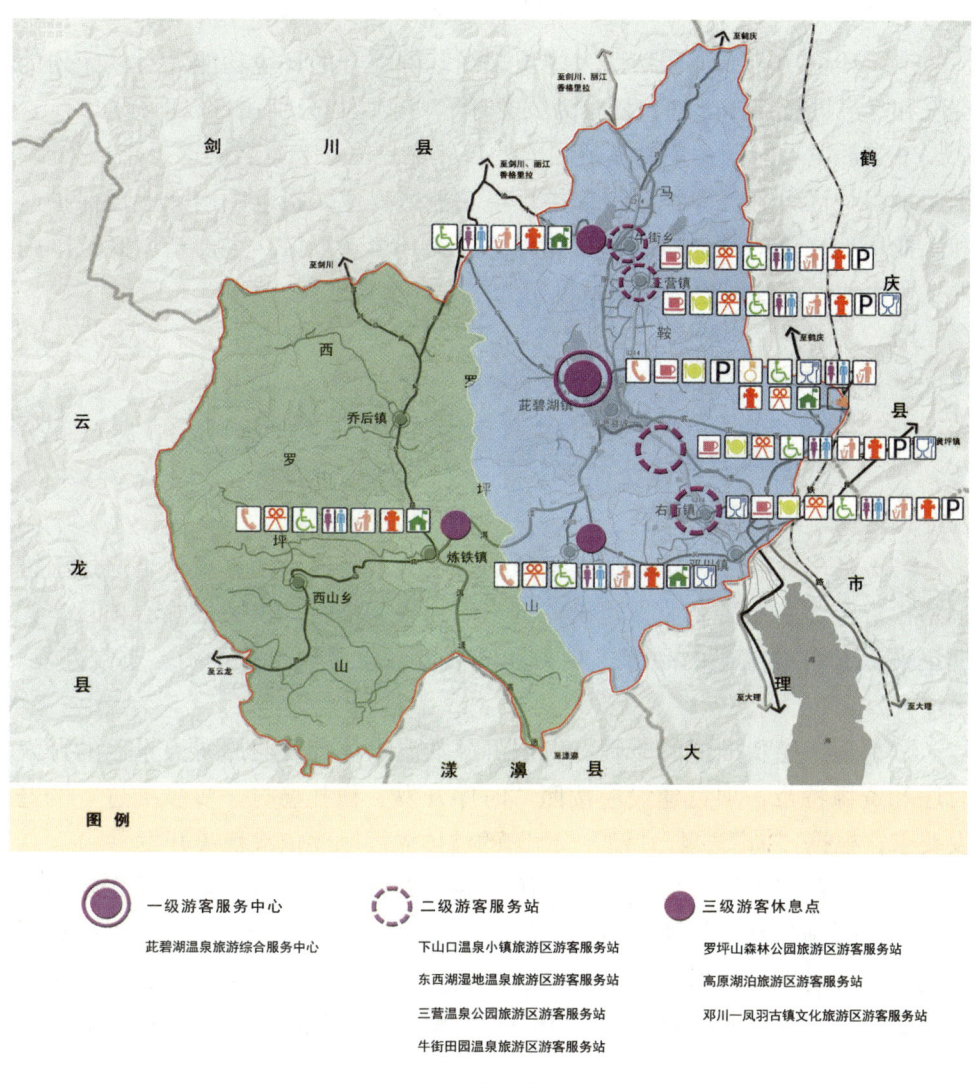

图 3.10.3　旅游服务设施规划

（2）环境功能区划：声环境功能区划以用地现状为主要依据，执行《声环境质量标准（GB 3096—2008）》中各类标准。0类标准适用于康复疗养区等特别需要安静的区域。1类标准适用于以居民住宅、医疗卫生、文化教育、科研设计、行政办公为主要功能，需要保持安静的区域。2类标准适用于以商业金融、集市贸易为主要功能，或者居住、商业、工业混杂，需要维护住宅安静的区域。3类标准适用于以工业生产、仓储物流为主要功能，需要防止工业噪声对周围环境产生严重影响的区域。4类标准适用于交通干线两侧一定距离之内，需要防止交通噪声对周围环境产生严重影响的区域。将规划范围内用地设为1~4类标准。

（3）环境功能综合区划：为体现规划范围综合的环境功能，对辖区内的空气和噪声进行综合区划，划分为三类环境功能区，分别执行以下标准：

一类环境功能区：主要指范围内的自然保护区、风景名胜区、森林公园、水源地保护区等各类保护区。二类环境功能区：主要指范围内除上述保护区和工业用地之外的其他城镇建设用地。三类环境功能区：主要指城区范围内的工业用地。将规划范围内用地设定为二类环境功能区。

十一、项目运营模式

（一）项目建设分期

1. 建设分期原则

（1）坚持大项目优先原则：洱源县温泉大景区建设的重点就是通过引进具备投资实力的旅游企业，建设一批影响力大、投资规模大的核心项目，先期迅速提升洱源温泉的品牌影响力和知名度，应避免小打小闹、重复开发、无序开发。

（2）坚持稳步推进的原则：根据洱源县温泉休疗度假旅游大景区的开发时序和资源特点，项目建设应按照"时序开发、稳扎稳打、步步推进"的开发要求，根据"湖""泉""镇""山"的整体先后顺序依次稳步开发。

（3）客源市场全覆盖原则：洱源县温泉大景区的开发，除了优先建设影响力大的大项目和符合资源特色的特色项目，还要考虑到大景区发展过程中出现的景区初期阶段客源层次较低、消费能力较弱的现实特点，适量开发一些覆盖儿童市场、老年市场、情侣市场、藏区市场的游客，满足此类人群的消费需求。

2. 项目建设分期

（1）总体建设进程：洱源县温泉大景区将按照"滚动开发，分期建设"的要求，有计划、有步骤地推进旅游开发区建设。项目建设分为两个时期：

①项目启动期，2015~2020年是造势期，以打造核心吸引力项目为目标，重点开发温泉主题旅游项目，全面启动温泉大景区建设工程，打造"中国温泉城"旅游品牌；

②项目发展期，2021~2025年是成长期，以拓展开发区设施功能为目标，完善温泉旅游项目建设，建设开发生态旅游区项目，将洱源县温泉休疗度假旅游大景区建设成为全国著名的温泉旅游胜地。

（2）核心项目分期：洱源县温泉大景区核心项目主要分为两类：第一类是温泉主题旅游区的核心项目，包括茈碧湖欢乐温泉新城、下山口温泉休疗馆、东湖生态湿地温泉、三营特色景观温泉、牛街田园农庄温泉、温泉景观走廊六个项目；第二类是生态旅游区核心项目，包括西湖、茈碧湖景区整体提升工程，凤羽古镇文化旅游区建设，罗坪山森林生态旅游区项目开发等项目。按照大景区的分期建设原则和景区总体建设进程的要求，核心项目的开发建设拟分成两个时期。核心项目实施温泉旅游区开发"六个一工程"：一座温泉新城、一个温泉小镇、一座超星级湿地温泉精品酒店、一座温泉特色景观公园、一片温泉生态农庄和沿214国道打造"中华第一温泉走廊"。

表 3.11.1 核心项目建设分期

项目 \ 分期	启动期	发展期
茈碧湖欢乐温泉新城	√	
下山口温泉小镇	√	
东湖生态湿地温泉	√	
三营特色温泉公园	√	
牛街田园温泉农庄	√	
中华第一温泉走廊	√	
海西海湖泊旅游区		√
邓川—凤羽古镇文化旅游区		√
罗坪山森林公园		√

（二）项目运作模式

1. 项目开发模式

洱源县温泉大景区开发模式总体上采用以保护与优化生态及耕地资源为基础，以温泉旅游休闲为引擎，以特色产业为支撑，以旅游地产为延伸，充分兼顾三农问题，统筹考虑区域旅游、区域特色农业体系以及区域城镇化发展的综合开发模式。在项目开发过程中，注重政府的引导和统筹管理职能，对于基础工程建设项目，政府要起主导作用，其他项目建设上，则以招商引资开发模式为主，注重引导社会资本投入的积极性和企业投资的参与性。

（1）综合开发模式：综合开发模式是指将旅游业、特色产业与地产开发进行综合，实现三者之间的良性互动，共同推动区域旅游、产业、城镇化的综合发展。

①温泉旅游是发展引擎——是实现旅游经营持续收益的根本。温泉旅游包括温泉景区、温泉运动休疗项目、温泉度假酒店、温泉休闲街区、温泉文化演艺等，是吸引游客前来休闲度假的根本，旅游业的发展，可促进土地升值，并带动相关产业的发展。

②地产开发是发展支撑——是实现项目投入和获得回报的核心。旅游业的高投入、回收期长的特点必须依靠地产开发获取平衡，因此需要适度的发展可销售且快速回报的地产项目来回笼资金，实现盈利。

③特色产业是发展延伸——是实现产业链发展获得收益的保障。在大景区未来的发展中，要考虑一个区域科学、持续的发展，除了旅游与地产，还需要注重特色产业的发展，尤其是文化产业与特色农业的发展。

（2）层次开发模式：把整个洱源县温泉休疗度假旅游大景区划分为三个中心：核心吸引中心、休闲聚集中心、延伸发展中心。温泉大景区的商业开发模式，就是在综合开发运营的基础上打造三层次发展中心。

①核心层次——打造核心吸引中心，获得初步收益。通过温泉主题大项目形成旅游核心吸引物的问题，需要通过创新策划与设计，面向市场需求，结合自然、文化与社会资源，打造若干个具有强大吸引力的核心项目。

②发展层次——构造休闲聚集中心，获得扩大收益。通过度假酒店群、休闲街区、休闲广场、运动休疗项目、文化休闲设施、特色餐饮、主题表演等项目留住消费者，从而扩大其消费，这是整个大景区能够获得持续收益的重要载体。

③外延层次——创造延伸发展中心，获取延伸收益。通过前两大中心的

发展，温泉大景区将会获得区域土地升值、项目升值的效益与可持续的发展时机，可发展外延地区的生态旅游、古镇旅游和相关产业。

2. 项目运营模式

（1）公私合营模式（PPP）：洱源县温泉休疗度假旅游大景区项目运作可采用PPP（Public—Private—Partnership，即公私合作运营）模式，这种模式是指政府与民营企业之间合作建设项目，共同提供旅游产品和服务，并以特许权协议为基础，形成一种伙伴式的合作关系。和传统的BOT（建设—经营—转让）模式相比，PPP模式实质上是一种给予政府引导下的资源整合的项目综合运作和交易模式，更强调由政府和社会资本的利益分享和风险共担，有利于降低前期风险。换句话说，政府与企业不再是上下者的雇佣关系，而是转化为对等话事权的契约伙伴。

（2）分项目招商经营模式：政府按照统一规划，将大项目分成若干个小项目，对外统一招商，以吸引社会资本投入建设。这种模式是投资商在开发旅游的同时要求政府提供一定的土地资源或旅游资源，开发商对旅游和地产同时进行开发，并通过地产的收益来弥补旅游的投资。重庆的北培十里温泉街就是成功地采用了这种模式，引入了几家国内大型旅游企业投入建设项目。

（3）政府投资经营模式：政府成立景区管理公司，对景区的经营权、管理权作统一运作。景区的所有权与经营权、开发权与保护权互不分离。景区管理机构既是景区所有权代表，又是景区经营主体；既负责景区资源开发，又负责景区资源与环境保护。

（4）公共资源委托经营模式：将景区全部或部分的经营权、管理权有偿交给具有较强经营管理能力的企业，经营企业必须是能够承担相应景区经营风险的法人或自然人，同时明晰景区所有者、经营者责权利关系。

3. 项目盈利模式

整个温泉大景区的盈利模式需要建立在对旅游资源的开发、出让商业机会、提供相应服务的基础上获得，产生的资本投入溢价和旅游消费支出成为项目盈利的核心。整个大景区的盈利模式需要建立在游客或者潜在游客的消费能力之上，这也正是大景区旅游业能否获得发展的关键。温泉大景区的盈利模式包括：旅游地产项目开发、商业项目的运营、景区景点门票收入、餐饮住宿旅游收入、旅游区内的社区公共服务收益、资本投入溢价收益、旅游商品销售等。

(三)旅游管理体制

1. 成立洱源县温泉旅游大景区开发领导小组

成立洱源县温泉休疗度假旅游大景区开发领导小组,由县委、县政府主要领导担任组长,由分管领导担任副组长,各职能部门如旅游局、国土资源局、文化局、建设局、环保局等单位及下属相关乡镇主要领导为成员,领导小组下设四个职能部门:

(1)政策法规办公室:负责协调产业政策、项目申报立项等工作;负责相关修建性规划、建设方案的制定;联系指导行业协会工作;负责协调各相关企业以及企业与政府职能部门之间合作和纠纷。

(2)招商引资办公室:协调解决产业发展中的重大问题;统筹协调大景区项目招商引资工作,建立大景区发展项目库和战略投资者信息库;举办大景区相关新闻发布会、项目推介会,开展招商引资宣传和对外合资合作工作;研究拟定发展相关优惠政策并组织实施等。

(3)温泉园区办公室:组织并配合相关部门落实各温泉主题园区项目的立项、论证及审批工作;建立发展工作网络,对重点项目实施全过程的监督、管理和考核;对重点企业和发展中的重大事项提供协调和服务;监督和管理在建项目等。

(4)综合管理办公室:负责宣传、舆情监测、门户网站维护工作;指导和组织全区性重大活动;负责大景区内相关发展数据的统计工作;为企业提供信息、咨询和服务;负责管理人才的引进与培养;负责相关的电力、通信、道路等基础设施的建设和维护工作等。

2. 成立洱源县温泉旅游大景区顾问委员会

顾问委员会的主要职能是基于大景区发展趋势的洞察,为整个大景区发展提供专业的意见和建议,协助把握发展方向战略或举措,商讨并协助解决发展过程中遇到的困难和问题,如政策咨询、政策游说等。洱源县温泉休疗度假旅游大景区顾问委员会由行业专家、上级政府领导、企业代表等构成。

(1)政府代表:主要由行业监管机构的官员,如由旅发委部门、国土部门、住建部门、金融机构等官员组成。

(2)企业代表:国内外知名文化旅游企业、旅游房地产企业、大型旅游网络平台以及温泉度假企业的负责人,温泉行业协会、旅游行业协会的负责人等组成。

(3)专家学者:旅游学术界的资深学者和研究人员,温泉资源学术界的资深学者和研究人员，区域经济学术界的资深学者和研究人员以及相关业务领域的高级专家组成。

3. 成立洱源县温泉休疗度假旅游大景区行业协会

洱源县温泉休疗度假旅游大景区行业协会是一个综合性的行业协会。主要包括餐饮企业协会、住宿企业协会、商品企业协会和娱乐企业协会四个分协会：

（1）餐饮企业协会：是洱源县温泉休疗度假旅游大景区行业协会的分支之一，主要由大景区内的各个餐饮主体单位组成，负责对各成员单位进行经营指导和服务监督，并代表各个成员单位和政府以及消费者群体进行合作与交流，协商与对话。

（2）住宿企业协会：是洱源县温泉休疗度假旅游大景区行业协会的分支之一，主要由大景区内的各个住宿主体单位组成，负责对各成员单位进行经营指导和服务监督，并代表各个成员单位和政府以及消费者群体进行合作与交流，协商与对话。

（3）商品企业协会：是洱源县温泉休疗度假旅游大景区行业协会的分支之一，主要由大景区内的各个商品主体单位组成，负责对各成员单位进行经营指导和服务监督，并代表各个成员单位和政府以及消费者群体进行合作与交流，协商与对话。

（4）娱乐企业协会：是洱源县温泉休疗度假旅游大景区行业协会的分支之一，主要由大景区内的各个娱乐主体单位组成，负责对各成员单位进行经营指导和服务监督，并代表各个成员单位和政府以及消费者群体进行合作与交流，协商与对话。

4. 成立洱源县温泉旅游大景区投资开发公司

大景区投资开发公司的主要职能是代表洱源县政府对大景区重大核心项目以及基础服务设施进行开发建设。通过投资、融资等各种渠道解决温泉休疗度假旅游大景区开发建设过程中的资金筹措、项目管理等具体事宜。还可以代表政府与企业商讨合作开发事宜。温泉休疗度假旅游大景区投资开发公司应是在洱源县委、县政府领导下的全资或合资的投资开发公司。

（四）项目招商策略

1. 确定招商引资重点

洱源县温泉休疗度假旅游大景区的招商对象重点应放在国内和国际知名的温泉度假、旅游房地产等相关企业。洱源县在温泉休疗度假旅游大景区的招商过程中需要突出重点，避免一刀切政策。通过吸引具有一定规模、品牌吸引力大、科技含量高、经济效益好的重点企业、知名企业入驻，短时间内迅速增强洱源县温泉休疗度假旅游大景区的吸引力，并通过这些规模庞大、具有较大影响力的知名企业来吸引更多的配套服务企业，以点带面，促进整个温泉休疗度假旅游大景区的发展。

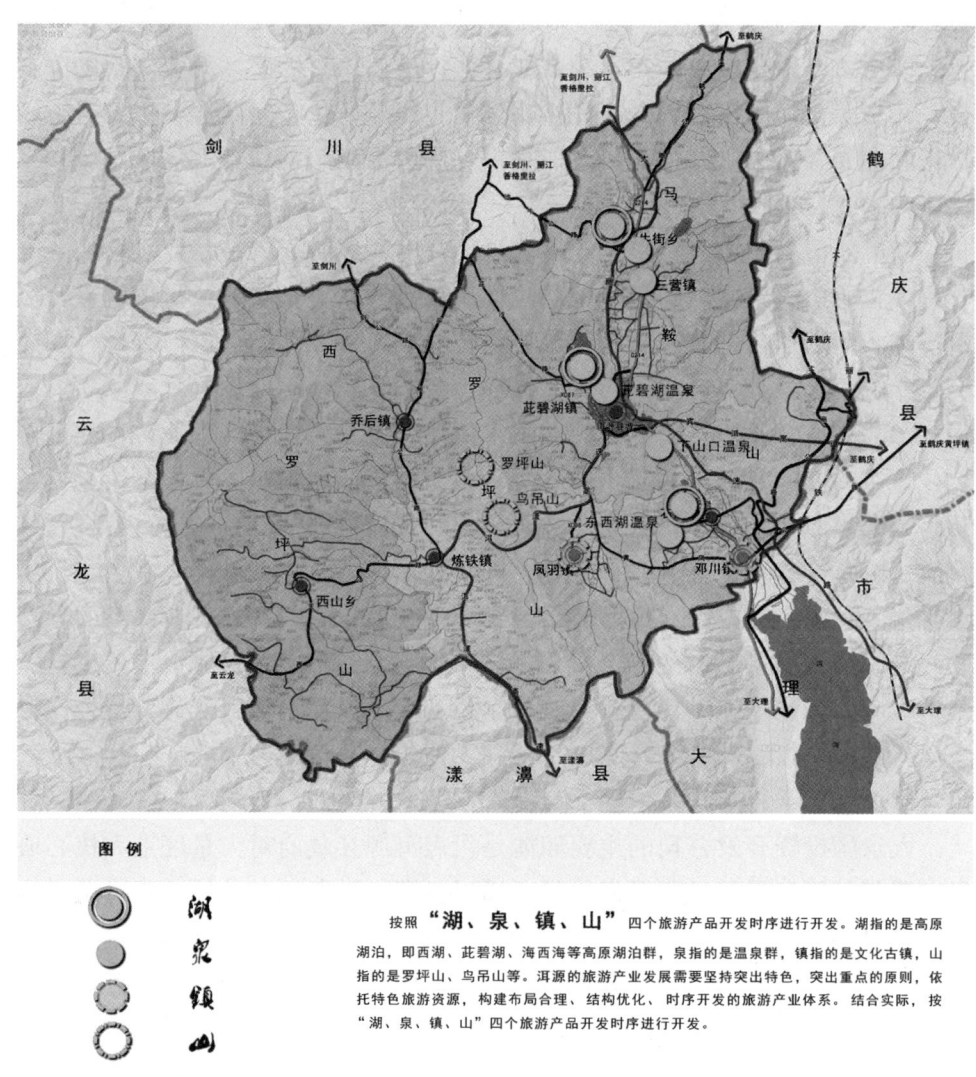

按照"湖、泉、镇、山"四个旅游产品开发时序进行开发。湖指的是高原湖泊，即西湖、茈碧湖、海西海等高原湖泊群，泉指的是温泉群，镇指的是文化古镇，山指的是罗坪山、鸟吊山等。洱源的旅游产业发展需要坚持突出特色，突出重点的原则，依托特色旅游资源，构建布局合理、结构优化、时序开发的旅游产业体系。结合实际，按"湖、泉、镇、山"四个旅游产品开发时序进行开发。

图 3.11.1　开发时序规划

2.明确招商目标和对象

温泉休疗度假旅游大景区开发领导小组作为温泉休疗度假旅游大景区招商引资的主管部门，要根据实际需要储备一批招商项目，并针对项目特征进行招商工作。这些企业的筛选原则上要立足于地方旅游产业结构和文化产业结构转型升级的大背景、大趋势上。目标企业和对象可涵盖温泉、景区开发、旅游地产、文化创意、新型金融等各个领域。

3. 借鉴经验创新招商模式

积极借鉴国内外产业发展过程中关于管理组织构建、产业形象宣传、产业项目推广、项目审批管理等方面的有益经验，创新招商模式和政策。招商引资工作是一项经济性活动，是政府履行发展地方经济职责的外在表现。招商引资过程中，要强化招商引资的组织职能，强化温泉休疗度假旅游大景区发展领导小组在温泉休疗度假旅游大景区招商引资工作中形象宣传、方案制定、项目管理等方面的组织职能，切实发挥温泉休疗度假旅游大景区发展领导小组在洱源县温泉休疗度假旅游大景区发展中的中流砥柱作用。

4. 优化配套设施和招商环境

要加强基础设施建设，解决好交通、能源、电信等基础设施方面的问题，这是招商引资的硬环境，也是满足企业投资需求、降低企业生产成本的必要之举。要增强洱源县的招商软实力，提高政府相关职能部门的办事效率，必要时在企业集中连片的地方设立职能部门分支办事机构，给予企业在证件办理、税收缴纳等方面以方便。同时，在企业承诺投资资金到位以后，要加强投资优惠的兑现力度，并在企业招工、员工生活配套、物流运输、资金融集等方面予以配合。

5. 加强品牌塑造和形象宣传

"中国温泉之城""大理地热王国"是洱源县的两张名片，在提高地区知名度和影响力方面意义重大。在温泉休疗度假旅游大景区发展过程中，要自始至终强调"中国温泉城"和"大理地热王国"的知名度和形象宣传的重要性。结合洱源实际，不断推出创意新、效果好、影响大的宣传活动。借助电视、报纸、网络等各式新旧媒介有针对性地开展营销活动，最大限度地接近目标市场。

十二、投资效益分析

（一）估算依据

1. 估算原则

投资估算是拟建项目前期可行性研究的重要内容，是经济效益评价的基础，是项目决策的重要依据。估算质量如何，将决定着项目能否纳入投资建

设计划。因此,在编制投资估算时应符合下列原则:

(1)实事求是,合理高效:大景区内建设的所有项目一定要根据项目建设相关估算依据,深入实地开展调查研究,掌握第一手资料,不可弄虚作假或随意编造。即合理利用资源,效益最高的原则。大景区项目的建设要遵循市场规律,充分考虑投资与收益的关系,利用有限的经费、有限的资源,尽可能满足景区发展的需要。

(2)又快又准,科学合理:估算做的时间越长,变动的因素就越多,越不容易预测。因此,一定要通过艰苦细致的工作,加强研究,积累资料,尽量做到又快又准拿出项目的投资估算。从编制投资估算角度出发,在资料收集、信息储存、处理、使用以及编制方法选择和编制过程应逐步实现计算机化、网络化。

2. 估算范围

本估算为洱源县温泉休疗度假旅游大景区总体规划相关建设项目投资估算,估算主要包括:相关项目的建设费、土地租用费、基础设施费及市政配套费。但不包括业主开业流动资金、项目建设期间所涉及的流动资金、建造期价格可能发生的变动而需要增加的费用、项目建设期间由于汇率或贷款利息的变动带来的财务成本变动、项目建设期间因为项目设计局部调整带来的设计费用以及建造费用变动等。

3. 估算依据

本次规划估算在充分考虑工程建设相关估算依据的基础上,根据项目实际情况,抛除一些复杂的变动情况外,由以下几个方面构成:

(1)温泉休疗度假旅游大景区建设设计方案;

(2)项目规模、设计参数以及相关项目的建造等级要求;

(3)当地材料,设备预算价格及市场价格(包括设备、材料价格、专业分包报价等);

(4)当地建筑工程取费标准,如设计费、企业管理费、规费、利润、税金以及与建设有关的其他费用标准等;

(5)现场情况,如地理位置、地质条件、交通、供水、供电条件等;

(6)国内外类似工程造价;

(7)其他地区基建价格与本地的相关差额。

4. 估算方法

项目规划、建设的不同阶段,由于估算所允许的误差的不同(一般来说,在项目总体规划阶段,由于可供借鉴的估算依据有限,误差一般会在40%以上），所使用的方法也不同。在项目规划阶段采用简单的匡算法，如单位生产能力法、生产能力指数法、系数法以及比例法等；而在可行性研究阶段尤其是详细可行性研究或是修建性详细规划阶段，投资估算要求精度高，需采用相对详细的投资估算方法，即指标估算法和分类估算法。

由于本次规划属于总体规划，项目投资估算要求精度较低，适宜采用匡算法。但生产能力指数法的指数、系数估算法需要的系数以及比例估算法所涉及的设备投资比例难以获取，因此，本规划项目投资估算主要采用单位生产能力估算法进行估算。

单位生产能力估算法的基本思路是依据调查的统计资料，利用相近规模的生产能力投资乘以建设规模，得到拟建项目投资。其计算公式为：$C_2 = \left(\frac{C1}{Q1}\right) Q_2 f$，式中，C1——已建类似项目的静态投资额；C2——拟建类似项目的静态投资额；Q1——已建类似项目的生产能力；Q2——拟建项目的生产能力；f——不同时间、不同地点的定额、单价、费用变更等的调整系数。

（二）投资估算

纳入投资估算的建设项目来源于本次规划中的项目建设表，估算投资额具体到三级子项目。具体投资估算详见表 3.12.1（投资额单位为亿元）。

表 3.12.1　项目建设投资估算

序号	核心项目	投资估算（亿元）
1	茈碧湖温泉新城"欢乐温泉"	59
2	下山口温泉小镇"休疗温泉"	9.5
3	东湖湿地温泉度假区"湿地温泉"	10.235
4	三营温泉公园"景观温泉"	7.65
5	牛街温泉农庄"田园温泉"	4.875
6	温泉景观走廊"中华第一温泉走廊"	20
7	罗坪山森林公园	2.3
8	海西海湖泊旅游区	2.055
9	邓川—凤羽古镇文化旅游区	4.9
	合计	120.515

表 3.12.2 项目建设投资估算明细

功能区	核心项目	子项目	类似项目	投资额	调整系数	投资额（亿元）
温泉旅游区	茈碧湖温泉新城"欢乐温泉"	温泉度假酒店	重庆十里温泉城	50	0.2	10
		大理地热国改造	温泉水上运动馆	—	—	1
		茈碧湖低碳温泉社区	天同·太阳城	138	0.1	14
		三大主题街区	聊城运河文化街区	45	0.55	25
		温泉美食城	合肥国际美食城	8	0.2	1.6
		养生医疗园	察哈尔养生庄园	2	0.75	1.5
		茈碧湖景区	扬州瘦西湖景区	30	0.1	3
		梨园生态村	葫芦岛荒地满族村	0.9	1	0.9
		温泉旅游购物城	丹江口旅游中心港	2	1	2
	小计			59		
	下山口温泉小镇"休疗温泉"	温泉小镇服务区	黄山北大门集散中心	0.9	0.35	0.3
		温泉水街	沙滠酒吧风情街区	5	0.5	2.5
		温泉民居客栈	丽江民居客栈	0.1	10	1
		温泉休疗馆	—	—	—	2.5
		四季游泳馆	世家星城四季游泳馆	—	—	0.3
		弥苴河漂流	广东热水漂流	0.2	1	0.5
		时尚康体园	—	—	—	0.15
		普陀温泉养生基地	湖北汤池温泉	1.5	1.5	2.25
	小计			9.5		

续表

功能区	核心项目	子项目	类似项目	投资额	调整系数	投资额（亿元）
温泉旅游区	东湖湿地温泉度假区"湿地温泉"	超星级湿地温泉酒店	阳宗海旅游度假村 安曼、柏联SPA	50	0.2	10
		特色SPA屋	诗泥SPA会馆	0.1	2	0.2
		观鸟栈道	龙游湾湿地栈道	0.1	0.35	0.035
	小计		10.235			
	三营温泉公园"景观温泉"	温泉博览园	雄县温泉博览园	0.5	2.5	1.25
		世界地热奇观园	—	—	—	1
		温泉文化展示园	龙门博物馆	0.5	1	0.5
		地热科普展览园	—	—	—	0.9
		3D火山视听区	—	—	—	0.8
		洱源温泉历史区	—	—	—	0.2
		温泉庄园	广州从化崴格诗温泉庄园	3	1	3
	小计		7.65			
	牛街温泉农庄"田园温泉"	七彩温泉大地		—	—	0.2
		鲜花之路		—	—	0.1
		田园客栈	丽江客栈	0.1	5	0.5
	牛街温泉农庄"田园温泉"	田园声响		—	—	0.1
		田园热炕屋		—	—	0.1
		养生博物馆	广州博物馆	3.5	0.25	1.5
		水疗养生馆	香丽肤尚品SPA养生馆	0.5	0.5	0.25
		中医养生馆				0.5
		天浴坑温泉中心	—	—	—	0.2
		藏式民居温泉旅馆				0.1
		藏式SPA馆	诗泥SPA会馆	0.02	3.75	0.075

续表

功能区	核心项目	子项目	类似项目	投资额	调整系数	投资额（亿元）
温泉旅游区	牛街温泉农庄"田园温泉"	风情表演园	宋城千古情	0.3	0.5	0.15
		藏家温泉木屋	别墅	0.02	5	0.1
		温泉农业种植加工展览	—	—	—	1
	小计			4.875		
	温泉景观走廊"中华第一温泉走廊"	景观走廊（40KM）	北培十里温泉城	10	2	20
	小计			20		
温泉旅游区总计				111.26		
生态旅游区	罗坪山森林公园	罗坪山森林公园	天竺山国家森林公园	10	0.2	2
		鸟吊山生态服务站	—	—	—	0.1
		鸟吊山观鸟基地	鸭绿江口湿地观鸟园	—	—	0.2
	小计			2.3		
	海西海湖泊旅游区	汽车营地	延庆汽车露营基地	1.2	0.1	0.125
		房车营地	平谷汽车露营基地	1.89	0.25	0.475
		帐篷营地	—	—	—	0.025
		烧烤基地	—	—	—	0.025
	海西海湖泊旅游区	高尔夫练习场	重庆保利高尔夫球会	0.15	1	0.075
		划船	—	—	—	0.025
		小蝴蝶泉鱼庄	—	—	—	0.05
		垂钓	—	—	—	0.005
		环湖自行车	阳澄湖自行车道	2.5	1	1.25
	小计			2.055		

续表

功能区	核心项目	子项目	类似项目	投资额	调整系数	投资额（亿元）
生态旅游区	邓川—凤羽古镇文化旅游区	凤羽古镇风貌保护区	洛阳古城风貌保护	33	0.1	3.4
		凤羽历史文化博物馆	—	—	—	0.5
		清源洞游览区	—	—	—	1
	小计		4.9			
生态旅游区总计			4.355			
大景区总计			120.515			

十三、实施保障措施

（一）政策体系

为进一步扩大开放，切实加大招商引资工作力度，加快洱源县温泉休疗度假旅游大景区的发展，根据国家法律、法规和上级有关政策规定，结合洱源县温泉旅游实际情况，重点从以下几个方面制定政策体系。

1. 财政政策

积极探索政府引导性投资带动旅游基础设施和公共服务平台建设的投入机制；积极争取省、州两级相关部门加大财政专项转移支付力度，促大景区发展；对财政投入机制进行积极探索，促进洱源县温泉休疗度假旅游大景区的可持续发展。

2. 金融政策

按照科学、审慎、风险可控的原则，积极探索组建温泉旅游度假大景区投资基金、创业和风险投资基金；扶持有竞争力的旅游发行企业债券或上市融资；加大金融对旅游业的支持力度，特别是加大对非公经济和中小旅游企业的支持力度；发挥小额担保贷款的积极作用，探索以旅游创业带动社会就业的新途径；在促进旅游业改革发展方面进行金融创新探索。

3. 税费政策

针对有竞争力的或投资数额较大的旅游企业实行税收优惠政策；减免符合条件的旅游企业相关行政性政府收费；大景区重点引进的核心项目，可在国家法律法规允许的范围内进行免税；个别龙头项目实行"一企一策"。

4. 土地政策

积极在旅游开发用地和土地流转方面进行探索，确保特大核心项目的用地保障，同时也要避免大型旅游企业借机大肆圈地。

（二）组织管理

组织管理是指通过建立组织结构，规定职务或职位，明确责权关系等，以有效实现组织目标的过程。洱源县温泉休疗度假旅游大景区的组织管理机构为大景区开发领导小组以及后期成立的大景区开发公司，其组织管理目标是明确景区发展需要哪些工作、哪些岗位，谁能去干这些工作，这些人应该承担什么责任，并得到多少权力。因此，为实现大景区发展目标，落实组织管理职能，大景区开发管理机构应着重关注以下几个方面。

（1）工作岗位确定：在大景区发展的关键阶段，要明确景区发展所要做的工作，并根据工作内容确定工作岗位。针对洱源县温泉休疗度假旅游大景区目前的实际情况来说，景区正处于初步建设阶段，设置应偏重懂建设、会营销、善公关类岗位。将来，待景区建设初步完成时，应逐渐转向管理方面的岗位和人才。

（2）领导班子建设：以能力建设为主线，以科学民主决策为重点，切实增强领导班子准确分析形势的能力、科学决策的能力、把握大局的能力、驾驭复杂局面的能力和推进大景区发展的能力，保证精力投入，提高景区发展、治理水平，为规划的顺利实施提供组织保障。

（3）建立决策机制：应建立并进一步完善大景区建设领导班子议事规则和科学民主的决策机制。以建立健全工作体制机制为重点，全面加强中、基层领导班子建设，不断推进管理的民主化、科学化。防止一把手一人独大、权力失控、决策失误。

（4）适度下放权力：应建立权力分散机制，将景区建设、管理的具体权利下放到各个景区、各个乡镇、各个企业，开发领导小组只需要在规划宏观层面整体把握，控制景区的发展方向和政策方针，监督各个企业的产品质量和工程落实情况。

（5）强化旅游立法

①促进洱源与周边市、州、县旅游区域合作的开展。要突破传统行政区划和部门行业的局限，通过游客服务中心或行业协会促进和扩大区域旅游的交流与合作，争取建立统一的市场体系，并建立一致的市场形象。

②加强大景区旅游立法工作，制定洱源县温泉休疗度假旅游大景区管理

条例、洱源县温泉休疗度假旅游大景区旅游服务质量等级评定办法、旅游行政处罚实施办法等相关法规条例以及奖惩激励的长效机制，并保证其有效实施以规范大景区旅游市场。

（三）人才配备

旅游产业虽然是一个劳动密集型的服务性产业，但对于作为现代服务业的温泉旅游产业来说，人才的重要性将会越来越大。人才决定了大景区建设的决策科学性、布局合理性、战略可行性和服务舒适性。紧缺的人才有以下几类：一是专业的度假旅游管理人才，二是温泉旅游相关产业的技术人才，三是具有较高服务意识与服务水平的高端服务人才。要想解决大景区发展的人才困局，可以从人才引进和人才培养两个方面考虑：（1）人才引进也就是通过外部渠道得到大景区发展所需的各类人才，主要是通过各种人才引进措施从其他地区或相关行业吸引有能力的人才加入，这类人才主要是管理人才和专业技术人才；（2）人才培养就是通过自身努力培养发展所需的各类人才，可以通过企业内部培养，旅游行业协会、旅游管理机构的培养以及与专业旅游院校合作等途径，这类培养模式是高素质服务人员的主要获得渠道。

下面的人才需求预测中，将大景区发展所需要的人才简化为管理技术人才和基层服务员工。主要预测依据：一是云南省2010年的旅游收入、旅游总人次与旅游就业人数；二是市场预测中的旅游收入与旅游人次数据。本预测的基数为云南省2010年人均创造收入和吸引的旅游人次数据，收入和数据各占50%权重，并且假定人均劳动生产率每年提升7%，同时由于旅游业的发展提供了更多高端人性化服务，人均吸引旅游人次按每年2%的速度下降。管理以及技术人员与一线员工的比例按近期1:3.5、中期1:3计算。

表3.13.1　大景区人力资源需求预测

年份	生产率（万/人）	人均吸引人次	预测旅游人次（万人）	预测旅游收入（亿元）	预测员工数量（万人）	管理技术人员（万人）	基层员工数量（万人）
2015	50.07	451.96	153	18	0.349	0.078	0.271
2016	53.58	442.92	181	21	0.400	0.089	0.311
2017	57.33	434.06	213	25	0.463	0.103	0.360
2018	61.34	425.38	252	30	0.541	0.120	0.421
2019	65.63	416.87	297	36	0.630	0.140	0.490

续表

年份	生产率（万/人）	人均吸引人次	预测旅游人次（万人）	预测旅游收入（亿元）	预测员工数量（万人）	管理技术人员（万人）	基层员工数量（万人）
2020	70.23	408.54	350	44	0.742	0.165	0.577
2021	75.14	400.37	406	51	0.846	0.212	0.635
2022	80.40	392.36	472	59	0.968	0.242	0.726
2023	86.03	384.51	547	68	1.107	0.277	0.830
2024	92.05	376.82	634	79	1.270	0.318	0.953
2025	98.50	369.28	736	92	1.464	0.366	1.098

从表3.13.1中可以看出，2015年大景区约需配备管理、技术人才780人，基层员工2710人；2020年分别为1650人和5770人；2025年随着景区规模的扩大，管理、技术人才上升为3660人，基层员工为10980人。

（四）资金保障

洱源县温泉休疗度假旅游大景区的建设发展对优化区域综合环境、提高洱源基础设施水平、增加居民收入、改善区域形象等方面都有积极贡献，全县上下各级政府都应积极为大景区发展提供财政金融保障。

1. 加大政府基础投入

通过财政拨款、设立发展专项基金等形式加大政府部门在大景区发展的相关投入，如基础设施建设、旅游资源保护、游客信息提供、整体宣传促销、公共便民设施和其他非营利性项目等方面的投入，并结合不同旅游投资项目的特点，开拓不同的融资渠道，以满足大景区发展对资金的需求。

2. 发挥政府引导作用

对于可用市场机制调动社会资金的竞争性项目，政府应从其投资领域中退出，发挥投资引导的作用。可制定和实施一系列积极的财政金融优惠政策，不断改善招商引资的软环境，优先支持具有发展潜力的旅游项目和大型企业的发展，从宏观角度为温泉休疗度假旅游大景区的发展提供财政支持，从微观的角度为具有竞争潜力的旅游项目或企业提供必需的信贷保障和税费优惠。

3. 利用各种融资手段

逐步形成多渠道、多层次、多方位的旅游业投融资体系。要培育多元化的投资主体，充分吸纳民间资本，鼓励和支持独资、合资、合伙等方式参与大景区的开发和建设，鼓励有实力的企业进行大景区相关项目的开发和建设。

4. 申请专项建设经费

针对大景区所涉及的新农村建设、旅游发展、民族文化保护等分别向上级城建、旅游和文化等部门申请专项扶持资金。

（五）技术支持

由于目前洱源县旅游发展的主体以本地居民为主，文化程度不高、技术学习困难等瓶颈十分突出。为此，全县上下要以旅游主管部门和旅游行业协会为主体，在完善旅游规划体系、健全旅游行业标准、健全旅游评价体系、加大旅游服务培训力度、引进实力强劲旅游企业等方面破解技术瓶颈，为温泉休疗度假旅游大景区的发展保驾护航。

县级旅游主管部门要根据本地区工作实际，进行大景区相关层面的专项规划。通过完善的旅游规划体系对旅游产业发展模式、特色休闲及景观建筑设计、游乐项目策划、温泉产业发展、生态旅游建设、农家乐升级、民俗村度假开发、旅游产品打造、旅游服务保障等方面进行科学指导。同时，积极制定适宜的温泉度假旅游服务标准，并监督旅游标准的贯彻实施。

旅游行业协会要对整个大景区范围内的会员单位提供企业发展所必需的各项技能，体现在具体业务方面，主要包括温泉度假旅游服务、客源市场营销、生态保护以及与当地社区居民关系的处理等方面，最终实现经济效益、社会效益、生态效益的统一。

（六）市场营销

1. 旅游品牌规划

以资源为支撑，凸显特色，围绕"中国温泉之城·大理地热王国"，打造洱源县温泉、文化、生态旅游品牌，强化"住在洱源"的特色品牌。对洱源县的景区景点资源进行升级改造，提升吸引力；开发新建旅游项目，进行招商引资，完善旅游服务及满足市场需求。

（1）改造提升大理地热国景区，力争完成创建国家4A级景区工作；

（2）实施好下山口温泉旅游度假小镇整体建设项目；

（3）打造湖泊湿地品牌，抓住西湖景区被评为国家级湿地公园的机遇，不断改善景区基础设施、完善景区配套功能、增加服务内容，完成创建国家4A级景区工作；

（4）对茈碧湖景区进行绿化、美化、亮化"三化"工作，打造原生态湿地湖泊旅游，全面提升打造茈碧湖梨园村，壮大乡村特色旅游品牌，大力发展农家乐旅游，在西湖景区南登村开展农家乐旅游接待示范点建设；

（5）深入挖掘洱源高原水乡、乳牛之乡、鱼米之乡、唢呐之乡的文化内涵和文化底蕴。以凤羽历史文化名镇建设为突破口，打造一批具有鲜明特色的旅游文化品牌。

2. 旅游市场营销规划

要增强营销意识、整合营销资源，建立"部门联合、上下联动"的宣传营销机制。

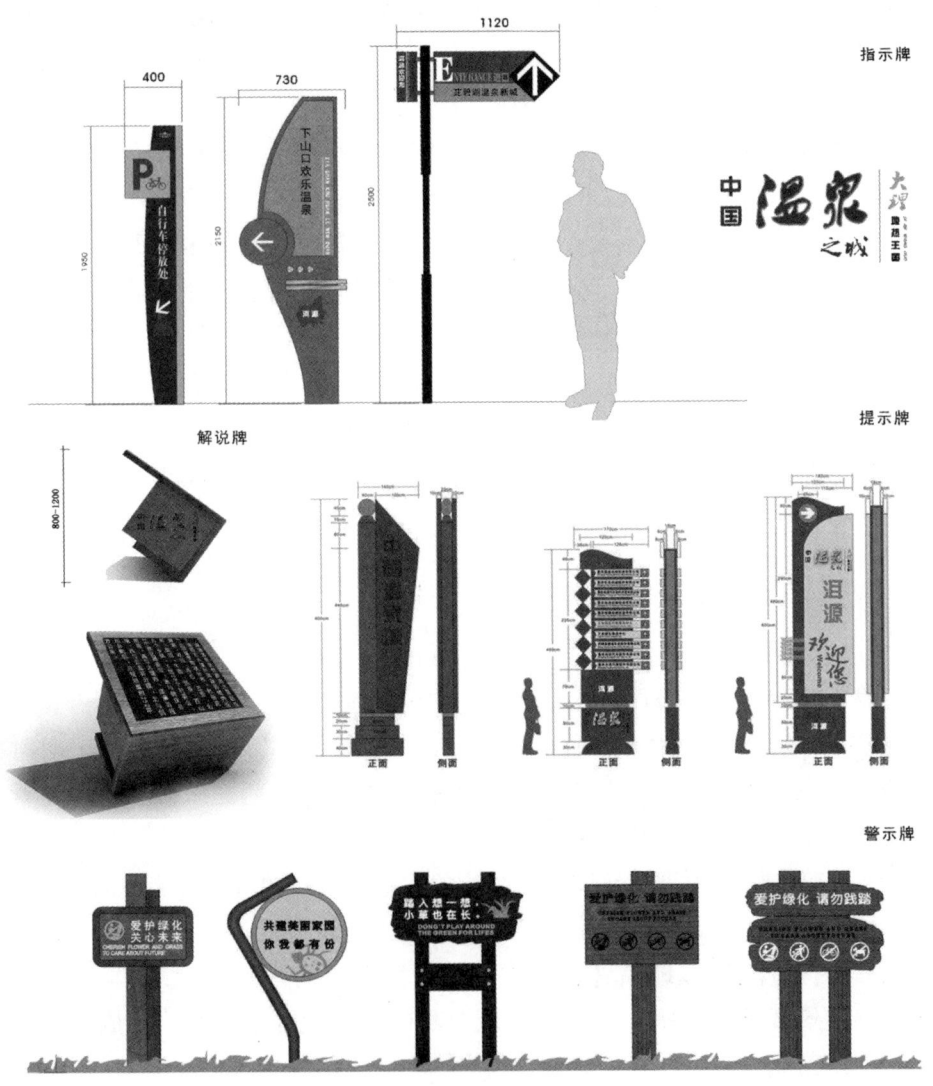

图 3.13.1　景区标识系统设计

（1）做好旅游形象体系建设，聘请洱源名人分别担任洱源旅游形象大使和旅游文化首席顾问，制作和完善洱源县旅游形象宣传图册和宣传片，提出"中国温泉之城·大理地热王国"等旅游品牌宣传口号；

（2）加强网络营销，鼓励旅游企业将温泉、住宿等产品在美团网等购物网站展销，充分发挥网络在旅游营销中的重要作用，加强网络化的旅游形象宣传、旅游线路推广、旅游费用结算，满足旅游个性化、信息化的需求；

（3）鼓励旅游企业走出去营销，细分客源市场，结合洱源优势、旅游产品特点，有策划、有重点、有针对性地加大对国内外旅游客源市场的宣传营销力度；

（4）每年在温泉消费淡季时举办洱源免费温泉体验季，积极参加省内外组织的一些大型活动、展会，充分向省内外市场展示洱源县的生态优势、资源优势、区位优势及旅游产业发展成果，吸引更多的外地游客到洱源县旅游，提升洱源旅游的知名度和影响力；

（5）以国内主要客源地为目标，聚焦在昆明、大理、丽江等地的旅游宣传攻势，加强与央视、凤凰卫视等海内外强势媒体的合作，整合省州各级各类新闻媒体的力量，精心策划开展创意新、层次高、范围广、影响大的旅游宣传营销活动，形成全方位、多层次的宣传营销格局。

项目统筹：郭海燕
责任编辑：郭海燕
责任印制：冯冬青
封面设计：鲁　筱

图书在版编目（CIP）数据

大理州洱源县康养旅游开发研究 / 田里等著. -- 北京：中国旅游出版社，2020.6
（云岭旅游规划丛书. 第二辑）
ISBN 978-7-5032-6500-6

Ⅰ. ①大… Ⅱ. ①田… Ⅲ. ①地方旅游业－旅游保健－旅游资源开发－研究－洱源县 Ⅳ. ①F592.774.4

中国版本图书馆CIP数据核字(2020)第100003号

书　　名：	大理州洱源县康养旅游开发研究
作　　者：	田里等著
出版发行：	中国旅游出版社
	（北京建国门内大街甲9号　邮编：100005）
	http://www.cttp.net.cn　E-mail:cttp@mct.gov.cn
	营销中心电话：010-57377109，010-85166536
排　　版：	北京旅教文化传播有限公司
经　　销：	全国各地新华书店
印　　刷：	北京盛华达印刷科技有限公司
版　　次：	2020年6月第1版　2020年6月第1次印刷
开　　本：	720毫米×970毫米　1/16
印　　张：	18.75
字　　数：	300千
定　　价：	68.00元
ISBN	978-7-5032-6500-6

版权所有　翻印必究
如发现质量问题，请直接与营销中心联系调换